BAEDEKER
SMART

W0467834

# FLORENZ

Perfekte Tage
in der Toskana-
Metropole

Verlag Karl Baedeker – www.baedeker.com

# Inhalt

Kapiteleinteilung: siehe vordere Umschlaginnenseite

# TOP 10

**Was muss ich gesehen haben? Unsere TOP 10 helfen Ihnen, von der absoluten Nummer eins bis zur Nummer zehn, die wichtigsten Sehenswürdigkeiten einzuplanen.**

**1 DUOMO SANTA MARIA DEL FIORE** ➤ 94
Das Wahrzeichen der Stadt und drittgrößte Kirche der Christenheit – »il duomo«, den jeder Florentiner mit Stolz als selbstverständlichen Besitz betrachtet, ist die Nummer eins in der Stadt!

**2 GALLERIA DELL'ACCADEMIA** ➤ 103
Michelangelos David: Überwältigende 4,10 m hoch und aus einem Block Carrara-Marmor gemeißelt! Andere Skulpturen des Meisters sind ebenfalls im 1784 gegründeten Museum zu sehen.

**3 SANTA CROCE** ➤ 56
Die Franziskanerkirche mit 23 monumentalen Gräbern und Grabdenkmälern wird als »Pantheon von Florenz« bezeichnet.

**4 PIAZZA DELLA SIGNORIA** ➤ 60
Die schöne Piazza wird vom Palazzo Vecchio (Abb. links), der Loggia dei Lanzi, den Uffizien und dem mächtigen Neptunbrunnen beherrscht.

**5 PONTE VECCHIO** ➤ 126
Bei Sonnenuntergang scheinen die Juwelen in den Läden auf der »alten Brücke« mit den Wassern des Arno um die Wette zu funkeln.

**6 GALLERIA DEGLI UFFIZI** ➤ 64
Eine der berühmtesten und größten Pinakotheken der Welt. In über 100 Sälen und auch auf den Korridoren sind Gemälde, Gobelins und Statuen ausgestellt.

**7 MUSEO NAZIONALE DEL BARGELLO** ➤ 72
Ehemals Stadtgefängnis und Hinrichtungsstätte, heute eine der berühmtesten Skulpturengalerien Italiens!

**8 SANTA MARIA NOVELLA** ➤ 130
Die Kirche der Dominikaner ist vor allem ihrer Fassade und ihrer Fresken wegen beachtenswert.

**9 PALAZZO PITTI** ➤ 150
Im größten Palast der Stadt und in den ihn umgebenden Boboli-Gärten sind sieben Museen untergebracht. Von besonderem Interesse ist die Galleria Palatina mit ihren großartigen Gemälden.

**10 SAN MINIATO AL MONTE** ➤ 156
Romanische Architektur pur mit einem überwältigenden Blick über die ganze Stadt. Die Aussicht vom nahe gelegenen Piazzale Michelangelo kennen viele Florenz-Begeisterte von Fotos, hier ist sie Wirklichkeit!

# DAS FLORENZ

**Erleben, was die Stadt ausmacht, ihr einzigartiges Flair spüren. So, wie die Florentiner selbst.**

## SCHÖNE AUSSICHTEN

Wenn die Besteigung von **Dom** oder **Campanile** (➤ 94) zu anstrengend ist, muss man trotzdem nicht auf den Blick von oben verzichten. Im Café der **Uffizien** (➤ 70) hat man einen Logenplatz über der Piazza della Signoria. Fährt man dagegen hinauf zur Bar des Kaufhauses **La Rinascente** (➤ 141), sieht man die Piazza della Repubblica aus der Vogelperspektive und das Dom-Ensemble beeindruckend nah. Total relaxed-luxuriös verbringt man im Sommer den Donnerstagabend hoch über den Dächern des **Hotel Minerva** beim Aperitif (Piazza S. M. Novella 16; www.grandhotel minerva.com).

## ANTIQUITÄTEN VOM FLOHMARKT

Mit etwas Geduld und geübtem Blick kann man in den Buden schon mal fündig werden. Die großen Teile, die beim Räumen der Palazzi oder dem Verkauf von Villen nebst Einrichtung anfallen, landen zwar alle bei Pandolfini, Sotheby's oder Christie's, aber manch feiner Gegenstand findet auch seinen Weg auf den Flohmarkt auf der **Piazza dei Ciompi** (➤ 87). Spaß macht das Stöbern auf jeden Fall.

## SOMMERLICHE KÜHLE

Wie schon immer zieht es auch heute noch die Florentiner an warmen Sommertagen hinauf nach **Fiesole** (➤ 187). Sie setzen sich in Bars und Restaurants auf der baumbestandenen Piazza und genießen die wesentlich kühlere Luft hier oben. Im Juli und August haben die Ballett-, Konzert- und Theateraufführungen der **Estate Fiesolana** im wunderschönen römischen **Amphitheater** großen Zulauf.

## STREETFOOD ALLA FIORENTINA

Nicht etwa die viel gerühmte *bistecca alla fiorentina,* sondern das viel bescheidenere *panino al lampredotto* ist die Lieblingsspeise der Florentiner! In saftiger Brühe gegart, kommt ein Lappen Kalbsgekröse warm in ein aufgeschnittenes Brötchen, wird in ein serviettengroßes Stück Packpapier gerollt – und dann *Buon appetito!* Die Stände der *trippai* findet man seit eh und je auf

# GEFÜHL

Nichts für Fleischverächter: *panino al lampredotto* in edler Umgebung

Plätzen und an Ecken im Zentrum. Die Einheimischen kennen sie, lieben sie, sie wählen jährlich den besten – und selbst im teuersten Outfit von Armani ist es durchaus in Ordnung, mit einem Kuttelbrötchen in der Hand angetroffen zu werden.

## ALLE DÜFTE DER MITTELMEERKÜCHE

Die Halle des **Mercato Centrale** (➤ 119) in San Lorenzo ist ein kulinarisches Eldorado! Hier wird alles genauestens begutachtet, gedreht, gedrückt, gewendet – gleich ob Seefisch, Trüffel, *bistecca,* Parmesan, Schinken, Fasan oder Spanferkel, ebenso wie Obst und Gemüse. Man kann sich sattsehen und nur an den Düften berauschen oder alles bei **Nerbone** (➤ 117) probieren; seit 1872 stellt der Florentiner hier seine Einkäufe neben sich auf die Bank und haut erst mal ordentlich rein!

## OASEN DER RUHE

Zwischen den von Statuen gesäumten Zypressenalleen, vorbei an Kavaliershäuschen, bizarren Grotten, sprühenden Fontänen und künstlichen Seen kann man sich auch an einem heißen Sommertag in den **Boboli-Gärten** (➤ 160) herrlich erholen. Zu einer kurzen Auszeit vom Citytrubel kann auch ein Besuch in einem Spa wie z. B. im Soul Space verhelfen (Via Sant'Egidio 12, Tel. 055 2 00 17 94; www.soulspace.it).

## SHOPPEN MADE IN ITALY

Es muss ja nicht ein gesamtes Outfit sein, schon das kleinste Tütchen eines Topdesigners am Finger kann ein Hochgefühl hervorrufen! Für Mode, Schuhe und Accessoires ist die Via de' Tornabuoni (➤ 140) im Westen eine gute Adresse.

## GEMÜTLICHES ECKCHEN

Der Oltrarno mit seinen Werkstätten in den verwinkelten Gassen hat seinen besonderen Zauber. Immer noch gibt es hier kleine Ecken, die vom Tourismus nicht berührt sind. Die winzige Piazza della Passera gehört dazu. An der Stelle, wo seit 1550 ein Ausschank existierte, befindet sich nun die Trattoria **4 Leoni** (➤ 162). Hier isst man noch in urtoskanischem Ambiente, auch wenn Sie im Sommer die Gerichte jetzt unter modernen Sonnensegeln auf der Piazza zu sich nehmen können.

**Edelshopping in der Via Tornabuoni**

# Das Magazin

# Das Who's who der MEDICI

Domenico Ghirlandaio, Lorenzo de' Medici mit den Sassettis, Santa Trinita

**Die Geschichte kaum einer Stadt ist so eng mit dem Namen einer einzigen Familie verknüpft wie die von Florenz mit dem der Medici: Ihre mächtige Dynastie herrschte hier nahezu drei Jahrhunderte lang. Als Kunstmäzene sorgten sie für den Siegeszug der Renaissance, und auf Schritt und Tritt begegnet man ihren Spuren.**

### Giovanni di Bicci – der Bankier

Der Wohlstand der Dynastie geht wesentlich auf ihren Stammvater Giovanni di Bicci (1360–1429) zurück, der in Florenz die Banca de' Medici gründete und dank seines ausgeprägten Geschäftssinns zur profitabelsten Europas machte. Als er Bankier des Papstes wurde, sicherte dies nachhaltig die familiären Vermögensverhältnisse.

### Cosimo il Vecchio (der Ältere) – Patron der Künste

Die eigentliche Herrschaft der Medici begann mit Giovannis Sohn Cosimo (1389–1464). Papst Pius II. nannte ihn »rundum königlich bis auf den Namen«, und die Florentiner Ratsherrenschaft, die Signoria, verlieh ihm den Titel eines Pater Patriae (»Landesvaters«). Gleichwohl trachtete er, Florenz möglichst diskret zu regieren, weshalb er auch Filippo Brunelleschis opulenten Entwurf für den Palazzo der Familie (➤ 111) ablehnte.

## BAEDEKER TIPP

Überall in Florenz stößt man auf das Familienwappen: sechs Kugeln auf Goldgrund, die oberste blau mit weißer Lilie, die anderen rot. Möglicherweise geht dieser Rossstirnschild auf den sagenhaften Ritter Averardo zurück, Abkömmling der Medici. Die roten Kugeln lassen sich auch als Pillen, d. h. Hinweis auf die medizinische Berufstradition, interpretieren, oder Pfandmünzen, was der Finanztätigkeit der Familie entspräche.

Mit derselben Spürnase wie sein Vater mehrte Cosimo den Reichtum der Familie. In die Annalen jedoch schrieb er sich während der Blüte der Renaissance in seiner Heimatstadt vorrangig als enthusiastischer Förderer von Kunst und Humanismus ein.

Wie die Bauten des antiken Rom sollten die Kirchen, Palazzi und Bibliotheken tausend Jahre überdauern, die er, wie die Kirchen San Marco und San Lorenzo, von den besten Architekten und Künstlern seiner Zeit ausführen ließ. Bei seinem Tod war Florenz zu einer Stadt des Friedens und Wohlstands geworden – ein »neues Rom«. Da sein kränklicher Sohn Piero der Gichtige (1416–69), der Nachfolger, bald starb, kam früh sein Enkel Lorenzo an die Macht.

### Lorenzo il Magnifico – Poet und Humanist

Lorenzo (1449–92), Humanist und Dichter, war der Literatur ebenso zugetan wie den Staatsgeschäften und förderte das Studium der Werke Dantes, Boccaccios und Petrarcas.

In seine Regierungszeit fielen bedeutende Begebenheiten: Als Papst Sixtus IV. seine Gelder von der Medici-Bank abzog, stürzte dieser sie damit fast in den Bankrott.

**Andrea del Verrocchio, Cosimo de' Medici**

**Alles zu Ehren der Medici: Deckengemälde im Palazzo Medici Riccardi**

1478 ereignete sich die Verschwörung des konkurrierenden Clans der Pazzi, die auf die Ermordung Lorenzos und den Fall der Medici zielte. Mit Sixtus' Nachfolger Innozenz VIII. pflegte Lorenzo wieder so gute Beziehungen, dass sein Sohn Giovanni die Kardinalswürde errang. Als Lorenzo drei Wochen nach dessen Ernennung starb, erklärte der Papst, nun sei es vorbei mit dem Frieden in Italien.

Er sollte recht behalten. 1494, also nur zwei Jahre später, fiel Karl VIII. von Frankreich in Italien ein und zwang Lorenzos ältesten Sohn Piero (den Unglücklichen) in Florenz zur Kapitulation, woraufhin die erzürnten Bürger jenen der Stadt verwiesen. Sie errichteten eine Republik unter der Herrschaft des Dominikanermönchs und fanatischen Bußpredigers Girolamo

Savonarola, der indes bald selbst in Ungnade fiel und auf der Piazza della Signoria (► 60) verbrannt wurde.

### Giovanni de' Medici – der erste Medici-Papst

1512 kehrten die Medici unter Führung des Kardinals Giovanni (1475 bis 1521) nach Florenz zurück, was bei ihren desillusionierten Landsleuten kaum auf Widerstand stieß. Von nun an blieb die Familie an der Macht und bewahrte diese notfalls mit Gewalt. Nach seiner Krönung als Papst Leo X. im Jahre 1513 regierte er von Rom aus die Stadt.

### Alessandro – lasterhafter Tyrann

Ihm folgte Alessandro (1510–37) nach, mit Papst Clemens VII. (Lorenzos Enkel Giulio und mutmaßlicher Vater Alessandros) als grauer Eminenz im Hintergrund. Florenz war nun ein Herzogtum mit einem korrupten Despoten an der Spitze, der schließlich von seinem Vetter Lorenzaccio (»Böser Lorenzo«) ermordet wurde.

### Cosimo I. – mächtiger Regent

Alessandros Nachfolger Cosimo I. (1519–74) räumte mit der Opposition auf, indem er deren Führerschaft auf der Piazza della Signoria öffentlich hinrichten ließ. Militärisch setzte er Florentiner Interessen rücksichtslos gegenüber anderen toskanischen Stadtstaaten durch. Siena verlor hierdurch die Hälfte seiner Einwohnerschaft, weshalb sich noch heute mancher Sienese weigert, Fuß auf Florentiner Boden zu setzen.

Anders als seine Vorgänger schätzte Cosimo Kunst als Mittel der Selbstverherrlichung, beauftragte aber Vasari mit dem Bau eines gewaltigen neuen Verwaltungskomplexes, der Uffizien *(uffizi)*, und etablierte eine effiziente Regierungsbürokratie.

Allerdings zog er das Vergnügen den Staatsgeschäften vor – wie auch die sechs Generationen seiner Nachfolger als Herrscher von Florenz. Dem Ruf der Familie tat dies nur wenig Abbruch – es waren die mächtigen, unbezwingbaren Medici, und als 1743 mit Anna Maria Luisa die Letzte des Geschlechts das Zeitliche segnete, trauerte die ganze Stadt um sie.

**Giambologna, Reiterstandbild Cosimos I. auf der Piazza della Signoria**

# FLORENZ AUF DEM TELLER
## Essen und Wein

**Ob man exzellentes Eis schleckt, auf dem Markt Zutaten für eine Zwischenmahlzeit kauft oder an einem Sommerabend gediegen draußen speist – Florenz hat kulinarisch ebenso viel zu bieten wie kulturell.**

Ein typisches toskanisches Menü beginnt mit *antipasti* oder *bruschetta* (wahlweise mit Oliven, Sardellen, Tomaten oder Geflügelleberpâté).

Als erster Gang *(primo piatto)* bieten sich einheimische Suppen an, wie *zuppa di ceci* (Kichererbsensuppe) oder *ribollita* (Gemüsesuppe mit Bohnen und toskanischem Schwarzkohl, eingedickt mit Brot). Das traditionsreichste Pasta-Gericht sind *pappardelle con la lepre* (breite Nudeln mit Hackfleischsauce vom Hasen). Was immer man hier isst, immer wieder sind Bohnen dabei, vor allem weiße *cannellini* (nicht zufällig genießen die Toskaner den scherzhaften Beinamen *mangiafagioli* – Bohnenfresser).

### Herzhafte Fleischgerichte

Beim Hauptgang *(secondo piatto)* sollte man unbedingt die berühmte *bistecca alla fiorentina* probieren – ein gewaltiges Steak vom feinsten Fleisch aus Italien, dem toskanischen Chianina-Rind. Weitere beliebte Fleischgerichte sind *arista alla fiorentina* (Schweinelende mit Rosmarin,

abgeleitet von griech. *aristos*, »der beste«) und saisonbedingt Wild, vor allem *cinghiale* (Wildschwein). Viele traditionelle Gerichte basieren auf Innereien: eine Reminiszenz an Feudalzeiten, als Herrschaften die besten Stücke bekamen und das einfache Volk sich mit Resten begnügen musste! Spezialitäten sind *trippa alla fiorentina* (Kutteln in reichhaltiger Tomatensauce), *lampredotto* (Labmagen vom Rind) oder *fegatelli* (in Wein gedünstete Schweineleber).

Die einst vom Aussterben bedrohten kleinen Verkaufsstände *(trippai)* florieren heute wieder, da die Florentiner sich rückbesinnen auf ihre kulinarischen Wurzeln.

### Neue Weine

Längst vorbei sind die Zeiten, als man in Florentiner Restaurants die obligatorische Flasche im Strohmantel vorgesetzt bekam, aus der wässriger

## BAEDEKER TIPP

Die Slow-Food-Bewegung wurde 1986 in Turin geboren, als Reaktion auf Pläne des Fast-Food-Giganten McDonald's, in Rom seine erste italienische Filiale zu eröffnen. Mit Freunden verfasste damals der Turiner Journalist Carlo Petrini ein scherzhaftes Manifest mit dem Titel »Slow Food«, das er in bewussten Gegensatz zur Gastro-Philosophie der Burger-Brater setzte. Was als Jux begann, breitete sich bald über ganz Italien und dann weltweit aus, es war die Botschaft: nur beste Zutaten, möglichst von Lieferanten der Umgebung, schonende, artgerechte Tierhaltung, Erhalt traditioneller Grundstoffe, Gastlichkeit und Lebensfreude bei Einkauf und Essen. Florentiner Trattorien, die sich diesen Prinzipien offiziell verschrieben haben, sind u. a. Nerbone (im Mercato Centrale; ➤ 117), Trattoria Mario (Via Rosina 2r; ➤ 117), Del Fagioli (Corso Tintori 47r; ➤ 83) und Cibrèo (Via Andrea del Verrocchio 8r; ➤ 83).

Chianti floss. Heute gibt es Chianti in vielen Nuancen. Minderwertige sind nach wie vor darunter, am besten hält man sich an das Qualitätssiegel des Gallo Nero (Schwarzer Hahn). Zu den edlen Tropfen gehören Vino Nobile di Montepulciano, Brunello und Rosso di Montalcino. Die Anbaugebiete für diese Weine liegen südlich von Siena; die Tropfen erfreuen durch Eleganz. Selbst im Mittelalter wusste man den Wein aus Montepulciano schon zu schätzen. Für die »Super Tuscans« werden einheimische Rebsorten wie die Chianti-Traube Sangiovese mit französischen Sorten (bevorzugt Merlot und Cabernet Sauvignon) verschnitten. Diese Weine sind allerdings meist ein teures Vergnügen.

**Eis vom Feinsten**

Zum Nachtisch (oder wann immer es sie danach gelüstet) greifen die Florentiner gern zur Eiswaffel. Eine bewährte Adresse ist die Gelateria Vivoli (➤ 79) in der Via Isole delle Stinche 7r, lange eine der besten Italiens. Konkurrenz erwächst ihr in Grom (Via del Campanile, Ecke Via delle Oche); die Crema di Grom mit Bio-Ei, Biskuit und ecuadorianischer Schokolade von Valrhona – eine Spezialität von hier – ist bereits ein Klassiker. Sehr empfehlenswert ist auch Riva Reno im Borgo degli Albizi 46; die sizilianischen Inhaber sind bereits in der dritten Generation Eismacher.

»Toskanische Märkte haben immer ihren Reiz, dieser hier jedoch ist schlicht atemberaubend.«

**Markttreiben**

Märkte tragen vielerorts erheblich zur Atmosphäre einer Stadt bei, worin auch Florenz keine Ausnahme macht. Mehr noch, der 1874 erbaute **Mercato Centrale** (➤ 119; Via dell'Ariento; www.mercatocentrale.it, tägl. 10–1 Uhr) ist die größte Markthalle Europas. Toskanische Märkte haben ihren Reiz, dieser ist seit dem Umbau des Obergeschosses schlicht atemberaubend – ein brodelnder Kessel voll bunter Betriebsamkeit, randvoll mit Obst, Gemüse, Brot, Fleisch, Pasta, Olivenöl und saisonalen Spezialitäten wie Trüffeln, Wild, Kirschen oder Steinpilzen. Wem es hier zu hektisch zugeht, der besucht alternativ den Wochenmarkt **Mercato di Sant'Ambrogio** auf der Piazza Lorenzo Ghiberti (www.mercatosantambrogio.it; Mo–Sa 7–14 Uhr) nahe der Kirche Santa Croce (➤ 87).

**Im Gewimmel des Mercato Centrale mit seinen frischen Waren kaufen die Florentiner ein**

SALATA

# Die Kunst der **Mode**

**Mailand mag das Herz der italienischen Haute Couture sein, doch drei ihrer prominentesten Marken sind in Florenz entstanden oder groß geworden: Gucci, Pucci und Ferragamo.**

Florenz ist nicht nur ein anregendes Pflaster für Modedesigner: Interessanterweise wird dort und im benachbarten Prato vieles hergestellt, was in Mailand entworfen wurde – ein großer Prozentsatz aller Textilien »made in Italy«. Mit der Modemesse Pitti Immagine richtet Florenz zudem eine der bedeutendsten Männermodenschauen Europas aus, und beim Flanieren durch die Via de' Tornabuoni und Via della Vigna Nuova begegnet man Nobelmarken von Armani, Prada und Versace bis zu Dolce e Gabbana.

## Gucci

Die Florentiner »Hausmarke« aber bleibt Gucci, vor drei Generationen gegründet vom Sattlermeister Guccio Gucci (1881–1953), der sein Gespür für Schönheit und Eleganz als Liftboy im Londoner Savoy Hotel geschult hatte. 1921 eröffnete er ein Lädchen für Reisegepäck und Reiterbedarf – und aus diesen bescheidenen Anfängen entwickelte sich ein Weltkonzern, dessen Emblem zwei gekreuzte Steigbügel sind.

Handtaschen passend zum Kleid: bei Prada

In den 1950er- und 1960er-Jahren entstanden wahre Klassiker wie die Gucci-Tasche mit Bambusgriff, Mokassins mit Metalltrense und das geblümte Seidentuch Flora.

Die Initialen des Gründers übernahm die Firma als Ziermotiv auf Handtaschen, Accessoires und Reisetaschen, gefertigt aus dem charakteristischen lohfarbenen Leinen und honigbraunem Leder. Nach einer Phase familieninterner Streitigkeiten ging es mit Gucci unter der Ägide des New Yorker Designers Tom Ford wieder aufwärts, und heute zählt man zu den wichtigsten internationalen Marken in der Modewelt. Ihre Geschichte ist seit 2011 im Museo Gucci nachzuverfolgen (➤ 77).

## Liebling des Jetset

Zur Mode kam der Florentiner Kampfflieger und Kriegsheld Marchese Emilio Pucci (1914–92) per Zufall: 1948 filmte ihn ein Modedesigner, als er im selbst entworfenen feschen Skidress über die Hänge von St. Moritz

**Architektur und Mode eng verbunden: Schaufenster nahe dem Palazzo Vecchio**

**International mit Shops vertreten: Salvatore Ferragamo**

wedelte. Dies war die Geburtsstunde künftiger Skikleidung und eines neuen Modeimperiums.

Zu Puccis Markenzeichen wurden geschmeidige bunte Stoffe mit extravagantem Design. Nach uralten Verfahren ließ er Seide in satten Tönen färben und schuf unverwechselbare geometrische Muster in leuchtenden und gedeckten Farben auf Seidenjersey. Zu besten Zeiten kostete ein Pucci-Kleid sein Gegengewicht in Gold, und Society-Schönheiten hatten immer mindestens eines im Koffer, wenn sie auf Reisen gingen. Pucci-Design war überall zu finden – auf Schuhen, Handtaschen, Reisetaschen, Pyjamas und Unterwäsche, und die Crew von Apollo 15 setzte eine von

Pucci entworfene Flagge in den Mondstaub. Noch heute erfreuen sich Erzeugnisse des (mittlerweile von der Tochter geführten) Unternehmens großer Beliebtheit (➤ 141).

## Schuhmacher der Stars

Salvatore Ferragamo (1899–1960) erlernte sein Handwerk in einem süditalienischen Dörfchen, das er mit 15 Jahren in Richtung USA verließ. In Hollywood eröffnete er ein Geschäft für handgenähte Schuhe, in dem bald Stars wie Greta Garbo, Marilyn Monroe und Audrey Hepburn zu den Kunden zählten.

1927 kehrte er nach Italien zurück und ließ sich in Florenz nieder, dem Zentrum internationalen Modewesens und der Schuhmacherkunst. Anatomische Studien des Fußes und der Holzleisten mündeten in die Entwicklung der revolutionären Ferragamo-Methode bei der Fertigung von Schuhen. Angesichts mangelnder Verfügbarkeit von Qualitätsleder während des Kriegs begann er mit neuen Materialien wie Bast, Paketschnur und Zellophan zu experimentieren. Legendär sind seine Keilabsätze aus Kork, 1936 für Judy Garland geschaffen und sofort weltweit imitiert.

Die Leitung der Firma, die nun auch Mode und Accessoires herstellt, liegt nach wie vor in Familienhand. Sie behielt ihren Stammsitz in der Via de' Tornabuoni (➤ 140, 143), heute mit angeschlossenem Schuhmuseum (199 D5, Piazza Santa Trinita 5r, Tel 055 3 56 28 46; www.ferragamo.com/museo/it/ita; tägl. 10–19.30 Uhr, 6 Euro).

**Herstellung von feinen Madova-Handschuhen in Florenz**

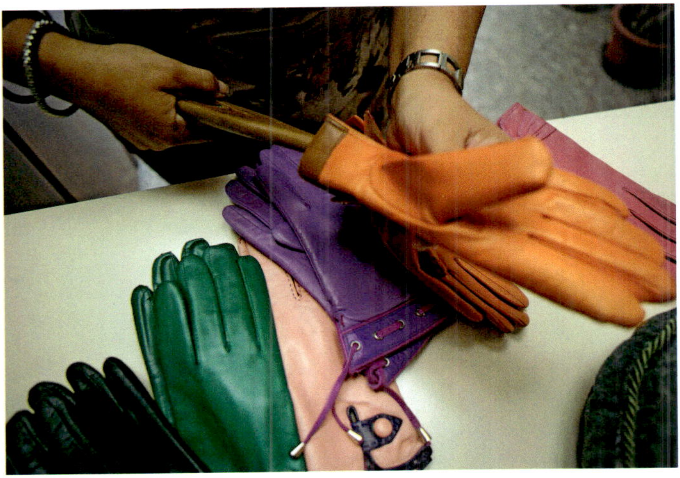

# KUNSTPIONIERE

## ... die Geschichte schrieben

**Die Renaissance ereignete sich weder über Nacht, noch fand sie ausschließlich in Florenz statt – doch die Metropole war sicherlich ihr Schmelztiegel, und einige Künstler aus ihren Mauern waren die Hauptakteure der westlichen Kunst.**

**Ausschnitt aus Leonardo da Vincis *Verkündigung***

Um das Revolutionäre in der Florentiner Malerei zu verstehen, muss man sich vergegenwärtigen, was Gemälde zuvor zu zeigen pflegten. So herrschten in der frühchristlichen Malerei religiöse Motive vor, die mit wenigen Farben auskamen und auch deutliche byzantinische Stilmerkmale aufwiesen: eine flache, stilisierte Darstellung ohne Raumperspektive, ohne Detailgenauigkeit oder Individualität.

### Das Genie Giotto

Angesichts des tief greifenden gesellschaftlichen Wandels im Italien des 13. Jahrhunderts, der mit wirtschaftlicher Blüte (besonders im Textil- und Bankwesen) einherging, wirkten Gemälde im traditionellen Stil nun altmodisch. Auch in der Kunst war eine Erneuerung vonnöten, und in Florenz fand sie sich in der Person des genialen Malers Giotto di Bondone.

Viel ist über sein Leben nicht bekannt, weder Ort noch Tag seiner Geburt (vermutlich wurde er 1266 in Florenz geboren). Giotto wird auch als Dombaumeister in Florenz erwähnt, daneben war er u.a. in Assisi und Padua (Cappella degli Scrovegni) tätig.

Außer Frage steht die ikonografisch revolutionäre Wirkung seiner Kunst: Wie seine Zeitgenossen Cimabue (um 1240–1302) und Pietro Cavallini (um 1240–um 1330) wandte er sich von Konventionen ab. Er reicherte die dargestellte Szenerie mit erzählerischem Gehalt, realistischer Architektur und gefühlsbewegten Figuren an und verlieh ihr räumliche Tiefe. Der Großteil seiner Werke befindet sich außerhalb der Toskana, doch ist in den Uffizien immerhin seine *Maestà* (Thronende Madonna) zu sehen und Weiteres in den Bardi- und Peruzzi-Kapellen von Santa Croce (➤ 56). Seine Madonna fasst er erkennbar als Frau aus Fleisch und Blut auf.

### Zentralperspektive

Giottos Ideen wurden zwar vielfältig weiterentwickelt, doch fehlte in der Kunst bis zum Beginn des 15. Jahrhunderts weitgehend ein wesentliches Element: die Zentralperspektive. Was heute jedes Schulkind anzuwenden lernt, erforderte damals einen Geniestreich, und dieser ist dem früh verstorbenen Masaccio (Tommaso di Ser Cassai, 1401–28) zu verdanken. Sein Hauptwerk sind die Fresken in der Cappella Brancacci (➤ 158) – Gemälde von solch überwältigender Ausstrahlung, dass selbst Michelangelo Skizzen davon anfertigte. Eines der frühesten und verblüffendsten Beispiele seiner neuartigen Beherrschung der Perspektive ist das Fresko der *Dreifaltigkeit (La Trinita,* 1427) in Santa Maria Novella (➤ 130). Nach seiner Vollendung stand das zeitgenössische Florenz Schlange, um die auf flacher Wand dreidimensional wirkende Darstellung zu bestaunen.

**Masaccios *Trinita* in Santa Maria Novella**

# WUNDERWERKE AUS MARMOR UND BRONZE

# Florentinisches Quartett

**In Florenz sollte man über den exquisiten Gemälden nicht die meisterlichen Skulpturen vergessen, derer sich die Stadt rühmen kann. Vier von ihnen verdienen besondere Beachtung.**

### Michelangelos *David*

Die wohl berühmteste Skulptur der Welt entstand 1501 als Auftragsarbeit zur Verherrlichung der Republik Florenz und ihrer Unabhängigkeit von fremden (besonders päpstlichen) Direktiven. Der spröde, stark geäderte Marmorblock, aus dem das Kunstwerk gearbeitet ist, war bereits vier Jahrzehnte zuvor geschlagen worden, und zahlreiche Künstler, darunter Leonardo da Vinci, hatten sich vergeblich daran versucht. Sechs Jahre kostete wiederum Michelangelo (1475–1564) die Fertigstellung der Figur, die ursprünglich über Goldhaar und einen Schurz aus Kupferblättern verfügte (heute verloren). Sie war zur Untersicht auf freiem Platz gedacht: Die Übergröße von Kopf und Händen sollte ihre Monumentalität noch betonen.

### Giambolognas *Raub der Sabinerinnen*

Ebenbürtig steht daneben in der Loggia dei Lanzi Giambolognas (1529 bis 1608) *Raub der Sabinerinnen* (1583), eine Gruppe von außerordentlicher Bewegtheit und Dynamik. Dem gewaltigen Marmorblock von höchst ungewöhnlichen Proportionen entlockte der aus Flandern (heute Frankreich) stammende Bildhauer eine Gruppe aus drei komplex ineinander verwundenen Figuren, die sich in einer ungestümen Spiralbewegung befinden. Das Kunstwerk war eigentlich als Studie eines alten und jungen Mannes sowie einer jungen Frau gedacht – den Titel, den es heute trägt, erhielt es später.

### Donatellos *Maria Magdalena*

Das Leben Donatellos (um 1386–1466) verlief weniger spektakulär als das Cellinis oder Michelangelos, künstlerisch war er zu seiner Zeit jedoch nicht minder genial und revolutionär als jene. Er schuf den *Hl. Georg* als Nischenfigur für Orsanmichele (➤ 78). Die Skulptur weist die erste konse-

**Im Uhrzeigersinn:** ***David* – *Raub der Sabinerinnen* – *Maria Magdalena* – *Perseus***

quente Anwendung perspektivischer Prinzipien in der Kunst auf. Donatellos 1455 entstandene *Maria Magdalena* aus dem Battistero (heute Museo dell'Opera del Duomo) wirkt in ihrem ausdrucksvollen Realismus geradezu modern. Die Pappelholzfigur zeigt die ausgemergelte, fast zum Schemen vergeistigte Gestalt der Büßerin nach 30 Jahren Sühne in der Wildnis als nur von ihrem langen Haar bedeckten Akt. Auf Donatello geht auch die erste zu umschreitende Freifigur seit der Antike zurück *(David)*.

## Cellinis *Perseus*

Benvenuto Cellini (1500–71), einer der besten Goldschmiede seiner Zeit, war Abenteurer, Aufschneider und selbst erklärter Mörder, der sich wegen unzähliger Verbrechen (darunter des Raubs päpstlicher Juwelen) ständig auf der Flucht befand. Der *Perseus* (1545) mit dem Haupt der Medusa in der Loggia dei Lanzi (► 77) gilt als sein Meisterstück. Beim Guss der technisch anspruchsvollen Skulptur heizte Cellini den Brennofen so stark an, dass seine Werkstatt Gefahr lief, in Brand zu geraten. Zugleich drohte die Bronze zu schnell abzukühlen, was er durch Zugabe aller verfügbaren Metalle in die Gussmasse (u.a. Besteck) zu verhindern suchte.

# Manifeste der Macht

## Residenzen der Reichen

**Ausdruck Florentiner Wohlstands: die Kuppel des Doms über den roten Ziegeldächern der Stadt**

**Familien wie die Medici demonstrierten Macht und Wohlstand in Form von Gemälden und Skulpturen, vor allem aber durch den Bau opulenter Paläste – je größer sie waren, desto besser.**

Eines der ersten Florentiner Stadtpalais, der **Palazzo Medici Riccardi** (➤ 111), wurde 1444 von Michelozzo für die Medici erbaut. Meisterlich fügte er dabei unbehauene große Steinquader in Rustikatechnik zu einem Erscheinungsbild, das in seinen Worten »Solidität und Stärke mit dem leuchtenden Licht- und Schattenspiel italienischer Sonne« verband. Über ein Jahrhundert war diese Bauweise vorbildlich in der Stadt, was jedoch nicht nur ästhetische Gründe hatte: So nämlich fungierten die Palazzi zugleich als festungsartige Refugien in unruhigen Zeiten.

## Klassische Gliederung

Giovanni Rucellai wurde reich durch den Handel mit dem berühmten roten Farbstoff *oricello,* auf den sich auch der Familienname bezieht. 1446 beauftragte er Leon Battista Alberti mit dem Bau des **Palazzo Rucellai.** Alberti war kein Freund der Rustikabauweise (die ihm nur passend für das Domizil eines Tyrannen erschien) und legte seinem Entwurf die klassischen Säulenordnungen der griechischen Antike zugrunde: dorisch, ionisch und korinthisch. Sie verbinden sich in diesem Palazzo als Blendgliederung zu einer gefälligen Fassade. Ein Fries weist die geblähten Segel der Rucellai auf, kombiniert mit drei ineinander verflochtenen Ringen der Medici, eine Anspielung auf die Heirat von Rucellais Sohn mit einer Enkelin Cosimo de' Medicis (➤ 13).

## Größe ist alles

In der Nähe trumpft der **Palazzo Strozzi** (➤ 134) trutzig auf, als kolossales Denkmal in Stein für den Bankier Filippo Strozzi, einst »erster Mann Italiens« und führender Kopf der Medici-Gegner. Um Platz für seinen von Giuliano da Sangallo entworfenen Palast zu schaffen, erwarb er ein Dutzend Stadthäuser und ließ sie abreißen. Fast ein halbes Jahrhundert beanspruchte der Bau, der Rustikaquader und ein klassisch anmutendes Gesims auf seiner Fassade verbindet, bis zu seiner Fertigstellung 1536. Er wurde als einer der letzten von fast hundert Palazzi vollendet, die während des 15. und 16. Jahrhunderts in Florenz entstanden.

## Und wieder mal die Medici

Die Medici fügten mit dem gigantischen **Palazzo Pitti** (➤ 150) noch ein monumentales Bauwerk hinzu, einst 1457 in bescheideneren Dimensionen begonnen als Wohnsitz des Bankiers Luca Pitti. Nach seinem Ableben 1472 geriet dessen Familie in finanzielle Bedrängnis und sah sich 1549 zur Veräußerung des Palasts gezwungen – an Cosimo de' Medici. Als der Palast unter der Ägide Cosimos und seiner Gattin endlich fertiggestellt war, war seine Größe auf das Dreifache angewachsen. Er blieb das Domizil der Dynastie bis zu ihrem Erlöschen 200 Jahre später.

# SCHÖNE ALTE LÄDEN

**Beim Flanieren durch die Straßen von Florenz stößt man auf wahre Kleinodien an traditionsreichen Geschäften. Hier einige der besten Adressen – in chronologischer Reihenfolge ihrer Eröffnung:**

**1561 Farmacia SS Annunziata** Inmitten herrlicher Holzvitrinen kann man hier Naturkosmetik und anderes in eleganten schwarz-weißen Originalverpackungen erwerben – nach teils fast 500 Jahre alten Rezepten. *Via dei Servi 80r.*

**1612 Officina Profumo-Farmaceutica di Santa Maria Novella** (➤ 134) Italiens berühmteste Apotheke und zugleich eine der ältesten der Welt. Viele Produkte gehen noch auf Rezepturen der Mönche des Klosters zurück, von der sich der Name der Apotheke ableitet. *Via della Scala 16.*

**1720 Filistrucchi** Auch Kinder stehen staunend in dem Laden für Echthaarperücken, Masken, Make-up, Bärte und andere Requisiten für den privaten und professionellen Gebrauch. Zur diskret bedienten Kundschaft zählen mehrere Weltstars. *Via Giuseppe Verdi 9, www.filistrucchi.com.*

**1786 Antico Setificio Fiorentino** Handgewebte Seidenstoffe gibt es hier zu sehen, die auf alten Webstühlen in traditioneller Technik gefertigt wurden. *Via Lorenzo Bartolini 4, http://anticosetificiofiorentino.com, Mo–Fr 10–18 Uhr, nur nach Voranmeldung (Tel. 055 21 38 61).*

**1865 Giulio Giannini & Figlio** (➤ 164) Marmorpapier in allen haustypischen Schattierungen – als Briefbögen oder Überzug von Büchern, Zeitschriftenhüllen, Rahmen, Exlibris – und andere Schreibwaren. *Piazza de' Pitti 37r.*

**1857 Sbigoli Terrecotte** Handbemalte toskanische Terrakotta und andere Keramik – hier gibt es alles vom Becher bis zum Kacheltisch. *Via Sant'Egidio 4r; www.sbigoliterrecotte.it.*

**1875 Grevi** Aus diesem Familienbetrieb kamen viele der kleinen runden Strohhüte und breitkrempigen Florentiner mit farbigem Ripsband, die die Urgroßeltern trugen. *Via della Spada 11–13.*

**1895 Castorina** (➤ 164) Eine von zahlreichen Kunsthandwerkstätten des Oltrarno-Viertels: Zierleisten und Schnitzereien in allen möglichen Holzarten und Designs. *Via di Santo Spirito 13–15r, www.castorina.net.*

**1918 Bronzista Baldini** Bronzeobjekte aller Art, darunter handgearbeitete Originale aus dem 16. Jahrhundert – Schwäne, Engel, Cherubim, Blumen und Delfine, aber auch Handtuchstangen. Spezialwünsche werden auf Bestellung angefertigt. *Via Palazzuolo 101–103r, www.baldiniubaldo.it.*

**1919 Madova** Handschuhe vom Feinsten: aus kostbarem Leder, in klassischem Stil und allen denkbaren Farben. Gefüttert mit Seide, Wolle vom Lamm oder Kaschmir. *Via de' Guicciardini 1r; www.madova.com.*

**1931 Del Moro** Die Florentiner Adresse für edle Hüte traditioneller Machart aus Samt, Wolle, Leder, Filz oder Stroh. *Via Santa Elisabetta 15r.*

**Die Officina Profumo-Farmaceutica di Santa Maria Novella**

# EIN DICHTER-LEBEN

**Dante Alighieri, in Florenz geborener und bedeutendster italienischer Dichter des Mittelalters, lebte und liebte in der Stadt, schrieb und starb jedoch in der Verbannung.**

## Dantes Spuren

Dante wurde 1265 als Spross des niederen Adels geboren und im Battistero auf den Namen Durante (später zu Dante verkürzt) getauft. Nur ein paar Straßen weiter, zwischen Via dello Studio und Via Proconsolo, befindet sich der Sasso di Dante (Dantes Stein), auf dem er einst gesessen und den Bau des Doms mitverfolgt haben soll. Am Ende der Via dello Studio steht das Geburtshaus seiner lebenslangen Muse Beatrice Portinari, in seinen Augen »kein sterbliches, sondern ein göttliches Geschöpf«. Im Innenhof trifft man auf die Nicchia di Dante (Dantes Nische), von wo aus er das Mädchen beobachtete, in das er sich schon in jungen Jahren verliebte. Eines der Häuser in der Via Dante Alighieri ist sein Elternhaus, das Museum Casa di Dante (➤ 79) nur die Rekonstruktion eines Nachbargebäudes.

## Unerfüllte Liebe

Leider war die angebetete Beatrice vergeben, heiratete mit 17 Simone de' Bardi und starb nur sieben Jahre später. Dante war seinerseits im Alter von 12 Jahren mit Gemma Donati verlobt worden, die er später wohl in der Kirche Santa Margherita de' Cerchi (➤ 79) ehelichte. In deren Vorhalle findet man zwar die Familiengruft der Donati, doch ihr Inneres beherbergt Grabstätten der Portinari – als Pfarrkirche der Familie von Beatrice. Diejenige der Familie von Dante (San Martino del Vescovo) steht in der Nähe.

**Links: Begegnung von Beatrice und Dante sowie weiteren Personen am Ufer**

**Rechts: Museo Casa di Dante**

## Weg ins Exil

Nach seiner Ausbildung in Bologna und Padua schlug Dante zunächst eine militärisch-politische Laufbahn ein. In Florenz geriet man mit solchen Ambitionen damals unweigerlich zwischen die Fronten der weißen *(bianchi)* und schwarzen *(neri)* Guelfen als Herrschern in der Stadt. 1289 kämpfte Dante auf Florentiner Seite gegen die Ghibellinen von Arezzo – als Parteigänger der Weißen, was ihn nach der Machtübernahme der Schwarzen 1302 ins Exil zwang. Er sah seine Vaterstadt nie wieder, starb 1321 in Ravenna nach unstetem Wanderleben und hinterließ eine gewaltige epische Dichtung, die *Divina Commedia (Göttliche Komödie*, um 1307–21).

## Verbittertes Ende

Dante, der sich in der Verbannung »Florentiner von Geburt, nicht von Charakter« nannte, bedachte seine ehemalige Heimat in der *Commedia* mit heftigen Schmähreden: »Neu Volk [= Parvenues] und schleuniger Gewinn« betöre die Stadt, mit Menschen voll Geiz, Neid und Hochmut (»avara, invidiosa e superba«). So verlor Florenz einen seiner größten Söhne, was das Wandeln auf seinen Spuren gut 700 Jahre später aber nicht trübt.

# Das Florenz der Renaissance

## Jahre bahnbrechender Entwicklungen

**Untrennbar ist Florenz mit der Renaissance verknüpft – einer Epoche der Erneuerung in der Kunst sowie der Geburtsstunde moderner Wissenschaft und neuzeitlichen politischen Denkens.**

### Geburtsstunde einer Stadt

Die Etrusker, die vor den Römern Mittelitalien beherrschten, gründeten die oberhalb der heutigen Stadt gelegene Siedlung Fiesole. 59 v. Chr. wurden sie von den Römern vertrieben, die an den Ufern des Arno an einer der wichtigen Konsularstraßen eine Garnison errichteten und im Umland Veteranen Cäsars ansiedelten. Unter den Langobarden verlor *Florentia* (»die Blühende«) an Bedeutung. Im 11. Jahrhundert löste sie sich aus der Markgrafschaft Tuszien, wurde selbstständig und konnte im Kampf gegen die staufischen Kaiser ihre Macht erweitern. Als eigenständiger Stadtstaat *(comune)* etablierte sie sich im frühen 12. Jahrhundert mit ersten Zügen einer modernen Stadt.

### Blüte der Renaissance

Florierendes Handwerk und Handel führten im mittelalterlichen Florenz zur Etablierung eines Bankensystems, dessen Köpfe bald zu Kunstmäzenen wurden. Hiermit waren die Voraussetzungen für die Stadt als Geburtsort der Renaissance, der kulturellen Wende zur Neuzeit, geschaffen. Zwei geniale Künstler, Leonardo da Vinci (1452–1519) und Michelangelo Buonarroti (1475–1564), brachten diesen Prozess entscheidend voran, wobei Leonardo sich auch als Ingenieur und Wissenschaftler hervortat.

### Revolution der Wissenschaften

Ab dem 15. Jahrhundert traten die Naturwissenschaften auf den Plan: Leonardo beschäftigte sich als Zeichner eingehend mit Anatomie und Natur und experimentierte mit Flugkörpern. Anfang des 16. Jahrhunderts

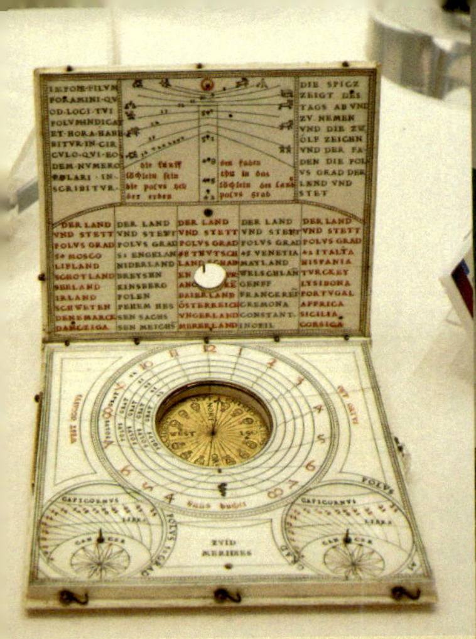

Oben links und rechts: Wissenschaftliche Instrumente aus dem Museo di Storia della Scienza. Darunter: Michelangelos *Pietà* im Museo dell'Opera del Duomo

erschien mit Galileo Galilei (1564 bis 1642) der »Vater der Naturwissenschaft«: Revolutionär waren seine Studien zu Mechanik und Astronomie. Er entwickelte ein Fernrohr, eine der bedeutendsten technischen Neuerungen der Geschichte. Auf Widerstand stieß sein Weltbild, wonach die Planeten um die Sonne kreisten und nicht die Erde den Mittelpunkt des Systems bilde. Galilei unterhielt intensive Bindungen nach Florenz und erfreute sich u.a. der Schirmherrschaft der Medici.

## Politische Prinzipien

Florenz brillierte jedoch nicht nur als Heimat von Kunst und Wissenschaft, sondern setzte auch im politischen Denken Maßstäbe. Schlüsselfigur war der hier gebürtige Staatsphilosoph Niccolò Machiavelli (1469–1527). Sein Hauptwerk *Il Principe* (*Der Fürst*; erschienen postum 1532), das das Prinzip politischer Vernunft an die Konditionen der menschlichen Natur knüpfte, wurde wegweisend für Generationen. Obwohl Florenz später seine führende Rolle einbüßte, setzten diese frühen Pioniere Meilensteine in Italien und darüber hinaus. Und so ist es kein Zufall, dass der italienische Ministerpräsident Matteo Renzi, der 2009 bis 2014 das Amt des Bürgermeisters innehatte, mit erklärtem Reformwillen für diesen Schatz der Renaissance eintrat (►33).

# GESCHICHTE ALS HISTORIENSPIEL
# Das Florentiner Festjahr

**Viele Feste in Florenz gehen auf Ereignisse der Stadtgeschichte zurück. Kunst-, Kultur- und andere Festivals halten über das Jahr hinweg die Erinnerung daran hoch.**

Es beginnt gleich am Neujahrstag mit der **Regata dei Canottieri,** einer Regatta auf dem Arno. Im März findet an einem Wochenende die kulinarische **Messe Taste** statt (www.pittimmagine.com), Ende April gefolgt von der Kunsthandwerksmesse **Mostra Internazionale dell'Artigianato** (www.mostraartigianato.it) in der Fortezza da Basso (➤ 120). Im Garten des Giardino Corsini hingegen kann man in exklusiverer Form am 3. Maiwochenende bei **Artigianato e Palazzo** traditionelles italienisches Kunsthandwerk erwerben, das auch vor Ort hergestellt wird (www.artigianatoepalazzo.it) und den zauberhaften italienischen Garten der Prinzessin Corsini bewundern, der sonst nie der Öffentlichkeit zugänglich ist. Kinder werden oft in Kunsthandwerksprogramme einbezogen. Am 30. April wird die **Notte Bianca** (Weiße Nacht) gefeiert: Die Geschäfte bleiben bis spät in die Nacht geöffnet und ein sich jährlich änderndes Kulturprogramm auf vielen Plätzen der Innenstadt mit Konzerten, Shows und Installationen lässt die

Nacht zum Tag werden (www.nottebiancafirenze.it). In den Jahren mit ungerader Zahl wird Ende September die renommierte Antiquitätenmesse **Mostra Internazionale dell'Antiquariato di Firenze** im prunkvollen Palazzo Corsini sull'Arno in Florenz abgehalten (http://www.biaf.it).

### Österliche Explosionen

Bedeutendstes kirchliches Fest in Florenz ist der **Scoppio del Carro** (»Karrenexplosion«) am Ostersonntag. Er nimmt Bezug auf eine Sage um das Entfachen einer heiligen Flamme während der Kreuzzüge. Ein sechsspänniger Ochsenkarren voller Feuerwerkskörper zieht vom mittelalterlichen Stadttor Porta a Prato zur Piazza del Duomo. Während der Messe am Mittag fliegt eine »Taube« an einem Draht vom Hochaltar auf den Wagen und setzt seine Ladung in Brand.

### Fußballfreuden im Kostüm

Religiösen Ursprungs ist auch das Fußballturnier **Calcio Storico** (www.visitflorence.com) in Erinnerung an ein Spiel während der Belagerung 1530. Zu Ehren Johannes des Täufers, des Schutzpatrons der Stadt, beginnt es am 24. Juni mit einem Match auf der Piazza Santa Croce. In historischen Kostümen treten vier Mannschaften an, die die mittelalterlichen Viertel der Stadt repräsentieren: Santa Croce, San Giovanni, Santo Spirito und Santa Maria Novella. Jede kann beliebig viele Spieler aufstellen, Regeln gibt es praktisch keine, und entsprechend chaotisch läuft das Ganze ab. Dem siegreichen Team winkt ein Kalb vom Rost, das es gemeinsam mit den Einwohnern des betreffenden Viertels verzehrt.

### Zirpende Grillen, Musik und Laternen

Sehr hübsch ist (jeweils am Sonntag nach Christi Himmelfahrt) die **Festa del Grillo** im Parco Cascine: An zahlreichen Ständen werden hier Grillen feilgeboten, die man nach dem Erwerb in die Freiheit entlässt – vielleicht eine Reminiszenz an den alten Brauch, dass Verliebte Grillen auf der Türschwelle ihrer Angebeteten singen ließen.

Von Ende April bis Anfang Juni findet in und um die Stadt der **Maggio Musicale Fiorentino** statt, eines der renommiertesten europäischen Musikfestivals (http://operadifirenze.it). Vergnügt geht es auch bei der **Festa della Rificolona,** dem Fest der Kinder, am 7. September zu, wo am Vorabend von Mariä Geburt Kinder mit Laternen in einer Prozession zur Piazza della Santissima Annunziata ziehen.

**Fahnenschwenker begleiten fast alle Feste, hier die Eröffnungszeremonie des Calcio Storico auf der Piazza della Signoria**

VERGANGENHEITSBEWAHRUNG

# Restaurieren ohne Ende

**Florenz fällt große Verantwortung zu, sein Erbe sorgsam zu bewahren. Mit Tausenden von Gemälden und Skulpturen müssen sich Restauratoren immer wieder befassen.**

Mittlerweile ist die Stadt daher zu einem Zentrum der Restaurierung von Kunst und Architektur geworden. Den Aufgaben widmet man sich in Palästen wie auch in winzigen Werkstätten in Santo Spirito und Santa Croce.

### Die große Flut

Die schlimmste Heimsuchung, die die Kunstschätze von Florenz je erlebten, war das Hochwasser des Arno 1966. Nach 40 Tagen Dauerregen trat er über die Ufer: 50 cm stieg er allein in den letzten beiden Tagen an. 500 000 Tonnen Wasser und Schlamm brachen in einer ersten Welle über die Stadt, rissen Häuser nieder und 35 Menschen in den Tod. Das Wasser stand mancherorts 6 m über Normal (NN) und strömte in die Keller – auch in die der Uffizien. Am härtesten traf es die Biblioteca Nazionale Centrale, mit 1 Million zerstörter und einer weiteren halben Million stark beschädigter Bücher. Die Restaurierung von Papier, die bis dahin wenig erforscht war, wurde zur gemeinsamen Herausforderung für ein internationalen Spezialistenteam, das eilends neue Techniken bei Trocknung, chemischer Behandlung und Neubindung ersann.

***David* aus Bronze von Donatello**

**Mit Zollstock und Schreibgerät: ein Restaurator in Florenz bei der Arbeit**

## Goldjunge

Florenz blieb Vorreiter des Restaurierungswesens und stellte 2008 ein neues Reinigungsverfahren mit Lasertechnik vor, das bei Donatellos bronzenem *David* (➤ Abb. links), der um 1440 geschaffen worden war, eingesetzt wurde. Mit einem für die Glaukomtherapie entwickelten Laser entfernten die Restauratoren des Bargello Wachs-, Öl- und Pigmentschichten – sie waren im 18. Jahrhundert von Verantwortlichen der Uffizien aufgetragen worden, um die Skulptur äußerlich an andere ihrer Sammlung anzugleichen. Die Behandlung mit Laser brachte Verblüffendes zutage: Er durchdrang alle Schichten, und es stellte sich heraus, dass Donatello das Gewand des *David* ursprünglich durch den Einsatz von Blattgold hervorgehoben hatte.

## Der malträtierte David

Die Restaurierung des prominenteren *David* von Michelangelo im Jahr 2004 ging weniger glatt vonstatten: Schon 1527 brach ein Arm entzwei, als jemand eine Bank aus einem Fenster des Palazzo Vecchio warf. 1544 brach die linke Schulter ab und erschlug einen Bauern, der Cosimo Reverenz erweisen wollte. Als das Kunstwerk 1873 in die Accademia überführt wurde, hatte es Jahrhunderte in Wind und Wetter auf der Piazza della Signoria überstanden. Neun Jahre verblieb es nun in einer Umhüllung, bis die Tribuna, ein Kuppelraum, fertiggestellt war. Als man die Statue wieder auspackte, war sie schimmelbedeckt. Damit nicht genug, schlug ihr ein geistig Verwirrter 1992 mit einem Hammer den linken Fuß ab. Und zur Reinigung der Oberfläche setzte man 2004 umstrittene abrasive Mittel ein, die ihr nach Meinung mancher Experten weitere Blessuren zufügten.

# NICHT NUR MUSEUMSREIF

## Florenz blickt nach vorn

**Florenz ist keineswegs nur Aushängeschild seiner Vergangenheit: Überall in der Stadt lassen sich Anzeichen dafür entdecken, wie sie sich allmählich neu erfindet.**

### Der Zukunft zugewandt

Man bekommt leicht den Eindruck, Florenz sei gefangen in seinem Renaissance-Rahmen: Tausende von Touristen bewundern alljährlich seine ehrwürdigen Bauten, Museen und Kunstwerke und lassen sich Gerichte nach alten Florentiner Rezepten munden. All dies macht natürlich wesentlich den Charme der Stadt aus, und doch ist nicht zu übersehen, dass sie mit der Zeit geht und im 21. Jahrhundert angekommen ist.

### Shopping und Nightlife

Alteingesessene Kunsthandwerkläden und Familienbetriebe sehen sich zunehmend der Konkurrenz von Betrieben neuen Schlags ausgesetzt. So sind Designer-Outlets bestens im Geschäft, und Restaurants mit internationaler Küche reihen sich unter die althergebrachten Trattorien. Vor allem im Viertel Santa Croce sind schicke moderne Bars aus dem Boden geschossen.

### Moderne Infrastruktur

Als Prophet des Wandels gab sich auch der agile Bürgermeister Matteo Renzi, der 1975 in Florenz geboren wurde. 2009 übernahm er das Ruder und löste bis zu seiner Wahl zum Ministerpräsidenten 2014 so manche seiner Wahlversprechen ein: Dazu gehören die Tilgung von Graffiti, mehr Sicherheit im Parco Cascine, hygienische öffentliche Toiletten, WiFi-Hotspots an wichtigen Plätzen und die Deklarierung der Piazza del Duomo zur Fußgängerzone. Florenz ist stolz auf sein kulturelles Erbe, möchte sich aber auch als zeitgemäße Metropole verstanden wissen.

**Oben: Roberto-Cavalli-Boutique an der Via de' Tornabuoni**

# Erster Überblick

# Ankunft

**Der Weg nach Florenz ist unproblematisch und auch die Stadt selbst ist leicht zu erkunden, denn den Besucher erwarten hier gut ausgebaute und ausgeschilderte Straßen, dazu ein benutzerfreundliches Nahverkehrssystem.**

## Mit dem Flugzeug

### Pisa (Aeroporto Galileo Galilei)

Wichtigster Flughafen für Florenz und die Toskana ist Pisa (80 km westlich von Florenz), der außer von Lufthansa (Köln-Bonn, München; www.lufthansa.com) auch von diversen Low-Cost- und Chartergesellschaften wie EasyJet (www.easyjet.com), Germanwings (www.germanwings.com) und Ryanair (www.ryanair.com) bedient wird.

- Weitere **Informationen:** Tel. 050 84 91 11 (Zentrale), 050 84 93 00 (Fluginformation tägl. 7–23 Uhr) und www.pisa-airport.com. Touristeninformation: Tel. 050 4 22 91; www.pisaunicaterra.it.

Vom Flughafen aus gibt es drei Möglichkeiten, nach Florenz zu kommen:
**Mit dem Zug** Seit Ende 2016 verkehrt täglich zwischen 6 und 24 Uhr der PisaMover alle 5–8 Minuten zwischen Terminal und Hauptbahnhof. Von dort fahren Züge stündlich weiter nach Firenze Santa Maria Novella (SMN), Fahrzeit ca. 1 Std. (www.trenitalia.it; ➤41).
**Mit dem Auto** Für einen Tag ein Auto zu mieten und in Florenz wieder abzugeben kostet weniger, als ein Taxi dorthin zu nehmen. Unter den **Autovermietern** im Flughafen sind Avis (Tel. 050 4 20 28) und Europcar (Tel. 050 4 10 81) vertreten. Der rund einstündige Weg nach Florenz ist leicht zu finden, da der Flughafen gleich neben der Autobahn ***(autostrada)*** A11 liegt (siehe auch »Mit dem Auto«, ➤41).
**Mit dem Bus** Terravision (www.terravision.eu) fährt tägl. von 8.40 bis 0.20 Uhr 18-mal nach Florenz SMN, abgestimmt auf die Ankunft internationaler Flüge (Fahrpreis 4,99 Euro, Fahrzeit 70 Min.). Tickets sind online erhältlich sowie am Terravision-Schalter im Arrival-Bereich und in Santa Maria Novella, dem Hauptbahnhof von Florenz. Ankunft und Abfahrt der Busse (6.40–1.20 Uhr) dort direkt am Ausgang der Fahrkartenhalle.

### Florenz (Aeroporto Amerigo Vespucci)

Der kleine Flughafen, 4 km außerhalb der Stadt Richtung Sesto Fiorentino gelegen (und manchmal noch mit seinem alten Namen **Peretola** bezeichnet), ist Ziel diverser Gesellschaften, u. a. von Meridiana (www.meridiana.it), Lufthansa, Air France (www.airfrance.com) und auch von Vueling (www.vueling.com) sowie Airberlin (www.airberlin.com).

- Weitere **Informationen:** Tel. 055 3 06 13 00, www.aeroporto.firenze.it. Fluginformation: werktags 9–19, sonn- und feiertags 9–14 Uhr; Touristeninformation Tel. 055 31 58 44.

**Mit dem Auto** Alle großen **Autovermieter** wie beispielsweise Hertz (Tel. 055 30 73 70), Sixt (Tel. 055 30 97 90), Avis (Tel. 055 31 55 88) und Europcar (Tel. 055 31 86 09) sind im Flughafen Amerigo Vespucci vertreten. Angesichts der geringen Entfernung zur Stadt bieten sich aber eher öffentliche Verkehrsmittel an.
**Mit dem Bus** **»Vola in Bus!«** nennt sich der Airport-Shuttle, der Sie in 30 Min. zwischen 5.30 und 0.30 Uhr zum Hauptbahnhof bringt (einfache

Fahrt 6 Euro, Hin- und Rückfahrt 10 Euro). Mehr Informationen bei ATAF (Tel. 800 42 45 00; www.ataf.net).
**Mit dem Taxi** Mit ca. rund 25 Euro (eventuell noch Zuschlägen für Gepäck oder Sonntagsfahrten) die **teuerste Variante** und mit 20 Min. Fahrzeit kaum schneller als der Bus. **Taxistand** vor dem Ankunftsterminal.

### Bologna (Aeroporto Guglielmo Marconi)

Großer Airport 105 km nordöstlich von Florenz, der von **Linienflügen** (Alitalia, Air France, BA, Lufthansa etc.), **Chartermaschinen** und Low-Cost-Fluggesellschaften wie Airberlin, EasyJet, Germanwings, Ryanair und Vueling aus Deutschland angeflogen wird.

- Weitere **Informationen:** Tel. 051 6 47 96 15 (Fluginformation rund um die Uhr); www.bologna-airport.it, Touristeninformation Tel. 051 6 47 22 01; www.bolognawelcome.com

Und so kommt man von Bologna nach Florenz:
**Mit dem Zug** Vom Hauptbahnhof **Bologna Centrale** verkehren 3–4-mal stündlich von 5 bis 21.25 Uhr Hochgeschwindigkeitszüge nach Florenz SMN, Fahrzeit 37 Minuten. Zum Bahnhof kommt man von 6 bis 24 Uhr etwa alle 11 Minuten mit dem Shuttle-Service »Aerobus« (Tel. 051 29 02 90; http://aerobus.bo.it). Die Fahrzeit beträgt 20 Minuten, Tickets (erhältlich beim Fahrer) kosten 6 Euro.
**Mit dem Auto** Alle großen **Autovermieter** haben Schalter im **Terminal A** (Arrivals), darunter Europcar (Tel. 051 6 47 21 11), Avis (Tel. 1 99 10 01 33 in Italien; +39 064 52 10 83 91 vom Ausland) und Maggiore (Tel. 051 6 47 20 07).

## Mit dem Zug

### Hauptbahnhof Santa Maria Novella (Firenze SMN)

Florenz liegt an der **Hochgeschwindigkeitsstrecke** Bologna – Rom (Teil der geplanten TEN-Trasse Berlin – Palermo) und hat zahlreiche Verbindungen zu europäischen Metropolen. Der Bahnhof liegt recht verkehrsgünstig am Westrand des Zentrums (Tel. 055 2 35 25 95; www.trenitalia.it oder www.italotreno.it).

**Achtung Bahnfahrer!**
Vor Fahrtantritt muss man seine Fahrkarte an den Automaten am Bahnsteig entwerten – vergisst man es, ist eventuell eine saftige Geldbuße wegen Schwarzfahrens fällig.

# Unterwegs in Florenz

**Der interessante historische Kern der Stadt liegt recht kompakt rings um Dom (➤ 94) und Piazza della Signoria. Erkunden lässt er sich am besten zu Fuß und, wie zwischen Dom und Uffizien (➤ 64), auf größtenteils autofreien Straßen.**

## Mit dem Auto

Große Teile des **Zentrums** sind für den Autoverkehr **gesperrt,** das Einbahnstraßensystem ist sehr komplex und **Parkplätze** sind schwer zu finden – kein leichtes Pflaster also für Autofahrer.

## Öffentliche Verkehrsmittel

**Karten und Fahrpläne** für das Busnetz erhält man bei den Touristeninformationen (➤ 43) oder an ATAF-Schaltern (u. a. am Hauptbahnhof SMN).

- Die meisten Touristenrouten werden von umweltfreundlichen **Elektrobussen** bedient. Informationen bei ATAF (Terminal Piazza Stazione, Infoline Tel. 800 42 45 00; www.ataf.net; tägl. 6.45–20 Uhr).

### Elektrischer Minibus

- **Buslinien:**

  **C1:** Vom nördlich gelegenen Parkplatz Parterre südwärts ins Zentrum bis beinahe zum Domplatz, weiter östlich mit Haltestellen hinter Palazzo Vecchio und an Santa Croce vorbei.

  **C2:** Von Piazza Beccaria westwärts durch das ganze Stadtzentrum, vorbei am Mercato Sant'Ambrogio, Piazza della Signoria, Domplatz, Hauptbahnhof Santa Maria Novella bis zur Stazione Leopolda.

  **C3:** Von Piazza Beccaria vorbei an Santa Croce, flussabwärts die Arnoufer entlang, vorbei am Ponte Vecchio bis zum Parco delle Cascine.

  **D:** Vom Hauptbahnhof Santa Maria Novella westlich am Stadtzentrum vorbei ins Oltrarno-Viertel mit Haltestellen in Borgo San Frediano, Piazza Santo Spirito, Piazza Pitti, Ponte Vecchio und weiter am südlichen Arnoufer entlang bis zur Piazza Ferrucci.
- **Bus-Tickets** erhält man am Zeitungskiosk, in *Tabacchi*-Läden und Bars mit Emblem der ATAF. Sie müssen im Bus entwertet werden.
- Das **Einzelticket** (*biglietto semplice*, gültig 90 Min.) kostet 1,20 Euro im Vorverkauf und 2 Euro im Bus. Der Fahrer ist nicht verpflichtet, Restgeld herauszugeben! Mit dem ***multiplo*** erhält man 4 Einzeltickets *(quattro corse)* für 4,70 Euro.
- Für ein **24-Stunden-Ticket** (*biglietto 24 ore,* in allen Bussen gültig) sind 5 Euro fällig, das **Drei-Tage-Ticket** *(biglietto tre giorni)* für 12,– Euro gilt in allen Bussen und Zügen des Bezirks Florenz.
- Die elektronische **Carta Agile** für 10 Euro hat den Gegenwert von 10, die Version für 20 Euro von 20 Einzelfahrten. Sie kann von mehreren Personen benutzt, muss jedoch für jeden einzeln entwertet werden.
- Unkompliziert, aber nur auf SIM-Karten italienischer Netzbetreiber abgestimmt ist Mobile Ticketing: Es reicht, eine SMS mit »ataf« an 488 01 05 zu senden (1,20 Euro + SMS-Gebühr), und Sie erhalten automatisch Ihr elektronisches Ticket aufs Handy.

### Taxis

- Taxis sind weiß. Offizielle **Standplätze**: Bahnhof SMN, Piazza Santa Maria Novella, Piazza San Marco, Piazza della Repubblica, Piazza Santa Croze, Porta Romana, Piazza Santa Trinita, Parterre, Piazza Ferrucci.
- Taxifahrten kosten oft noch **Zuschläge** für Gepäck im Kofferraum (1 Euro pro Gepäckstück), für Fahrten zwischen 22 und 6 Uhr (Grundgebühr 5,70 Euro) oder an Sonn- und Feiertagen sowie von und zum Flughafen. Der übliche **Grundpreis** (ohne Zuschläge) beträgt 3,30 Euro, ab 22 Uhr das Doppelte. Alleine fahrende Frauen erhalten nachts von 21 bis 2 Uhr 10 % Rabatt (nach *sconto per donne* fragen!).
- Vorsicht auch bei **telefonischer Taxibestellung** (Radio Taxis, Tel. 055 43 90, 055 47 98 oder 055 42 42) – dann läuft der Taxameter mit Beginn der Abholfahrt, nicht erst beim Einstieg. Grundpreis hier: 5,30 Euro.
- Für gewöhnlich sind die Florentiner Taxifahrer ehrlich und die Wagen mit Taxameter ausgestattet – falls es (angeblich) nicht funktioniert, unbedingt den Preis vor Antritt der Fahrt vereinbaren.

## Nützliche Websites

- **Allgemeine Informationen zu Florenz**
  www.firenzeturismo.it
  www.enit.it
  www.aboutflorence.com
  www.fionline.it
  www.ioamofirenze.it
  www.comune.fi.it
  www.ataf.net
- **Museen, Kunst und Geschichte**
  www.museionline.it
  www.firenzemusei.it
  www.uffizi.org
  www.florentinermuseen.com

## Touristeninformationen

Erst einmal eine der drei Touristeninformationen im Zentrum anzusteuern ist sicher keine schlechte Idee, denn dort können Sie sich mit Stadtplänen und anderem Material eindecken, u.a. Listen mit Öffnungszeiten der Museen und einer Übersicht aktueller ***avvenimenti*** (Veranstaltungen). Zusätzlich schadet auch nicht ein Blick auf die Website www.firenzeturismo.it.

### Touristeninformation im Zentrum

**196 A3 Via Cavour 1r 055 29 08 32 oder 055 29 08 33 Mo–Sa 9–18, Sa 9–14 Uhr**

### Touristeninformation am Dom

**194 B2 Piazza San Giovanni 1 055 28 84 96 Mo–Sa 9–19, So und Feiertag 9–14 Uhr**

### Touristeninformation am Hauptbahnhof SMN

**195 D3 Piazza Stazione 5 055 21 22 45 Mo–Sa 9–19, So 9–14 Uhr**

## Adressen und Hausnummern

- Florenz verfügt über ein **duales Adresssystem:** Hausnummern in Schwarz oder Blau indizieren ein Hotel oder eine Privatadresse, rote hingegen Läden, Restaurants und andere Geschäftsniederlassungen. So ist es durchaus möglich, dass sich ein Restaurant in der Via del Corso 32r neben der blauen Hausnummer 8 befindet!
- Auch im gesamten Band finden Sie den Buchstaben »r« (für ***rosso,*** rot) jeweils hinter einer Hausnummer vermerkt, wenn es sich nicht um eine Wohnadresse handelt.

## Stadtrundfahrten

Es gibt eine ganze Reihe hervorragend organisierter Stadtrundfahrten und andere Touren.

- Associazione Guide Turistiche Fiorentine (Via Giuseppe Verdi 10, Tel. 347 7 37 83 74; www.guidesinflorence.it) organisiert **thematisch ausgerichtete Stadtrundgänge** in Florenz (Medici, Michelangelo u.Ä.) und Fiesole (► 187).
- Rundgänge zu Themen wie »Schöne Ansichten von Florenz« oder »Highlights der Uffizien« bietet ArtViva (Via Sassetti 1, Tel. 055 2 64 50 33, 329 6 13 27 30; www.italy.artviva.com).
- Eine etwas andere Stadttour: Sightseeing auf der gepolsterten Hinterbank eines dreirädrigen **Ape-Kleintransporters** in der verkehrsberuhigten Innenstadt (TukTuk Florence; www.tuktukflorence.com).
- Florence by Bike (Via Zanobi 54r, Tel. 055 48 89 92; www.florencebybike.it) bietet **Fahrradtouren** und Leihräder an.
- Traditionelle **Stadtrundfahrten mit dem Bus** (mit Audioguide) bietet City-Sightseeing Firenze. Quer durch die Stadt führen zwei verschiedene Touren per **Hop on/hop off:** Mit demselben Ticket kann man über 1, 2 oder 3 Tage auf einer Route beliebig oft aus- und wieder einsteigen (www.firenze.city-sightseeing.it).

# Übernachten

**In Florenz gibt es Hotels aller Kategorien, allerdings nur wenige gute in der mittleren Preisklasse. Die Preise liegen hier höher als anderswo in Italien, und man muss meist lange im Voraus buchen. Man sollte sich darüber im Klaren sein, dass die billigeren Häuser auch in weniger attraktiven Vierteln liegen. Eine gute Alternative sind Privatzimmer oder Ferienwohnungen**

## Klassifizierung

Die staatliche Tourismusbehörde klassifiziert Hotels abgestuft von einem (sehr einfach) bis zu fünf Sternen (Luxus). Die früher übliche ***pensione*** gibt es nicht mehr, obwohl manch Ein-Sterne-Haus sich immer noch so nennt.

Die Kriterien sind kompliziert – Hotels mit nur einem Stern sind gewöhnlich preiswert und verfügen über keine oder nur wenige Zimmer mit Bad. Bei zwei Sternen ist dies obligatorisch, ab drei Sternen kommen Telefon und TV hinzu. Vier-Sterne-Hotels differieren erheblich in Preis und Komfort, während die Luxus-Kategorie ohnehin eine Klasse für sich bildet.

## Wahl des Orts

Die größte Konzentration an Ein- und Zwei-Sterne-Häusern findet man östlich des Bahnhofs in Via Faenza, Via Nazionale und Via Fiume, außerdem in den noch weniger attraktiven Seitenstraßen der Piazza della Libertà im Nordosten der Stadt (von wo aus man nur per Bus oder Taxi ins Zentrum gelangt). Also im Zweifelsfall lieber in Bahnhofsnähe logieren, trotz der in solcher Nachbarschaft üblichen Nachteile. Ein Problem selbst in besseren Hotels ist der Lärm, weshalb man u. U. besser ein Zimmer nach hinten hinaus nimmt. Manche Hotels verfügen zwar über Lärmschutzfenster, doch ohne Klimaanlage nützt das in heißen Sommernächten nur wenig.

## Preise

- **Zimmerpreise** müssen an der Rezeption und im Zimmer deutlich sichtbar angeschlagen sein. Innerhalb eines Hotels können sie variieren, lassen Sie sich also ruhig andere Räume zeigen, wenn Sie mit Ihrem unzufrieden sind.
- Steuern sind stets inbegriffen, häufig wird jedoch ein spürbarer Aufschlag für das **Frühstück** *(prima colazione)* erhoben. Oft sind Sie in der Bar um die Ecke nicht nur preislich besser aufgehoben (➤ 47); doch es gibt auch in vielen Hotels ordentliche Frühstücksbüfetts.
- Manche Hotels verlangen **Zuschläge** für Klimaanlage und Parken. Preise für Wäscherei, Reinigung, Mini-Bar und Telefon sind meist hoch.
- Vor einigen Jahren wurde in Florenz eine **Kurtaxe** eingeführt. Die Steuer beträgt 1–5 Euro pro Nacht, je nach Hotelklasse. Kinder bis zur Vollendung des 12. Lebensjahres müssen sie nicht bezahlen.

## Reservierung

- Florenz hat eigentlich immer Saison, weshalb Vorausbuchung unerlässlich ist. Besonders betriebsam sind Ostern und die Zeit von Juni bis September, etwas ruhiger nur November, Januar und Februar.
- Telefonische Reservierungen sollte man sich per E-Mail bestätigen lassen (und vielleicht sicherheitshalber nochmals zwei Tage vor Ankunft). Das Einzelzimmer heißt ***camera singola,*** beim Doppelzimmer wird unterschieden zwischen ***camera doppia*** (getrennte Betten) und ***matrimoniale*** (Doppelbett).

- Für Gäste besteht Registrierungspflicht, halten Sie daher beim Einchecken Ihren Ausweis bereit. Sie bekommen ihn nach einigen Stunden, spätestens aber am Tag Ihrer Abreise zurück. Zwischen 10 und 12 Uhr müssen Sie i. d. R. auschecken, können aber Ihr Gepäck meist an der Rezeption lassen und später abholen.
- Ein großes Angebot an **privaten Unterkünften** findet man unter www.airbnb.it/s/Firenze und www.waytostay.com/florence-apartments.
- Bei kurzfristiger Buchung oder weiterem Informationsbedarf kontaktieren Sie www.firenzealbergo.it, den offiziellen Zusammenschluss der besten Hoteladressen in Florenz (Tel. 055 2 70 72 78, Mo–Fr 9–13 und 15–18 Uhr).

**Preise**
für ein Doppelzimmer pro Nacht:
**€** unter 150 Euro **€€** 150–200 Euro **€€€** über 200 Euro

## Alessandra €
Lärm wird kaum zum Problem werden in diesem zentral gelegenen Zwei-Sterne-Haus in einer ruhigen Nebenstraße zwischen Santa Trinita (➤ 136) und Ponte Vecchio. Von den 27 geräumigen Zimmern haben einige sogar Vorzüge wie Holzfußboden, doch nur rund die Hälfte verfügt über ein eigenes Bad, TV und Klimaanlage.
**207 E4 Borgo SS. Apostoli 17 055 28 34 38; www.hotelalessandra.com**

## A Teatro €
Geschmackvoll eingerichtetes und freundliches B & B gleich neben dem Teatro Verdi im lebendigen Stadtviertel Santa Croce.
**208 B4 Via Giuseppe Verdi 12 055 2 63 82 42; www.ateatrobb.com**

## Brunelleschi €€€
Vier-Sterne-Haus mit 96 Zimmern, ideal gelegen in einem ruhigen Sträßchen zwischen Dom und Piazza della Signoria (➤ 60). Der Architekt Italo Gamberini, von dem der Entwurf des Hauses stammt, schloss historische Bausubstanz wie eine byzantinische Kapelle und die Torre della Pagliazza aus dem 10. Jahrhundert, eines der ältesten Bauwerke von Florenz, mit ein. Es gibt sogar ein kleines Museum, das archäologische Funde zeigt, auf die man während des Baus stieß. Zimmer und Räume sind durch die Kombination von echter (oder kopierter) alter Substanz mit der Moderne von besonderer Ästhetik.
**203 F1 Piazza Santa Elisabetta 3 055 2 73 70; www.hotelbrunelleschi.it**

## Casci €€
Eines der besseren Zwei-Sterne-Häuser der Stadt in hervorragender Lage (gleich nördlich der Piazza del Duomo) ist dieses kleine, familiengeführte Hotel – freundlicher mehrsprachiger Service, gutes Frühstücksbüfett, zivile Preise. 24 ordentliche Zimmer, ansprechend modern eingerichtet mit TV; die wenigen zur belebten Via Cavour hinaus verfügen über Lärmschutzfenster. Der freskengeschmückte kleine Salon ist ein schöner Platz zum Frühstücken, und in der Lobby gibt es Kaffee und Drinks sowie einen kostenlosen Internetzugang.
**203 F3 Via Cavour 13 055 21 16 86; www.hotelcasci.com**

## Helvetia & Bristol €€€
Das ehrwürdige Hotel aus dem 18. Jahrhundert mag im Wettstreit um den Titel »bestes Hotel von Florenz« hochkarätige Konkurrenz haben – hinsichtlich historischer Patina und Gästeliste läuft ihm keines den Rang ab. In dem eleganten Haus logierten schon Größen wie Luigi Pirandello, Igor Strawinsky und Giorgio de Chirico. Das Fünf-Sterne-Hotel liegt im

westlichen Zentrum zwischen Via de' Tornabuoni (➤ 140) und Piazza Strozzi. Die Einrichtung ist distinguiert altmodisch, dazu gehören Antiquitäten, üppige Stoffe und alte Ölgemälde. Komfort und Service sind auf bestem heutigem Stand.

**207 E5 ✉ Via dei Pescioni 2 ☎ 0044 20 38 29 80 81, www.niquesatravel.com**

## Hermitage €€

Wer Unterkunft sucht in einem der 27 gemütlichen Zimmer dieses charmanten Hotels, muss weit im Voraus buchen! Seine Beliebtheit beruht auf liebenswertem Service, gutem Komfort (Bäder teils mit Whirlpool) und einer hervorragenden Lage nahe an Arno und Ponte Vecchio (➤ 126). Die Zimmer nach vorne heraus sind allerdings recht laut, trotz Lärmschutzfenstern – wer es ruhiger mag, sollte lieber eines zur Hofseite nehmen. Im Sommer kann man das Frühstück mit Ausblick auf der wunderbaren Dachterrasse genießen.

**207 E4 ✉ Vicolo Marzio 1, Piazza del Pesce ☎ 055 28 72 16; www.hermitagehotel.com**

## JK Place €€€

Die Zimmer dieses superschicken Boutique-Hotels sind mit alten Möbeln und zeitgenössischer Kunst apart eingerichtet. Zu den Vorzügen gehören neben einem offenen Kamin auch hausgemachte Kuchen, frische Blumen und Frühstück auf dem Zimmer. Außerdem stehen eine Bibliothek und eine Dachterrasse mit herrlichem Blick zur Verfügung sowie mit der JK Lounge ein edles Restaurant mit Bar, das ganz in Rosa gehalten ist und somit farblich perfekte Kulisse für den Drink am Abend.

**203 D2 ✉ Piazza Santa Maria Novella 7 ☎ 055 2 64 51 81; www.jkplace.com**

## Loggiato dei Serviti €€

Ein charmantes Drei-Sterne-Hotel: Die 38 Zimmer variieren in Größe und Einrichtung, sind jedoch sämtlich von heiter minimalistischer Ausstrahlung – eine Reverenz an die Schlichtheit des Serviten-Klosters, das hier im 16. Jahrhundert seinen Sitz hatte. Edle Stoffe, Bilder und Antiquitäten lockern die Atmosphäre auf. Von den Zimmern hat man wahlweise Blick auf Brunelleschis Piazza della Santissima Annunziata (➤ 114) oder nach hinten heraus auf den Park der Accademia delle Belle Arti.

**204 B3 ✉ Piazza della Santissima Annunziata 3 ☎ 055 28 95 92; www.loggiatodeiservitihotel.it**

## Morandi alla Crocetta €€

Liebevoll ausgestattetes kleines Drei-Sterne-Haus, dessen 10 Zimmer vom kultivierten Charme und Geschmack der einst nach Florenz ausgewanderten Inhaberin Kathleen Doyle künden (schon als Kind hatte es sie hierher verschlagen) – zur Ausstattung gehören polierte Holzdielen und bunte Teppiche, kostbares altes Mobiliar, hübsche Stoffe sowie antike Gemälde und Drucke an den Wänden. Im schönsten Zimmer künden Fragmente eines Freskos von dem Kloster, das sich einst an dieser Stelle befunden hat. Trotz seiner nicht allzu attraktiven Lage östlich der Piazza della Santissima Annunziata ist dieses charmante Hotel stets weit im Voraus ausgebucht.

**204 B3 ✉ Via Laura 50 ☎ 055 2 34 47 48; www.hotelmorandi.it**

## Westin Excelsior €€€

Als Renaissance-Palazzo mit Blick auf den Arno und die Piazza Ognissanti (➤ 134) ist diese Adresse ein Erlebnis für sich: Fresken, kassettierte Decken und Marmor verbinden sich mit zeitgemäßer Technik und ebensolchem Komfort. Der Service ist erstklassig. Vom verglasten Restaurant ORVM mit Bar und der Panorama-Dachterrasse (geöffnet 10–1 Uhr) genießt man bis spät in die Nacht einen atemberaubenden Blick. Das Haus liegt nicht weit vom Ponte Vecchio (➤ 126) und den Uffizien entfernt.

**206 C5 ✉ Piazza Ognissanti 3 ☎ 055 2 71 51; www.westinflorence.com**

# Essen und Trinken

**Auf kulinarischer Ebene präsentiert sich Florenz nicht weniger attraktiv und abwechslungsreich als in Architektur und Kunst – Restaurants aller Kategorien gibt es, vom Michelin-Stern-gekrönten Gourmettempel bis zur einfachen *trattoria*, zudem jede Menge verschiedenster Bars und Cafés.**

## Restaurants

Wie überall in Italien verliert die traditionelle Rangfolge der Restaurants an Bedeutung. Früher galt auch in Florenz: ***ristorante*** – gut und teuer, ***trattoria*** – einfach und billig, ***osteria*** – dasselbe, nur noch einfacher, ***pizzeria*** – mit einschlägigem Angebot.

Schlichte Lokale mit rot karierten Tischdecken und der unvermeidlichen Chianti-Flasche im Strohgewand verschwanden schon lange zugunsten moderner kleiner Restaurants mit ambitionierter Küche (die sich aber auch gern ***osteria*** nennen!). Was man unter der Bezeichnung ***ristorante*** antrifft, ist nun ganz unterschiedlich, und **Pizzerien** servieren auch kleine Nudelgerichte und Salate. Immer gilt jedoch: Hohe Preise sind keine Garantie für gute Qualität.

Häufig stoßen Sie darüber hinaus auf ***enoteche*** – das sind Weinbars, wo man den Rebensaft glas- oder flaschenweise erwirbt und meist auch eine Kleinigkeit essen kann. In der Regel bescheidenere Abwandlungen davon sind ***fiaschetteria*** und ***vinaio***, die aber allmählich immer weniger vertreten sind.

Gleiches lässt sich keinesfalls sagen von **Eisdielen *(gelaterie)***, die gehören in Italien einfach zum lukullischen Alltag.

## Mahlzeiten des Tages

- In Bars gibt es spätestens ab 7 Uhr **Frühstück *(colazione*** oder ***prima colazione)***, meist einen Cappuccino oder Caffè plus Croissant ***(brioche)***.
- **Mittagessen *(pranzo)*** gibt es gewöhnlich von 12.30 bis 14 Uhr, meist haben die Restaurants aber noch ein wenig länger geöffnet.
- Das **Abendessen *(cena)*** beginnt in Italien selten vor 20 Uhr, auf Touristen eingestellte Restaurants öffnen aber auch früher.
- **Tagesbars** schließen zwischen 20 und 21 Uhr, **Abendlokale** wie das Rex (➤ 88) sind in der Regel auch auf Nachtschwärmer eingestellt.

## Menüfolge

- Nach der **Vorspeise *(antipasto)*** gibt es als **ersten Gang *(primo piatto)*** meist Pasta, Suppe oder Reis. Der **Hauptgang *(secondo piatto)*** besteht gewöhnlich aus Fisch oder Fleisch mit Gemüsebeilagen ***(contorni)*** oder Salat ***(insalata)***, die gesondert bestellt werden müssen. Den **Abschluss** bilden oft Obst ***(frutta)*** oder Käse ***(formaggio)***, alternativ zum süßen **Dessert *(dolce)***. Mehr zu toskanischen Spezialitäten wie Suppen oder Fleischgerichten ➤ 14.
- Nach dem Essen gönnt man sich gerne als **Digestif** einen Grappa oder Bitter ***(amaro)*** und einen Espresso ***(caffè)*** oder sogar einen Kamillentee – niemals jedoch beschließt der Italiener eine Abendmahlzeit mit einem Cappuccino.
- Man muss nicht immer ein mehrgängiges Menü zu sich nehmen – vor allem zu Mittag und in einfacheren Restaurants ist es absolut üblich, sich etwa auf eine Pizza mit Salat zu beschränken. In besseren Restaurants wird dies vor allem abends natürlich weniger gerne gesehen.

# Erster Überblick

## Cafés und Bars

- In Cafés und Bars zahlen Sie **am Tresen** weniger, als wenn Sie sich setzen. Niemals an der Bar zahlen und dann an einem Tisch Platz nehmen, das gilt als Fauxpas! An der Bar Bestelltes müssen Sie gleich an der separaten Kasse ***(cassa)*** bezahlen. Dort erhalten Sie eine Quittung ***(scontrino)***, die Sie am Tresen vorzeigen, um dann das Gewünschte zu erhalten.
- Preise für **Bedienung und Tisch** ***(tavola/terrazza)*** müssen angeschlagen sein. Wenn Sie sich einmal gesetzt haben und der Kellner am Tisch Ihre Bestellung aufgenommen hat, unterliegen Sie keinerlei weiterem Verzehrzwang und können bleiben, so lange Sie möchten.
- **Snacks,** die man in Cafés und Bars meist in guter Auswahl bekommt, sind belegte Weißbrote ***(tramezzini)*** oder Brötchen ***(panini)*** und mitunter kleine warme Speisen. Auch manche Bäckereien verkaufen geschnittene Pizza ***(pizza al taglio)***.

## Menüs

- Seien Sie auf der Hut vor ausgesprochenen Touristen-Restaurants, die oft ein **Touristen-Menü** ***(menù turistico)*** anbieten – dort gibt es meist mäßiges Essen zu überhöhten Preisen. Manches hört sich zwar ganz gut an, doch im Grunde weiß man vorher nur, was man zahlt, nicht, was auf dem Teller liegt – kleine Portionen, wässriger Wein (sofern überhaupt dabei), zweifelhafte Zutaten und langweilige Kost (gewöhnlich Pasta mit Tomatensauce oder Grillfleisch mit Salat oder bescheidener Beilage).
- In besseren Restaurants bekommt man dagegen oft ein **Degustations-Menü** ***(menù degustazione/menù gastronomico)***, das einem mit ausgewählten Beispielen der Küche die Qual der Wahl beim Essen à la carte erspart.
- Wenn Sie mit Kindern reisen, können Sie ohne Probleme nach einer halben Portion ***(mezza porzione)*** fragen.

## Bezahlen

- Bei der Bitte um die **Rechnung** lautet die stilgerechte Formel ***»Il conto, per favore«*** (»Die Rechnung, bitte«). Sie sollte als Kassenbeleg kommen, nicht etwa handgeschrieben auf einem Blatt Papier. Ist dies der Fall, fragen Sie nach ***una ricevuta*** (»Quittung«) in korrekter Form.
- Obligatorische Begleiter sind Brot und Gedeck ***(coperto)***, dafür werden zwischen 1 und 4 Euro pro Person berechnet.
- Normalerweise ist ein Betrag für die Bedienung ***(servizio)*** in der Rechnung inbegriffen, doch wird natürlich ein **Trinkgeld** erwartet – Aufrundung auf die nächsten 2–5 Euro in Pizzerien und einfacheren Restaurants, sonst 10 bis 15 Prozent des Rechnungsbetrags.

## Dresscode und Rauchen

- Florentiner gehen gerne nett gewandet zum Essen – **lässige Eleganz** ist in Florenz im Allgemeinen die Zauberformel.
- **Rauchen** ist wie in anderen europäischen Ländern in öffentlichen Gebäuden, Bars, Cafés und Restaurants untersagt.

**Preise**
für ein Drei-Gänge-Menü, ohne Getränke und Service:

**€** unter 20 Euro  **€€** 20–45 Euro  **€€€** über 45 Euro

# Einkaufen

**Florenz ist ein Einkaufsparadies – das Angebot reicht von verführerischen Wein- und Delikatessläden über exklusive Designershops, wunderbare Schuh- und Ledergeschäfte und Juweliere bis zu Adressen mit edlen Stoffen, handgeschöpftem Marmorpapier, Gemälden, Grafiken und Antiquitäten.**

## Spezialgeschäfte

- Der Wohlstand der toskanischen Hauptstadt spiegelt sich in ihren zahlreichen Läden für **Luxusgüter,** besonders Kleidung, Schuhe und Lederwaren. Die meisten Designershops findet man im Westen, vor allem in der Via de' Tornabuoni und deren Seitenstraßen wie der Via della Vigna Nuova. **Lederwaren** gibt es überall in Florenz, Manufakturen und entsprechende Läden besonders im Viertel Santa Croce. **Juweliere** wiederum konzentrieren sich auf größere Einkaufsstraßen und das Gebiet um den Ponte Vecchio, wo sie seit fünf Jahrhunderten zu Hause sind. **Kunsthandwerk** ist eine Spezialität des Oltrarno (bevorzugt auf der und rings um die Via Maggio). Hier sind viele kleine Werkstätten angesiedelt, in denen seit Generationen Materialien wie Leder verarbeitet werden.
- Im Zentrum residieren die besten Anbieter von **Büchern, Küchenbedarf** und **Haushaltswaren** (bei allem besitzt Italien einen guten Ruf) sowie die einzigen **Kaufhäuser:** Coin und Rinascente (➤ 141).
- **Delikatessen** und **Wein** sind schöne Mitbringsel, bei alkoholischen Getränken, Tabakwaren und manchen landwirtschaftlichen Produkten sind allerdings nach wie vor Einfuhrbeschränkungen zu beachten – kein Problem sind Pasta, Olivenöl und die meisten Käsesorten. Esswaren gibt es in den ***Alimentari***-Läden, doch die größte Auswahl hat man auf dem **Mercato Centrale** nahe San Lorenzo (➤ 119) oder im Eataly (➤ 118).
- Auf der Via Maggio und ihren Nebenstraßen reihen sich **Antiquitätengeschäfte und Kunstgalerien** aneinander. Es lohnen in dieser Hinsicht aber auch die Via delle Terme und Borgo Ognissanti jenseits des Flusses.

## Märkte

- Rings um den Mercato Centrale von **San Lorenzo** findet man kleine Marktstände, wo man preiswert Kleidung, Taschen oder Souvenirs bekommt.
- Interessant sind auch der Lebensmittelmarkt **Sant'Ambrogio** (➤ 87) in Santa Croce und der kleine Flohmarkt (Mercato delle Pulci) auf der **Piazza dei Ciompi** (➤ 87).
- Der größte Wochenmarkt von Florenz findet dienstags von 8 bis 13 Uhr im **Parco delle Cascine** am Ufer des Arno statt. Hierhin verirren sich nur wenige Touristen, das Angebot ist breit gefächert zu sehr zivilen Preisen.

## Öffnungszeiten

Die meisten Geschäfte haben Dienstag bis Sonnabend von 8 oder 9 bis 13 Uhr, dann wieder von 15.30/16 bis 19.30 Uhr geöffnet. Montagmorgen oder einen anderen halben Tag der Woche sind viele geschlossen, der Trend geht allerdings in Richtung ganztägiger Öffnungszeiten ***(orario continuato)***. Sonntags haben auch viele Geschäfte und die Kaufhäuser geöffnet. Am Mittwochnachmittag sind alle Lebensmittelgeschäfte geschlossen.

## Kreditkarten

Die meisten größeren Geschäfte akzeptieren Kreditkarten, in den kleineren wird Barzahlung bevorzugt (besser vor dem Einkauf darauf achten).

# Ausgehen

**In der Stadt kommt jeder auf seine Kosten, ob Liebhaber klassischer Musik, Tanzbegeisterte oder andere Nachtschwärmer. Im breit gefächerten Kulturprogramm sollte man beachten, dass Filme und Theaterstücke in italienischer Sprache aufgeführt werden. Florenz ist zudem Ausrichter des Maggio Musicale, eines der bedeutendsten klassischen Musikfestivals Italiens.**

## Informationen

- Ausführliche Auskunft erhält man bei den Touristeninformationen (➤ 43), wo Veranstaltungskalender, Flyer für Konzerte etc. ausliegen.
- Orientieren kann man sich außerdem im Veranstaltungsteil der großen Tageszeitungen wie ***La Nazione, Corriere della Sera*** und ***La Repubblica*** oder dem für 2 Euro am Zeitungskiosk erhältlichen ***Firenze Spettacolo*** (www.firenzespettacolo.it; auch auf Englisch); dort findet man alle wichtigen Informationen für den gewünschten Zeitraum. Eine weitere gute Quelle sind Onlinepublikationen wie www.florenceisyou.com.
- Im ***Guida Gay Italia*** und dem landesweit erscheinenden Magazin ***Babilonia*** (im Zeitschriftenhandel erhältlich) stehen nützliche Informationen für schwule und lesbische Reisende, ebenso auch bezüglich Veranstaltungen auf www.guidagay.it. Geben Sie den Suchbegriff Firenze ein.

## Tickets

**Konzerte und Events:** Eintrittskarten sind bei diversen Vorverkaufsstellen und der zentralen Agentur **Box Office** mit Filiale in der Via delle Vecchie Carceri 1 (Tel. 055 21 08 04; www.boxofficetoscana.it oder www.boxol.it; Mo–Fr 10–19, Sa 10–14 Uhr) erhältlich.
**Museen:** Um lange Warteschlagen zu umgehen, sollte man (mindestens 5 Tage im voraus) Eintrittskarten für alle staatlichen Museen online bei www.firenzemusei.it oder bei Tel. 055 29 48 83 für ca. 4 bis 5 Euro Aufschlag (bei Sonderausstellungen plus 3 Euro) pro Ticket reservieren.

## Feste & Events

In Florenz finden zahlreiche Festivals statt, die wichtigsten sind nachstehend aufgeführt. Auskünfte zu allen erteilen die Touristeninformationen.

Gleich am Neujahrstag findet die historische Regattar **Regata dei Canottieri** auf dem Arno statt (➤ 34). In der Karwoche vor Ostern gibt es in ganz Florenz zahlreiche Gottesdienste und Prozessionen, außerdem am Ostersonntag den **Scoppio del Carro** (➤ 35), der eine Prozession mit geschmücktem Karren und ein Feuerwerk einschließt.

Im Mai und Juni steht die Stadt dann ganz im Zeichen des **Maggio Musicale Fiorentino** (➤ 35), und am 24. Juni feiert die **Festa di San Giovanni** den Schutzheiligen Johannes mit Feuerwerk um den Piazzale Michelangelo. Am Sonntag nach Christi Himmelfahrt (Mai) steigt die folkloristische **Festa del Grillo** (➤ 35) mit großem Markttreiben (vor allem Grillen im Käfig als Glücksbringer). Das lebendigste aller Florentiner Stadtfeste ist das Fußballturnier **Calcio Storico** (➤ 35), bei dem die Spieler in historischen Kostümen auftreten.

Mit der **Festa della Rificolona** (7. September) begeht man feierlich den Geburtstag der heiligen Jungfrau mit Straßenfesten; die Kinder nehmen an einer Prozession mit Laternen *(rificolona)* zur Piazza della Santissima Annunziata (➤ 35) teil.

# Der Osten



## Kleine Erlebnisse

### Made in Florence

**Papier von Pineider** (➤ 87) kennt »man« weltweit (auch dessen Preis!). Elegant sind auch die Adress- und Notizbücher von hier.

### Michelangelo im Kleinformat

Wenn die Warteschlange vor dem »David« im Original zu lang ist: Werke Michelangelos sind in der **Casa Buonarroti** (➤ 80) zu sehen.

### Süßes dolce far niente

Im seit 1872 existierenden Caffè Rivoire (➤ 85) an der Piazza della Signoria genüsslich eine **heiße Schokolade** schlürfen.

# Erste Orientierung

**In der Gegend um den imposanten Hauptplatz, die Piazza della Signoria, schlägt das Herz der Stadt. Hier findet man viele der schönsten Gebäude von Florenz und in den Uffizien eine international renommierte Sammlung hochkarätiger Kunstwerke.**

Weiter östlich liegt Santa Croce, Pantheon und bemerkenswerteste Basilika von Florenz. Touristen verirren sich kaum in das Viertel ringsum, dessen quirlige Märkte und Lädchen jedoch einen Eindruck vom Florentiner Alltagsleben vermitteln.

Der Osten umfasst den mittelalterlichen Kern der Stadt, mit einem Gewirr kleiner Gassen nördlich der Piazza della Signoria. Den Kontrast bilden mächtige Gebäude wie Palazzo Vecchio und Bargello – einst Gefängnis, heute bedeutendstes italienisches Skulpturenmuseum. Hier findet man auch die meisten Läden, Bars und Restaurants und das bunteste Nachtleben – und vor der Kulisse angestrahlter Gebäude kann man einen schönen Abendspaziergang machen.

## Nach Lust und Laune!

- 11 Museo Galileo ➤ 76
- 12 Palazzo Vecchio ➤ 76
- 13 Museo Gucci ➤ 77
- 14 Loggia dei Lanzi ➤ 77
- 15 Orsanmichele ➤ 78
- 16 Casa di Dante ➤ 79
- 17 Badia Fiorentina ➤ 79
- 18 Gelateria Vivoli ➤ 79
- 19 Casa Buonarroti ➤ 80
- 20 Museo dell'Opera di Santa Croce & Cappella dei Pazzi ➤ 80
- 21 Museo Horne ➤ 81

## TOP 10

- 3 Santa Croce ➤ 56
- 4 Piazza della Signoria ➤ 60
- 6 Galleria degli Uffizi ➤ 64
- 7 Museo Nazionale del Bargello ➤ 72

Die Marmorfassade von Santa Croce

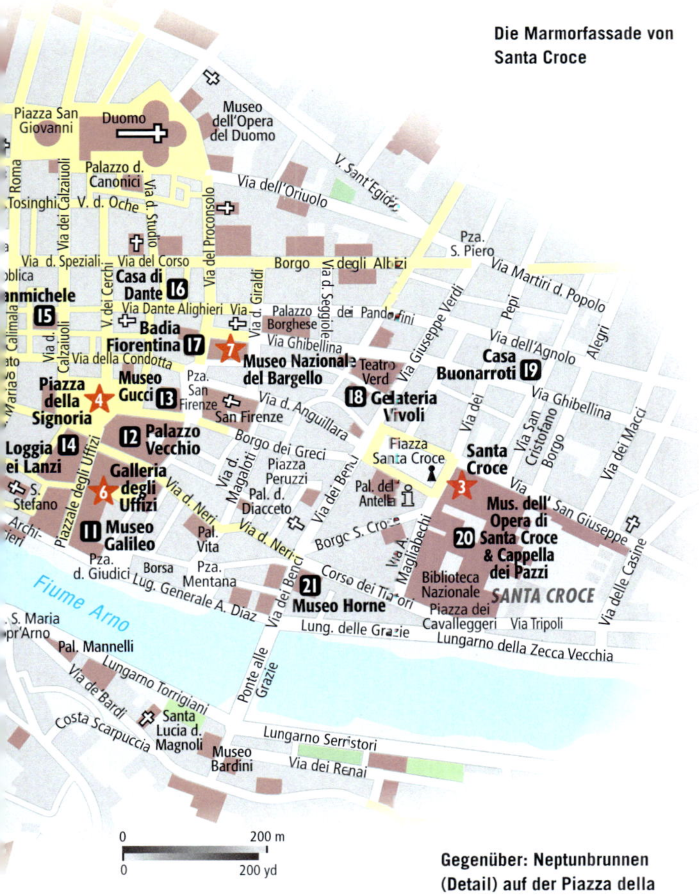


Gegenüber: Neptunbrunnen (Detail) auf der Piazza della Signoria

# In zwei Tagen

**Die folgende Route bietet Ihnen die Möglichkeit, die wichtigsten Ziele im Osten von Florenz anzuschauen. Die Highlights werden im Folgenden (➤ 56 ff) ausführlich beschrieben.**

## Erster Tag

### Vormittags

Unabdingbar ist ein Besuch in der 6 **Galleria degli Uffizi** (Uffizien, Abb. oben, *Geburt der Venus* von Botticelli, ➤ 64). Der Andrang ist groß, daher am besten vorab reservieren.

### Mittags

Ein kleines Mittagsmahl in der Cantinetta dei Verrazzano (➤ 84) oder im Caffè Italiano nahe der 4 **Piazza della Signoria** (➤ 60) wird Ihnen neue Energie geben, wie auch der abschließende Espresso auf der Piazza. Genießen Sie den Blick auf das Ensemble der Marmorskulpturen in der 14 **Loggia dei Lanzi** (➤ 77).

### Nachmittags

Zwei Stunden gehen schnell vorüber im 12 **Palazzo Vecchio** (➤ 76; oben), dem beeindruckenden ehemaligen Rathaus und Domizil der Medici an der Piazza della Signoria. Wer auch die Geheimgänge erkunden will, sollte vorab buchen.

### Abends

Mischen Sie sich unter die elegant gekleideten Einheimischen beim Abendspaziergang, der *passeggiata*, auf den Einkaufsstraßen Via dei

Calzaiuoli und Via Roma. Zum Abendessen könnten Sie danach – je nach Geldbeutel – ins Cibreino oder ins Cibrèo (➤ 83) gehen.

# Zweiter Tag

### Vormittags

Zwei Stunden sollte man sich schon für die überwältigenden Renaissance-Skulpturen im 7 **Museo Nazionale del Bargello** (➤ 72; links) gönnen, einem der bedeutendsten Museen Italiens. Die 18 **Gelateria Vivoli** (➤ 79), eine der besten Eisdielen des Landes, lädt danach zur Erfrischung ein – besonders delikat sind die Schokoladenvariationen von Bitter über Weiß bis Orange. Bildhauerei ist dann auch wieder ein Thema bei der Besichtigung von Werken und Skizzen Michelangelos in der 19 **Casa Buonarroti** (➤ 80).

### Mittags

Für eine kleinere Mahlzeit kann man das **Caffè Cibrèo** (➤ 84) oder auch das **Il Francescano** (➤ 85) ansteuern.

### Nachmittags

In der gotischen Basilika 3 **Santa Croce** (➤ 56) auf der gleichnamigen Piazza befinden sich Grabstätten vieler prominenter Florentiner, darunter von Michelangelo, Machiavelli und Galilei. Auch das 20 **Museo dell'Opera di Santa Croce** und die **Cappella dei Pazzi** (➤ 30) in den angrenzenden Klosterbauten lohnen einen Besuch. Für den Rückweg ins Zentrum bietet sich ein Spaziergang am Arno entlang an und eventuell ein Abstecher ins naturkundliche 11 **Museo Galileo** (➤ 76).

### Abends

Schön am Fluss sitzen bei einem Getränk lässt es sich in einem der Cafés nahe dem **Ponte Vecchio** (➤ 126), z. B. bei einem Essen mit regionalen Spezialitäten in der winzigen **Buca dell'Orafo** (➤ 128).

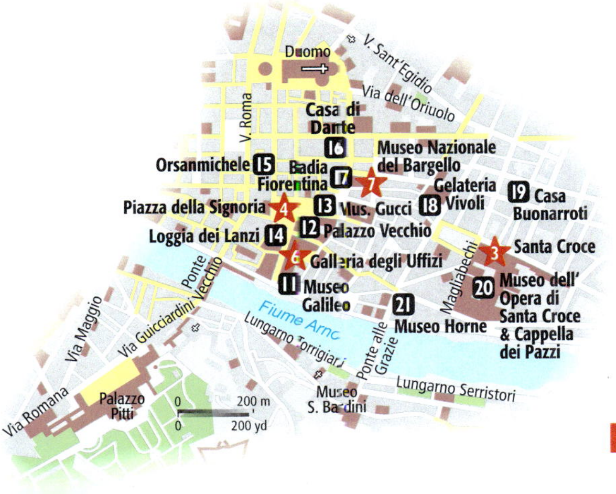

# 3 Santa Croce

**Wie der Dom und Santa Maria Novella wurde auch die gewaltige Franziskanerkirche Santa Croce einst von der Stadt als Repräsentationsbau in Auftrag gegeben. Zur Zeit ihrer Vollendung (um 1294) war sie eines der größten Gotteshäuser der Christenheit. Sie zeugte zugleich von der damals immensen Wertschätzung des Ordens. Erst im Jahr 1847 entstand der Glockenturm und von 1853 bis 1863 die neogotische Fassade aus weiß, grün und rosa geädertem Marmor.**

## Florentiner Pantheon

Mit ihrer kühnen Architektur, dem für Franziskanerkirchen typischen offenen Gebälk, der matten Beleuchtung und den riesigen Proportionen wirkt Santa Croce auf den ersten Blick wie eine große Halle. Schaut man sich im Innern um, so erinnert sie an einen Friedhof oder ein Sepulkralmuseum – viele Grabdenkmäler, Monumente und Grabplatten fallen ins Auge. In diesem Pantheon der Stadt fanden die meisten berühmten Florentiner ihre letzte Ruhe- oder zumindest Gedenkstätte, Seite an Seite mit wohlhabenden Bürgern, die sich diese Ehre ein hübsches Sümmchen kosten ließen. Fast 300 Grabplatten sind in der Kirche zu zählen.

Wenn man die Kirche betritt, befindet sich im rechten Seitenschiff gleich als Erstes das **Grabmal** des Michelangelo. Es ist ein mächtiges Element nach dem Entwurf von Giorgio Vasari und trägt eine Büste des Toten sowie Personifikationen von Malerei (links), Skulptur (Mitte) und Architektur (rechts). An diesem Ort wurde der 1564 in Rom Verstorbene wie gewünscht beigesetzt. Eine *Pietà,* die Michelangelo eigens für sein Grab geschaffen hatte

**Die imponierende Fassade von Santa Croce beherrscht den gleichnamigen Platz**

**Die aufstrebende Kuppel der Cappella dei Pazzi mit Evangelistenmedaillons von Luca della Robbia**

(und die gewiss ein passender Schmuck gewesen wäre), blieb leider unvollendet.

Sehenswert sind auch die gleichfalls im rechten Seitenschiff gelegenen Grabstätten des Staatsphilosophen Niccolò Machiavelli (gest. 1527), des Komponisten Gioacchino Rossini (gest. 1868) und des Humanisten Leonardo Bruni (gest. 1444), abgebildet mit seinem Opus magnum, der *Geschichte von Florenz*

Auch Dante Alighieri, der in Ravenna starb, ist hier ein Grabmal gewidmet. Jahrhunderte bemühten sich die Florentiner um die Überführung der sterblichen Überreste ihres großen Dichters, und Michelangelo plante gar für ihn eine aufwendige Grabskulptur. Als dann eines Tages das Grab in Ravenna geöffnet wurde, fand sich im Sarg nur

**GALILEO GALILEI**

Eines der beeindruckendsten Grabmonumente von Santa Croce ist dasjenige für Galileo Galilei (1564–1642) im linken Längsschiff. Nach seinem Ableben verbarg man den Leichnam 100 Jahre lang hinter der Sakristei – denn er galt der katholischen Kirche als Abtrünniger, der das heliozentrische Weltbild des Kopernikus verfocht. Dies brachte ihn in Konflikt mit der Inquisition und verschaffte ihm zunächst nur ein heimliches Begräbnis in geheiligter Erde.

eine Schriftrolle: Zwei Mönche legten auf diesem Pergament dar, sie hätten die Gebeine entfernt, damit sie niemals in Dantes Heimatstadt zurückkehren könnten, die ihn so schmählich behandelt hatte.

## Kunstschätze

Die Innenwände von Santa Croce waren einst reich mit **Fresken** Giottos und seiner Schüler geschmückt. Trotz der tief greifenden Umgestaltung der Kirche, mit der im 16. Jahrhundert Vasari von Cosimo I. betraut worden war, haben sich im Querschiff einige dieser Fresken des Trecento erhalten. An ihnen treten deutlich die Unterschiede zwischen Giotto und seinen Nachfolgern zutage.

Gegen Ende seines Lebens schuf Giotto die Fresken in der Cappella Peruzzi und der Cappella Bardi (rechts vom Allerheiligsten). Unglücklicherweise trug er sie auf trockenen statt haltbareren feuchten Putz auf, und nach spürbarem Verfall fristeten sie Jahre unter Übermalung. Als sie schließlich 1959 restauriert wurden, stellte sich ihr Wert heraus, und man zählt diese pastellfarbenen Fragmente heute zum Besten aus des Meisters Hand.

Die **Cappella Bardi** versah er um 1317 mit Szenen aus dem *Leben des hl. Franziskus,* die **Cappella Peruzzi** zwischen 1320 und 1325 mit Bilderfolgen zum *Leben des Evangelisten Johannes* (rechts) und *Johannes des Täufers* (links). Beachtlich sind Raumwirkung, Naturalismus und Dramatik dieser Fresken, vor allem in der Cappella Bardi – etwa in der Darstellung der Gemütsbewegung des Franziskus beim Empfang der Stigmata (oberhalb der Bögen).

Jene Hinwendung zum Realismus bedeutete einen radikalen Bruch mit bisher geltenden künstlerischen

**Kreuzgang und Cappella dei Pazzi auf der Südseite von Santa Croce**

Konventionen und den Beginn einer neuen Ära in der Malerei. Man vergleiche nur Giottos Fresken mit jenem Altar, der sich in der Kirche befindet, aus dem Trecento stammt und ebenfalls Franziskus von Assisi geweiht ist!

Das *Leben Mariä* ist Thema der Fresken der **Cappella Baroncelli** im rechten Querschiff – lange waren sie Giotto zugeschrieben, doch heute werden sie als Werk seines Schülers Taddeo Gaddi angesehen. Die Verkündigung von Christi Geburt an die Hirten auf dem Felde (1338) gilt als frühestes Nachtstück auf einem Fresko.

In der **Cappella Castellani** im südlichen Querschiff finden sich eher dekorative Fresken von Taddeos Sohn Agnolo. In einer weiteren, zweiten **Cappella Bardi** (im linken Querschiff) trifft man auf ein hölzernes *Kruzifix* von Donatello, das von Brunelleschi ganz zu Unrecht als »Bauer am Kreuz« verspottet wurde.

**Blick ins Gewölbe der Cappella Peruzzi: Fresken Giottos stellen das Leben von Johannes dem Evangelisten und Johannes dem Täufer dar**

In den beiden **Kreuzgängen** zur Rechten der Kirche finden Sie das Museo dell'Opera di Santa Croce und die Cappella dei Pazzi (➤ 80).

**KLEINE PAUSE**

An der Piazza Santa Croce erwartet die Osteria **Boccadama** (➤ 82) ihre Gäste mit stets freundlichem Service und leckeren Gerichten zu einem kleinen Mittagssnack oder zu einem reichhaltigen Abendessen.

---

**208 B4 ✉ Piazza Santa Croce ☎ 055 2 46 61 05; www.santacroceopera.it**
**Kirche: Mo–Sa 9.30–17, So und Feiertag 14–17 Uhr; Messen: Mo–Sa 18 Uhr, So und Feiertag 11, 12 und 18 Uhr**
**C1, C3, 23 mit Cappella dei Pazzi und Museo dell'Opera di Santa Croce 6 €**

## BAEDEKER TIPP

- Denken Sie an **Kleingeld** für die Beleuchtung der Giotto-Fresken und den mehrsprachigen Audio-Kommentar.
- Durch die Sakristei gelangen Sie in die ***Scuola del Cuoio***, früher eine ABM für Jugendliche aus dem Viertel, heute ein elegantes Ledergeschäft.
- Die marmorne **Kanzel von Benedetto da Maiano** mit fünf skulpturalen Darstellungen zum Leben des heiligen Franziskus.
- Donatellos ***Verkündigungsrelief*** im rechten Längsschiff, ausgeführt in goldgefasster *pietra-serena*-Technik, gilt als ein Höhepunkt der frühen Florentiner Renaissance.
- Das Museo dell'Opera di Santa Croce und die Cappella dei Pazzi (➤ 80) demonstrieren, was alles an Kunstschätzen nach der Überschwemmung von 1966 gerettet werden konnte.

# 4 Piazza della Signoria

**Auf dem berühmtesten Platz von Florenz ist das städtische Leben deutlich spürbar: Unablässig bewegt sich der Strom von Einheimischen und Touristen vor der Kulisse stolzer Paläste, eleganter Straßencafés und eindrucksvoller Skulpturen.**

Einst befand sich an dieser Stelle das römische Militärlager Florentia. Im Mittelalter gaben mit den kaiserlichen Ghibellinen zunächst Feudalherrscher mit imperialem Gestus den Ton an, gefolgt von den papsttreuen Guelfen, die die Autonomie der früheren freien Stadt unterstützten. Die neuen Herren ließen alle Häuser der Ghibellinen abreißen, untersagten die Neubebauung der Grundstücke und schufen als Zeichen ihrer Macht die großartige Piazza della Signoria.

Sie wird von dem wuchtigen, Ende des 13. Jahrhunderts erbauten **Palazzo Vecchio** (➤ 76) dominiert. Einst stand die bronzene Figur ***Judith und Holofernes*** (Original heute im Palazzo) als ein Symbol der Freiheit auf dem Platz. Die Turmglocke rief die Bürger zur Ratsversammlung. Skulpturen schmückten die Rednertribüne *(arringhiera)* an der Vorderfront, darunter der ***Marzocco,*** der Löwe mit dem Florentiner Wappenschild (Kopie nach Donatello, Original im Bargello, ➤ 72). Er ist nach dem römischen Kriegsgott Mars benannt, dem einstigen Schutzpatron der Stadt. Michelangelos marmorner ***David*** (Kopie, Original in der Galleria dell'Accademia, ➤ 103) repräsentiert den Triumph der Republik, personifiziert in dem Schwachen, der den Starken besiegt. Einige der schönsten Skulpturen von Florenz birgt die nahe gelegene **Loggia dei Lanzi** (➤ 77).

Wenig angetan waren schon die Zeitgenossen von Bartolomeo Ammannatis **Neptunbrunnen** (Abb. ➤ 52), der die Seesiege Cosimos I. verherrlicht. Die Figur wurde als *Il biancone* (Weißer Riese) verspottet, und Michelangelo soll entsetzt ausgerufen haben: »Ammannati, Amman-

**Über der Piazza ragt der Turm des Palazzo Vecchio auf**

Eindrucksvoll sind die Statuen von Herkules und Cacus auf der Piazza

nati, wie hast du den schönen Marmor verdorben!« In der Mitte des Platzes ist Cosimo selbst mit einem Reiterstandbild vertreten (Abb. ➤ 13).

**KLEINE PAUSE**

Ein idealer Aussichtspunkt auf den Platz ist die Terrasse des noblen **Caffè Rivoire** (➤ 85), am besten lässt man sich dabei eine Tasse der heißen Schokolade schmecken.

203 E/F1 Piazza della Signoria C1, C2, C3 und D

## BAEDEKER TIPP

- Eine halbe Stunde sollte man sich schon Zeit nehmen für dieses einmalige Ensemble prächtiger Gebäude und Skulpturen und die bunte Schar der Passanten, die auch die Atmosphäre prägen.
- Hinreißend sind die bronzenen **Wassernymphen** des Neptunbrunnens (neben dem Palazzo Vecchio).
- Lassen Sie den Trubel der Piazza hinter sich und gönnen Sie sich einen Cappuccino und ein Stück Kuchen im **Museo Gucci** (➤ 77), während die Kinder weiter auf der autofreien Piazza toben.

# Das Herzstück der Stadt

**Die Piazza della Signoria ist seit Jahrhunderten das Zentrum des Florentiner Lebens: An ihr versammeln sich nicht nur der wuchtige Turm des Palazzo Vecchio und die Loggia dei Lanzi, sondern auch die Uffizien, die großartige Gemäldegalerie. Auf dem Platz fanden einst Volksversammlungen statt, heute ist hier auch der touristische Mittelpunkt der Stadt.**

**1 Palazzo Vecchio:** Mit dem Bau des wuchtigen und wehrhaften Palastes wurde um 1300 begonnen. Er war einst Sitz der Regierung der Stadtrepublik Florenz, der Signoria. Der Palast ist ein Symbol sowohl für die politische als auch für die kulturelle Glanzzeit der Stadt.

**2 Loggia dei Lanzi:** In der offenen dreijochigen Halle, der »Landsknechtshalle«, sind berühmte Skulpturen (➤ 24) aufgestellt wie *Perseus mit dem Haupt der Medusa* von Benvenuto Cellini. Unter der rechten Arkade steht die Marmorgruppe *Raub der Sabinerinnen* von Giambologna.

**3 David:** Vor dem Palazzo Vecchio steht die Kopie des *David* von Michelangelo, eine der berühmtesten Skulpturen der Welt. Wer das Original dieses einmaligen Kunstwerkes sehen möchte, muss in die Galleria dell' Accademia (➤ 103) gehen.

**4 Fontana del Nettuno:** Vor dem Neptunbrunnen kennzeichnet eine Bodenplatte die Stelle, wo der Mönch Savonarola 1498 verbrannt wurde. Der Dominikaner hatte die Stadt fünf Jahre mit seinen Predigen gegen Sittenlosigkeit in den Bann geschlagen, wurde dann aber als Ketzer zum Tod verurteilt. (➤ 60).

**5 Palazzo degli Uffizi:** In dem an die Piazza della Signoria angrenzenden Palazzo ist die Galleria degli Uffizi untergebracht, eine der berühmtesten Gemäldegalerien der Welt.

Der aus Sandstein geschaffene Löwe von Donatello verkörpert das Florentiner Wappen (Kopie auf der Piazza della Signoria)

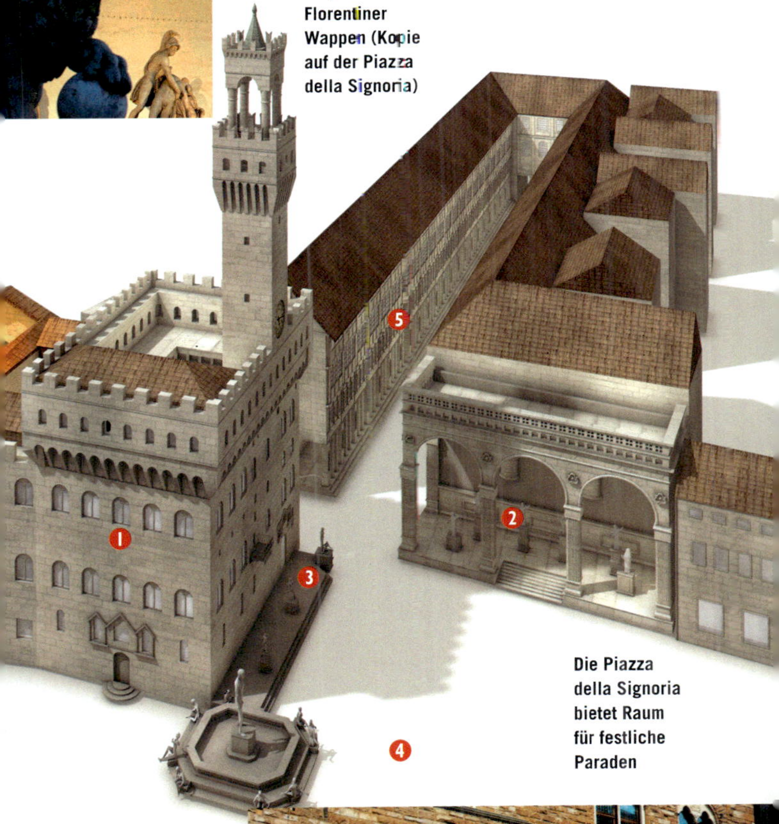


Die Piazza della Signoria bietet Raum für festliche Paraden

# 6 Galleria degli Uffizi

**Ein Kunstmuseum der Superlative: eines der wichtigsten und ältesten der Welt. Es wurde 1560 von Cosimo I. de' Medici in Auftrag gegeben und ist das meistbesuchte in Italien. Andere Museen mögen über größere Bestände verfügen, keines jedoch über 2000 Gemälde und Skulpturen von solch durchgängig hohem Rang.**

Ursprünglich waren die Uffizien als Verwaltungskomplex (*uffizii,* dt.: Büros) der Großherzöge der Toskana errichtet worden – die symmetrische, von Arkaden gesäumte Anlage gilt als größtes architektonisches Meisterwerk Giorgio Vasaris. Die unteren Geschosse beherbergten ein Sekretariat, das Stadtarchiv, eine Kirche, ein Theater und die Münze, während der von hohen Fenstern erleuchtete zweite Stock Gemälde und antike Skulpturen aus Sammlungen der Medici aufnahm. Außerdem waren hier wissenschaftliche Geräte, Waffen und Kunsthandwerk zu sehen. 1737 vermachte Anna Maria Luisa, die Schwester des letzten Medici-Großherzogs Gian Gastone, Palast und Kunstsammlung der Stadt.

## Frühe Besucher

Heute genießen die Uffizien in erster Linie einen Ruf als bedeutende Gemäldegalerie, doch bis weit ins 19. Jahrhundert kamen ihre Besucher vor allem aus Interesse an der hochrangigen Sammlung hellenistischer und römischer Skulpturen – als wichtige Station auf den seit dem 18. Jahrhundert gängigen Bildungsreisen. Die **Sammlung antiker Skulpturen,** das heißt griechischer und römischer Statuen, ist noch heute in den Hauptkorridoren und einigen für sie eingerichteten Sälen zu sehen.

## Eintritt

Regel Nummer eins: Geduld! Die Uffizien werden jährlich von 2 Millionen Besuchern gestürmt, und aus Sicherheitsgründen dürfen stets nur 660 Personen gleichzeitig die Räume betreten. Es gibt drei Eingänge: für normale Besucher, Gruppen und Besucher mit Voranmeldung (Info ➤ 71). Geraten Sie keinesfalls versehentlich in die falsche Schlange!

Alle drei Schlangen sind meist lang, weshalb sich eine frühe Ankunft empfiehlt (manche stehen hier schon ab 7 Uhr), besonders an Wochenenden, dienstags und um die Mittagszeit (11–15 Uhr). Etwas ruhiger geht es nur von November bis März zu. Für Ihren Besuch sollten Sie mindestens einen halben Tag einplanen: zwei Stunden anstehen, drei Stunden

***Madonna mit Kind und zwei Engeln***
**von Fra Filippo Lippi (Detail)**

Rundgang. Der neue deutsche Direktor der Uffizien Eike Schmidt hat Besserung versprochen.

Galleria degli Uffizi und Corridoio Vasariano säumen die Ufer des Arno

### Die »Neuen Uffizien«

Seit 2008 halten die Umbauarbeiten der repräsentativen »Nuovi Uffizi«, der »Neuen Uffizien«, an. Es wurden 2880 m² neue Ausstellungsfläche vor allem im ersten Stockwerk eröffnet: 330 Meisterwerke, die seit vielen Jahrzehnten in den Depots lagerten, haben in bisher 56 neuen Sälen Platz gefunden.

2011/12 wurden die »Sale Rosse« eingeweiht: neun in Rottönen gehaltene Räume, die den Florentiner Manieristen gewidmet sind. Die »Sale Blu«, die »Blauen Säle«, zeigen Werke spanischer, französischer und flämischer Maler aus dem 16. bis 18. Jh. sowie der Niederländer. 2013 wurden die 10 neuen »Sale Gialle«, die »Gelben Säle« geöffnet, 2014 kamen die beiden »Grünen Säle« dazu. Das neue Ausstellungskonzept, die moderne Beleuchtung und die Restaurierung der Marmorböden und der Deckengestaltungen heben sich nun sehr von den bisherigen Räumen ab. Immer noch sind mehrere Säle geschlossen oder nur vorübergehend geöffnet, Kunstwerke werden umgehängt, Räume restauriert oder gar umbenannt. Die Atmosphäre des *work in progress* ist überall spürbar und leider ist die Beendigung der Arbeiten noch nicht abzusehen. Aus diesem Grund kann hier kein definitiver Rundgang durch die Uffizien beschrieben werden; es wird ein Rundgang zu den herausragenden Werken vorgeschlagen.

### Rundgang

Die Besichtigung beginnt in der zweiten Etage in Saal 1 und endet zunächst in Saal 45. Die Werke sind in chronologischer Reihenfolge und nach Schulen, beginnend vom 13. Jh. bis hin zum 15. Jh., ausgestellt.

Wenn man die großen Treppen hinaufsteigt, erreicht man auf halbem Weg im ersten Stock das Gabinetto dei Disegni e delle Stampe, eine Sammlung von ca. 150 000 Zeichnungen und Drucken überwiegend italienischer Künstler vom 14. Jh. bis zur heutigen Zeit.

Oben dann gleich ein großartiger Auftakt: In **Saal 2** sind die drei gotischen Altartafeln zum Motiv der ***Maestà*** (Thronenden Madonna; um 1285) von Cimabue, Duccio di

#### VASARIANISCHER KORRIDOR

Anlässlich der Hochzeit seines Sohnes Francesco I. beauftragte Cosimo I. im Jahr 1565 Giorgio Vasari mit dem Bau einer erhöhten Passage zwischen Uffizien und Palazzo Pitti (➤ 150), der den Medici und ihrer Entourage ein Hinüberwechseln frei von Gaffern ermöglichte. Der 1 km lange **Corridoio Vasariano** kreuzt auf seinem Weg den Ponte Vecchio und führt am Torre dei Mannelli und der Kirche Santa Felicita vorbei. Geschmückt ist er mit Selbstporträts diverser Künstler und lässt sich am besten bei einer Führung (mindestens 10, höchstens 30 Teilnehmer) besichtigen.

Buoninsegna (um 1285) und Giotto (um 1310) zu sehen. Alle zeigen deutliche Ansätze von Zentralperspektive und realistischer Darstellung. In Detailfreude und Kolorit verrät Duccios Gemälde die Sieneser Schule, bleibt aber hinsichtlich der Wirklichkeitsnähe noch immer hinter Cimabue zurück. Auffällig bei Giottos Gemälde ist der intarsienverzierte Thron mit Marmorstufe zu ebener Erde, der in dieser Darstellung besonders realistisch erscheint. Hier kündigt sich eine Revolution der Malerei an: Realismus und Raumtiefe durch Perspektivgenauigkeit wurden zu einer Leitlinie der Florentiner Kunst für die kommenden zwei Jahrhunderte.

Simone Martinis und Lippo Memmis lyrische ***Verkündigung*** (1333) und Ambrogio Lorenzettis ***Jesus im Tempel*** (1342) in **Saal 3** zeugen von der Blüte der Sieneser Malerei im 14. Jh., wobei das letztgenannte Bild ein weiteres Beispiel für frühe Experimente mit der Perspektive ist.

Die **Säle 5 und 6** sind der internationalen Gotik gewidmet. Einen deutlichen Fortschritt bezüglich der Raumdarstellung kann man in der ***Anbetung der Könige*** (1423) von Gentile da Fabriano sowie im folgenden **Saal 7** in der ***Altartafel aus Santa Lucia dei Magnoli*** (um 1440; Madonna mit Kind und den Heiligen Franz von Assisi, Johannes d. T., Zenobus und Lucia) von Domenico Veneziano erkennen, die als Beispiele des Übergangs von der internationalen Gotik zur Frührenaissance dienen. Vor allem Domenico Veneziano nutzt die von Filippo Brunelleschi definierten Grundsätze der Perspektive zur Schaffung der architektonischen Raumwirkung.

Nach langen Restaurierungsarbeiten kann man nun auch wieder Paolo Uccellos ***Schlacht von San Romano*** (um 1440) bewundern; deutlich sichtbar ist, wie experimentierfreudig der Künstler sich mit dem Thema der Perspektive befasste.

**LA TRIBUNA (SAAL 18)**

Ihre kostbarsten Sammlerstücke stellten die Medici in der Tribuna auf, einem oktogonalen Raum, der das Weltall und die Elemente repräsentiert: Die roten Wände symbolisieren das Feuer, die Wetterfahne die Luft, der Mosaikfußboden aus *pietre dure* (➤ 112) die Erde und die Lichtkuppel mit ihrem Ornat aus Perlmutt das Himmelsgewölbe. Nach langen Restaurierungsarbeiten kann man den prachtvollen Raum nun endlich wieder bewundern, jedoch leider nicht mehr betreten.

In **Saal 8** begegnet man Filippo Lippis ***Madonna mit Kind und zwei Engeln*** (um 1465), einem Meisterstück an Wärme und Menschlichkeit. Seine Liebe zum Modell des Bildes bewog den Geistlichen übrigens zur Flucht aus dem Kloster. Das Diptychon von Piero della Francesca in der Mitte des Raums mit den ***Porträts des Herzogs und der Herzogin von Urbino,*** Federico da Montefeltro und seiner Gattin Battista Sforza (um 1465/72), zählt zu den prominentesten Bildnissen der Uffizien. Der Herzog bestand seinerzeit darauf, naturgetreu abgebildet zu werden – unbedingt jedoch im Profil, um die Verletzung durch einen Schwertstreich zu verbergen. Die Stadt im weiten Landschaftshintergrund des postumen Herzoginnen-Bildnisses ist das umbrische Gubbio.

Eine der Hauptattraktionen der Uffizien sind zweifellos die Meisterwerke **Botticellis** – was in Saal **10/14** oft allein der Menschenmassen wegen deutlich wird. Anders als bei seinen Zeitgenossen, denen es vorwiegend um Perspektive, Proportion und Anatomie ging, strahlen diese Gemälde Unschuld und Idealismus aus. So lässt sich kaum »Frühling« denken, der heiterer als seine ***Primavera*** (um 1481) ist – eine Waldszenerie, in der Venus und Cupido die zentrale Figurengruppe bilden, flankiert zur Rechten von Zephyros, dem Westwind, der gemeinsam mit Flora der Natur Leben einhaucht. Die ***Geburt der Venus*** (1485), Botticellis letztes mythologisches Gemälde, war die erste »heidnische« Aktdarstellung der Renaissance. Im Einklang mit vielen zeitgenössischen Künstlern erhob er Venus in den Status einer Madonna.

**Raum 15** gibt einen Begriff vom Wechsel des »Antiken« zur »Moderne«. Auf der ***Taufe Christi*** (um 1470) seines Lehrers **Andrea del Verrocchio** führte **Leonardo** nur den Engel in Blau (links) aus. Die ***Verkündigung Mariae*** ist hingegen allein Leonardos Werk (ca. 1472), ebenso die unvollendete ***Anbetung der Könige*** (1481). Leonardo da Vincis großer Erfolg in der Malerei liegt im sogenannten *sfumato* (ital.; neblig, verschwommen).

Die ganz in Grün gehaltenen **Säle 33 und 34,** die »Sale Verdi«, bergen römische Marmorkopien griechischer Originale. Von den 39 Exponaten lagerten bis jetzt 35 im Museumsdepot.

Der neu gestaltete **Saal 35** ist dem ***Tondo Doni*** (um 1505; ➤ Abb. S. 71) von Michelangelo Buonarroti sowie Werken weiterer Florentiner Künstler des 16. Jahrhunderts gewidmet. Das Rundbild der ***Heiligen Familie*** ist Michelangelos erstes bekanntes Gemälde. Erstaunlich sind die lebendigen Farben und die eigenartig verdrehte Haltung Marias – als ein Charakteristikum manieristischer Kunst.

Im großen **Saal 42** wird der Mythos der Niobe anhand verschiedener Statuen dargestellt. Zwei der vier großformatigen Gemälde stammen von Peter Paul Rubens (17. Jh.).

Eine moderne Treppe aus Kupfer und Messing führt zurück in das erste Stockwerk, den neu eingerichteten Teil der Uffizien. Links der Treppe gelangt man zunächst in die »Sale Blu«: 10 kleine Säle **(46–55)**, die den spanischen, französischen, flämischen und niederländischen Malern aus dem 16. und 17. Jh. gewidmet sind. Hervorzuheben sind Werke von **Velázquez** und **Goya** in Saal 46, **Rembrandt** in Saal 49 und Gemälde von **Rubens** und **van Dyck** im großen Saal 55.

Die **Sale Rosse (56–66)** beherbergen Werke des Florentiner Manierismus, u.a. von **Andrea del Sarto** und **Raffael.** In Saal 58 stößt man gleich auf del Sartos ***Harpyienmadonna*** (1517) – Maria mit Kind und den Heiligen Franziskus von Assisi und Johannes dem Evangelisten.

Die wagemutigsten Maler des Manierismus sind in Saal 60 und 61 ausgestellt: **Rosso Fiorentino** (Saal 60) und **Pontormo** (Saal 61). Die Säle 64 und 65 gehören allein den Werken von **Agnolo Bronzino.** Bemerkenswert ist sein famoses Medici-Porträt ***Eleonora von Toledo und ihr Sohn Giovanni*** (um 1545). Das Gemälde zeigt die Ehefrau des toskanischen Herzogs Cosimo I. de' Medici im Dreiviertelporträt.

Neben einem Selbstporträt von Raffael (um 1506) ist in Raum 66 seine **Madonna mit dem Stieglitz** (um 1506; Madonna del Cardellino) zu betrachten.

Der Rundgang führt nun an Gemälden von **Correggio** (Saal 71) und **Parmigianino** (Saal 74) vorbei bis zur venezianischen Malerei. In Saal 83 beeindruckt Tizians **Venus von Urbino** (1538).

**Arkadengänge im Innenhof der Galleria degli Uffizi**

## Der Osten

In den »Sale Gialle«, den gelben Sälen **(90–100)**, erhält man einen Eindruck von den Werken der bekanntesten Künstler der Florentiner und Sieneser Schulen aus dem 17. Jahrhundert.

In Saal 90 sieht man Kunstwerke des Frühbarock und somit **Caravaggio,** der die Malerei in ganz Europa beeinflusste. Von Bedeutung sind der **Bacchus** (um 1596) sowie das hölzerne Rundbild der **Medusa** (um 1597). Charakteristisch für seine Malweise ist der starke Kontrast zwischen Hell und Dunkel, hervorgerufen durch die Akzentuierung von schräg einfallendem Licht.

**Rechts: Der Tondo Doni von Michelangelo mit der Heiligen Familie**

**KLEINE PAUSE**

Die Uffizien verfügen über eine ausgezeichnete **Cafeteria** im zweiten Stock mit schöner Panorama-Dachterrasse.

---

**207 E4 ✉ Piazzale degli Uffizi 6**
**☎ 055 2 38 86 51 (055 29 48 83; www.uffizi.it (zur Vorausbuchung); www.uffizi.com ⌚ Di–So 8.15–18.50 Uhr; 1. Jan., 1. Mai, 25. Dez. geschl.; letzter Einlass 45 Min. vor Schließung 🚌 C1, C2, C3 und D 8 €, bei Sonderausstellungen 12,50 €**

**Raffaels *Madonna mit dem Stieglitz,* um 1506**

## BAEDEKER TIPP

- Buchen Sie Ihre Eintrittskarten möglichst 5 Tage vorab mit Kreditkarte (☎ 055 29 48 83) oder mindestens 24 Stunden im Voraus online unter www.uffizi.com. Dies kostet einen kleinen Aufpreis, doch wenn man sie am Schalter abgeholt hat, kann man so lange im Museum bleiben, wie man möchte. Zudem erspart die Buchung lange Wartezeiten. Auf vorgebuchten Tickets ist die Eintrittszeit vermerkt.
- Wollen Sie ein **bestimmtes Bild** sehen, erkundigen Sie sich besser vor dem Kartenkauf am Informationsschalter, ob es aktuell auch ausgestellt wird.
- In der **Caffè-Bar** auf der **Dachterrasse** entflieht man dem Gedränge der Ausstellungsräume und kann bei einem Kaffee das Gesehene Revue passieren lassen.
- Botticellis erstes Bild mit religiösem Thema, der Tondo ***Madonna del Magnificat*** (Saal 10–14), ist neben berühmteren Gemälden leicht zu übersehen. Seine Schönheit aber kann sich ohne Weiteres mit der *Primavera* des Künstlers messen lassen.
- In Saal 66 ist Raffaels ***Madonna mit dem Stieglitz*** (um 1506) zu sehen, ein herausragendes Gemälde. Es zeigt die Jungfrau mit dem Jesusknaben und Johannes dem Täufer, die einen kleinen Vogel streicheln. Der Einfluss Leonardo da Vincis ist eindeutig in der Wiedergabe der Landschaft sowie der pyramidalen Komposition der Gestalten zu erkennen. Die Hand Raffaels aber ist deutlich erkennbar: in den sanften Gesten, der Lieblichkeit der Gesichtszüge und der Ruhe, die das Bild ausstrahlt.

**Außerdem:** Für 2017 ist geplant, den **Vasari-Korridor**, über den die Medici-Fürsten ungesehen von ihrem Arbeitsplatz im Palazzo Vecchio zu ihrer Residenz Pitti gelangten, für den Publikumsverkehr zu öffnen.

# 7 Museo Nazionale del Bargello

**Im ältesten öffentlichen Gebäude der Stadt kann man Italiens wichtigste Skulpturensammlung auf sich wirken lassen, darunter Meisterwerke von Michelangelo, Giambologna und Donatello.**

Das trutzige **Bauwerk** hat eine bewegte Geschichte: 1255 erbaut als Sitz des »Capitano del Popolo«, des damaligen Hauptes der Stadtregierung, fungierte es später als Domizil des »podestà« (obersten Ratsherrn). Vom 16. Jahrhundert an ließen die Medici hier den Polizeihauptmann *(bargello)* residieren (Gefängnis und Folterkammer waren angeschlossen). Nach Renovierung zog 1865 Italiens erstes Nationalmuseum in seine Räumlichkeiten ein. Die zinnenbewehrte Fassade des Gebäudes mit seinem schlanken Turm (möglicherweise dessen ältester Teil) diente auch als Vorbild für den Palazzo Vecchio (➤ 76).

## Innenhof

Die drei Stockwerke des Museums umfassen einen Innenhof mit Portikus und eleganter Außentreppe, die mit Terrakotta und Wappenschilden verziert ist. Bis 1786 fanden hier Exekutionen statt. Die Delinquenten verbrachten ihre letzte Nacht in der Kapelle im ersten Stock. Nach der Vollstreckung hängte man die Leichen demonstrativ ans Fenster. Auf die Mauer zur Via della Vigna Vecchia waren einst Fresken gemalt: Dargestellt waren an den Fersen aufgehängte Rebellen nach der Schlacht von Anghiari (1440). Ihrem Schöpfer Andrea del Castagno brachten sie den Spitznamen *Andreino degli Impiccati* (»Kleiner Andrea der Gehenkten«) ein.

**Tondo Pitti von Michelangelo**

## Skulpturen-Highlights

Gleich der erste Michelangelo und Zeitgenossen gewidmete Saal des Museums ist ein Erlebnis – angefangen mit seinem witzigen ***Trunkenen Bacchus*** (1496/97), dem Gott des Weines und Wohllebens, den er in beschwingter Pose einfing.

Weit konventioneller wirkt daneben der ***Bacchus*** von Andrea Sansovino (eigentl.: Andrea Contucci).

**Als der Bargello noch Gefängnis war, waren die Sträflinge in den Arkaden hinter Gittern untergebracht**

Für seine Zeit außergewöhnlich war Michelangelos marmorner ***Tondo Pitti*** (um 1504): Der Kopf der Madonna ragt über den Rand des Rahmens hinaus. Der Bildhauer bediente sich darüber hinaus zuweilen der Technik des *non-finito* (Unvollendeten), bei der Teile der Oberfläche unpoliert blieben und so einen Kontrast zum schimmernden Marmor der restlichen Skulptur schufen.

Dies verleiht etwa seinem ***Brutus*** (1540), der einzigen Büste, die er schuf, ein besonders maskulines Gepräge. Zu diesem Werk wurde er möglicherweise durch ein damals drei Jahre zurückliegendes Ereignis angeregt: die Ermordung von Alessandro de' Medici durch seinen Vetter Lorenzino de' Medici (genannt Lorenzaccio, »Böser Lorenzo«), der als »neuer Brutus« und künftiger Tyrann von Florenz galt.

Bemerkenswerte Plastiken hier sind auch Benvenuto Cellinis ***Bronzebüste Cosimos I.*** (1548) und der berühmte ***Merkur*** (1564) Giambolognas, von dem man in der Loggia des ersten Stockwerks unter anderem einen ***Truthahn*** und andere bronzene Vögel findet (gefertigt für die Tiergrotte in der Medici-Villa di Castello).

**PROMINENTER INSASSE**

Gefangener im Bargello war auch Bernardo Baroncelli, der die Bankgeschäfte der Pazzi führte. Er war an der Pazzi-Verschwörung beteiligt, die sich gegen die Medici richtete und im Mordversuch an Lorenzo de' Medici gipfelte. Zur Abschreckung wurden die Leichname der Verschwörer nach ihrer Hinrichtung am Fenster des Rathauses aufgehängt.

An die Loggia grenzt der Salone del Consiglio Generale (Großer Saal des Allgemeinen Rates) mit Werken Donatellos, darunter dem ***Marzocco***-Löwen. Einst stand er als Symbol von Florenz auf der Piazza della Signoria (➤ 60). Der ***David*** (1408–12) von Donatello ist ein Muster detailgenauer Darstellung: Ursprünglich war er mit einem Lederriemen versehen, der von seiner rechten Hand bis zum Korpus der Schleuder auf dem Kopf des Riesen verlief. Hier findet man zudem Donatellos ***Heiligen Georg*** (1416–20) und sein prominentestes Werk, eine Bronzeversion des ***David*** (1440) – die erste frei stehende Aktskulptur seit der Antike. Vergleicht man sie mit der frühen Marmorarbeit, glaubt man kaum, dass beide von demselben Künstler stammen! Bei der Bronzefassung orientierte sich Donatello an Vorbildern der römischen Antike und zielte auf eine Ansicht von allen Seiten – was seinerzeit unüblich war, denn Skulpturen fanden vorwiegend Verwendung als Architekturschmuck an Wänden oder in Nischen.

Und zu guter Letzt warten hier die vergoldeten Bronzepaneele mit ***Abrahams Opferung des Isaak,*** die Brunelleschi und Lorenzo Ghiberti 1401 beim Wettbewerb für die Gestaltung der Pforte des Baptisteriums (➤ 100) einreichten.

Falls Sie in Eile sind, sollten Sie auf den Besuch der restlichen Räume dieser Etage verzichten und gleich ein Stockwerk höher zu den bunt glasierten **Terrakottareliefs** der Familie della Robbia gehen. Ähnliche Reliefs sieht man vielerorts in der Stadt.

Die zweite Etage beherbergt außerdem die bedeutendste italienische Sammlung kleinformatiger **Renaissance-Bronzen** wie Tierfiguren, Statuetten und Glocken. Darunter sind auch Werke von Giambologna und Cellini.

**Glasierte Frauenbüste aus Terrakotta von Luca della Robbia**

**KLEINE PAUSE**

Zum Mittagessen empfiehlt sich die Trattoria **Il Pennello** (Via Dante Alighieri 4r, Tel. 055 29 48 48; www.ristoranteilpennello.it, tägl. 12–15, 19–22 Uhr), besonders gerühmt wird sie für ihr Antipasti-Büffet.

**207 F4 ✉ Via del Proconsolo 4 ☎ 055 2 38 86 06; www.florentinermuseen.com/musei/museum_bargello_florenz.html (die Webseite des Museums wird erneuert; Vorverkauf Tel. 055 29 48 83) Mo–So 8.15–18 Uhr; Eintritt bis 30 Min. vor Schließung; 2. und 4. Mo des Monats und an manchen Feiertagen geschl. C1 und C2 5,50 €**

***Neapolitanischer Fischerjunge*** **von Vincenzo Gemito (um 1900) im Innenhof**

## BAEDEKER TIPP

- Auch hier sind **Warteschlangen** an der Kasse üblich. Beachten Sie, dass Einlass nur bis 17.20 Uhr gewährt wird. Schon kurz darauf allerdings wird man zum Verlassen des Museums aufgefordert.
- Für den Rundgang durch das Museum sollte man **zwei Stunden** einplanen.
- In der Sala del Trecento (Saal des 14. Jahrhunderts) im Erdgeschoss ist mit den **Madonnenstatuen** die mittelalterliche Darstellung vertreten.
- Bei dem Besuch sollte man es nicht versäumen, die folgenden Kunstwerke aufzusuchen: den ***Bacchus*** von Michelangelo (Erdgeschoss) sowie den ***Merkur*** von Giambologna (Erdgeschoss). Im ersten Stockwerk befindet sich Donatellos frei stehender Bronze-***David***.
- Man sollte sich auch Zeit nehmen für Giambolognas hübsche **Bronze-Vögel** in der Loggia der ersten Etage – der Künstler hatte Drachen und Vögel aus Bronze für Brunnen in der Stadt angefertigt. Auf dem Weg zu Donatellos spektakulären Werken im Salone del Consiglio Generale übersieht man diese hübschen Objekte leicht.
- Im zweiten Stock lohnt ein Blick auf die Andrea del Verrocchio zugeschriebene Büste ***Dame mit Blumenstrauß:*** Sehr fein sind die Details herausgearbeitet – die Kleidung, die Hände, der Haarschmuck In der Werkstatt des Künstlers lernte auch Leonardo da Vinci.

# Nach Lust und Laune!

### 11 Museo Galileo

Wer an Wissenschaftsgeschichte interessiert ist, wird in diesem Museum (in einem der ältesten Gebäude der Stadt, dem Palazzo Castellani) auf seine Kosten kommen.

Die Naturwissenschaften erlebten im 16. Jahrhundert in Florenz einen enormen Aufschwung, was sich auch an der Sammlung von über 5000 Instrumenten, Geräten und mathematischen Utensilien ablesen lässt, die Einblick in den damaligen Wissensstand auf verschiedenen Gebieten geben.

**Ghirlandaio-Fresken im Liliensaal (Sala dei Gigli) des Palazzo Vecchio**

In den dem Florentiner **Galileo Galilei** (1564–1642) gewidmeten Räumen sind unter anderem zwei seiner Teleskope zu sehen, die gebrochene Linse, durch die er die Jupiter-Trabanten (pianeti medicei) entdeckte (Raum 4–5), und der rechte Mittelfinger, den man seinem Leichnam abschnitt. Sehenswert sind auch die Florentiner Globen sowie die Armillarsphäre, anhand derer man die Bewegung von Planeten und Sternen beobachten kann. Dies fasziniert auch Jugendliche.

**207 E/F4 Piazza dei Giudici 1 055 26 53 11; www.museogalileo.it Mi–Mo 9.30–18, Di 9.30–13 Uhr; an manchen Feiertagen geschl.; letzter Einlass 30 Min. vor Schließung 23, C1, C3, D 9 €**

### 12 Palazzo Vecchio

Der zinnengekrönte »Alte Palast« mit Rustikafassade und hohem **Glockenturm** (94 m) nimmt einen prominenten Platz ein. Er wurde von Arnolfo di Cambio 1299–1314 als Palazzo della Signoria (Sitz der Stadtregierung) errichtet und war später Domizil der Medici-Herzöge. Während des Interludiums von Florenz als Hauptstadt von Italien (1865–71) tagte hier das Parlament, bis heute gefolgt vom Stadtrat.

Unbedingt ansehen sollten Sie sich den **Salone dei Cinquecento** (Saal der Fünfhundert). Unter Savonarola für den neuen »Volksrat« eingerichtet, wurde er unter Cosimo I. mit Fresken und Skulpturen zur Geschichte von Florenz und der Medici geschmückt. Beeindruckend ist Michelangelos großartige Marmorgruppe *Genius des Sieges,* die für das Grab von Papst Julius II. in Rom entworfen war. Das **Studiolo** (Arbeitszimmer) nebenan

#### RESTE DES RÖMISCHEN THEATERS UND ARCHÄOLOGISCHE FUNDE

Wie das immer so ist, wenn man in Italien mit dem Graben anfängt: Auch im **Palazzo Vecchio** ist man bei ganz gewöhnlichen Reparaturarbeiten auf steinerne Spuren aus der Vergangenheit gestoßen – Reste des römischen Theaters, über denen das heutige Rathaus von Florenz erbaut wurde. Seit 2014 sind sie nun auch, gemeinsam mit weiteren archäologischen Funden, zu besichtigen (Tel. 055 2 76 82 24, Fr–Mi 9–19, Do 9–14 Uhr, 4 €).

diente Cosimos Sohn Francesco I. als Sammelstätte seiner Münzen, Glasobjekte und Halbedelsteine. In der **Medici-Suite** sind die Zimmer jeweils einem Mitglied der Familie gewidmet, im **Quartiere degli Elementi** (einen Stock höher) einzelnen Göttern (Saturn, Herkules, Jupiter, Ops und Ceres). Vasari schuf die Fresken. Eindrucksvoll ist der Blick über die Dächer der Stadt von der Loggia des obersten Stocks und den **Luxusgemächern der Eleonora von Toledo** (Gattin Cosimos).

**207 F4 Piazza della Signoria 055 2 76 83 25 (auch Buchung von Erlebnisführungen); http://museicivicifiorentini.comune.fi.it/de/palazzovecchio Palast/Museum/Quartieri Monumentali: April–Sept. Fr–Mi 9–23, Do 9–14 Uhr; Okt.–März Fr–Mi 9–19, Do 9–14 Uhr; Turm bei Regen geschl. nicht zugänglich für Kinder unter 6 Jahren C1, C2, C3 und D 10 €; Kombiticket Museum und Turm 14 €**

## 13 Museo Gucci

Auf drei Stockwerken kann man im Museum die Geschichte des Labels mitverfolgen, das sich Bekleidung und Accessoires widmet.

**207 F4 Piazza della Signoria 055 75 92 70 10; www.guccimuseo.com/de Sa–Do 10–20, Fr bis 23 Uhr; Bookstore und Bar/Restaurant bis 23 Uhr Bus C1, C2 7 €**

## 14 Loggia dei Lanzi

Der 1382 zu zeremoniellen Zwecken errichtete Prunkbau verweist mit seinen Rundbögen (in Abkehr vom gotischen Spitzbogen) und klassischen Proportionen auf die Renais-

**Fresken im Innenhof des Palazzo Vecchio**

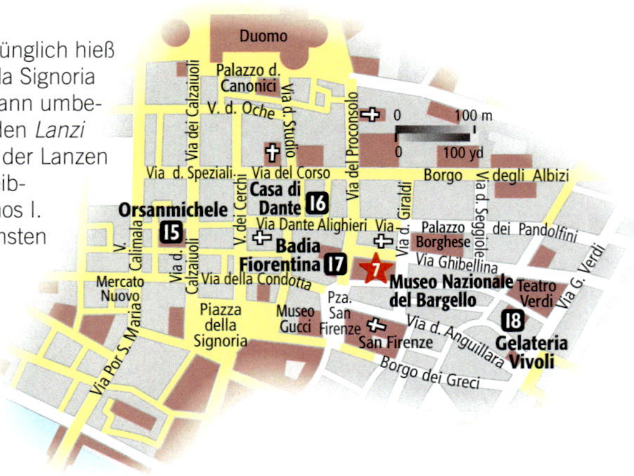


sance. Ursprünglich hieß er Loggia della Signoria und wurde dann umbenannt nach den *Lanzi (chenecchi)*, der Lanzen tragenden Leibwache Cosimos I. Zu den schönsten Skulpturen aus Antike und Renaissance zählt Giambolognas dynamisch gestalteter *Raub der Sabinerinnen* (1583), der aus einem einzigen Marmorblock (➤ 24) gearbeitet wurde und flankiert wird vom bronzenen *Perseus* (1545) mit Medusenhaupt von Benvenuto Cellini (➤ 25) und dem *Menelaos mit dem Leichnam des Patroklos* (römische Kopie eines griechischen Originals, um 400 v. Chr.).

**207 E4 Piazza della Signoria**
**C1, C2, C3 und D**

## 15 Orsanmichele

Eine Kirche der besonderen Art – bis 1337 diente sie als Getreidemarkthalle! Heute noch sieht man innen Darstellungen von Schösslingen und, links vom Haupteingang, wo die Treppe nach oben zur Kornkammer führt, die Ritzzeichnung einer üppigen Getreidegarbe.

Der Bau mit den heute geschlossenen Arkaden entstand auf dem Gartengelände des Michaelsklosters *(Orto di San Michele)* und wurde schon nach seiner Fertigstellung zur Verehrung eines Marienbilds in eine Kirche umgewidmet.

In den Außenmauern zeigen 14 Nischen **Skulpturen der Zunftheiligen** unter gotischen Arkadenbögen, geschaffen von Künstlern wie Ghiberti oder Donatello (heute Kopien). Die Medaillons darüber weisen Zunftwappen auf. Im Inneren präsentiert sich die Kirche als zweischiffiger Raum mit gotischem Gewölbe und freskenverzierten Pfeilern. Hier dominiert der prächtige **Marmortabernakel** (1349 bis 1359) von Andrea Orcagna mit dem Gnadenbild des Giotto-Schülers Bernardo Daddi.

**Relief an der Außenmauer von Orsanmichele: Szenen aus dem Zunftalltag der Steinmetzen und Zimmerleute**

»Luftiges« Kuppelfresko der Badia Fiorentina

**207 E 4/5 Via dell'Arte della Lana, Ecke Via dei Calzaiuoli 055 2 38 85 tägl. 10–17 Uhr; Museum: Mo 10–17 Uhr C2 frei**

## 16 Casa di Dante

In dieser Straße, jedoch nicht in diesem Haus, wohnte Dante Alighieri, es handelt sich um eine Rekonstruktion aus dem Jahre 1911. Sein Leben und seine Zeit sind hier anschaulich aufbereitet. So sind Modelle und Pläne vom Florenz des 13. Jahrhunderts zu sehen und Dantes Rolle im Guelfenstreit sowie sein Exil dokumentiert – und natürlich steht sein dichterisches Werk mit der *Göttlichen Komödie* im Zentrum der Ausstellung.

Ein Stück die Straße hinab steht die schlichte Kirche **Santa Margherita de' Cerchi,** wo Dante Beatrice Portinari traf, aber später Gemma Donati heiratete. Beide Frauen haben hier ihr Grab. Da die Kirche im Leben des Dichters eine so bedeutende Rolle spielte, wird sie oft auch *Chiesa di Dante* genannt.

**207 F5 Via Santa Margherita 1 055 21 94 16; www.museocasadidante.it April–Sept. tägl. 10–18 Uhr; Okt.–März Di bis So 10–17 Uhr C1 und C2 4 €**

## 17 Badia Fiorentina

Die älteste Abtei – *(ab)badia* – der Stadt, 978 von Willa, Mutter des Markgrafen Hugo von Tuszien, gegründet, erwarb sich hohes Ansehen durch die Fertigkeiten ihrer Mönche als Papiermacher, Illustratoren und Buchbinder. Hier will Dante seine Geliebte Beatrice erstmals gesehen haben, und hier soll Giovanni Boccaccio öffentlich die ersten Gesänge von dessen *Göttlicher Komödie* gelesen und kommentiert haben.

Um 1285 von Arnolfo di Cambio erweitert, wurde die Benediktinerkirche mehrmals umgebaut. Ihr Prunkstück ist ein Altar mit einer *Vision des heiligen Bernhard* (1485) von Filippino Lippi. Vom **Kreuzgang** bietet sich ein schöner Blick auf den oktogonalen **Campanile.**

**207 F5 Via del Proconsolo, Eingang Via Dante Alighieri 055 26 44 02 Mo 15–18 Uhr C1 und C2 frei**

## 18 Gelateria Vivoli

Dass man in Florenz exzellentes Eis bekommt, ist sicher kein Geheimnis, und es gilt erst recht für diese

**Die *Kentaurenschlacht*, ein Jugendwerk Michelangelos**

renommierte *gelateria* in einem stillen Winkel des Santa-Croce-Viertels. Ihre sahnigen Kreationen sind ein Erlebnis, auch die ungewöhnlicheren Aromen – Feige, Meringue, Birne, Kastanie und Zabaglione.
**208 B4 Via Isola delle Stinche 7r 055 29 23 34; www.vivoli.it Sommer Di–Sa 7.30–24, So 9–24 Uhr, Winter Di–Sa 7.30–21, So 9–21 Uhr C1, C3 und 23**

## 19 Casa Buonarroti

Wer in dem vom Maler und Bildhauer Michelangelo Buonarroti (1475 bis 1564) für seinen Neffen erworbenen Haus viele seiner Skulpturen erwartet, sieht sich getäuscht, kann jedoch mit der heiteren *Madonna della Scala* (»Treppen-Madonna«, 1491) dessen vermutlich frühestes plastisches Werk bewundern. Er schuf es im Alter von 15 oder 16 Jahren. Deutlich komplexer mit ineinander verflochtenen ringenden Körpern fiel seine *Kentaurenschlacht* (um 1492) aus. Mit über 200 Exemplaren verfügt das Museum über die umfangreichste Sammlung an Zeichnungen Michelangelos, von denen aus konservatorischen Rücksichten allerdings stets nur ein geringer Teil ausgestellt ist. Vasari zufolge verbrannte der Künstler kurz vor seinem Tod eine große Zahl an Zeichnungen, Skizzen und Kartons, »damit niemand seine Perfektion anzweifeln könne angesichts der mühevollen Prüfungen, die er seinem Genie angedeihen ließ«.

Weitere bemerkenswerte Ausstellungsstücke in dem original eingerichteten Palazzo aus dem 16. Jahrhundert sind ein Modell des Karrens, mit dem der *David* seinerzeit von der Piazza della Signoria zur Accademia gefahren wurde, und Gemälde, die Michelangelo gemeinsam mit diversen Päpsten und Souveränen zeigen.
**208 C4 Via Ghibellina 70 055 24 17 52; www.casabuonarroti.it Sommer Mi–Mo 10–17, Winter Mi–Mo 10–16 Uhr; Führungen nach Anmeldung; letzter Einlass 30 Min. vor Schließung C2 und C3 6,50 €**

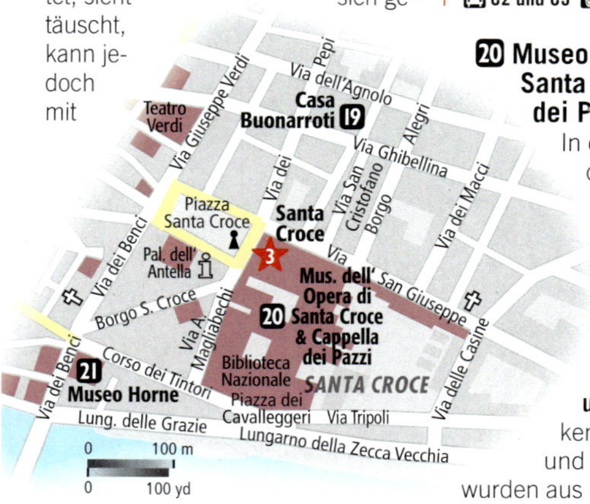


## 20 Museo dell'Opera di Santa Croce & Cappella dei Pazzi

In den alten Klostergebäuden neben der Kirche Santa Croce (► 56) befinden sich das Museo dell'Opera di Santa Croce und die Cappella dei Pazzi. Überwältigend sind im ehemaligen **Refektorium** Taddeo Gaddis Freskenwand *Lebensbaum* und *Das Abendmahl* (beide wurden aus der Kirche zugunsten älterer Werke verbracht) und vor allem Giovanni Cimabues von der Flut 1966 (➤ 36) mitgenommenes *Kruzifix*.

Hauptattraktion des Klosters bleibt die **Cappella dei Pazzi** (Pazzi-Kapelle), ein Musterbeispiel florentinischer Frührenaissance. Entworfen zwischen 1442 und 1446 von Filippo Brunelleschi als Grablege der Familie Pazzi (Erzrivalen der Medici), erstaunt sie durch ihre grau-weiße Schlichtheit und proportionale Ausgewogenheit. Dies basiert auf Bogen- und Kreismotiven – in Anlehnung an die Alte Sakristei von San Lorenzo (➤ 105): Die Evangelistenmedaillons in den Zwickeln unter der Kuppel stammen von Luca della Robbia (nach Entwurf von Brunelleschi). Durch ein Türchen gelangt man in das Idyll des **Kreuzgangs.**

**208 B4 Piazza di Santa Croce 16**
**055 2 46 61 05, www.santacroceopera.it**
**Mo–Sa 9.30–17, So und Feiertag 14–17 Uhr**
**C1, C2 und 23**
**6 € (Kombiticket mit Santa Croce)**

**VIEL SPASS UNTERWEGS**

- **Gelateria Vivoli** (➤ 79): So ein Eis schmeckt immer.
- Das Florentiner Kindermuseum **Museo dei Ragazzi di Firenze** im Palazzo Vecchio (➤ 76) bietet Geschichte zum Anfassen und eine Spielecke für Kinder ab 3 Jahren. www.museoragazzi.it
- Schon für Halbwüchsige interessant ist das **Museo Galileo** (➤ 76).

## 21 Museo Horne

Der englische Kunsthistoriker Herbert Percy Horne zählte zu jenen um 1900 in Florenz ansässigen Ausländern, die nachhaltige Spuren in kultureller Hinsicht hinterließen. Als er 1916 starb, ging der **Palazzo,** den er bewohnt hatte (einst Domizil eines Tuchhändlers) als Vermächtnis an die Stadt, mitsamt einer Sammlung von Gemälden, Skulpturen, Keramiken, Möbeln, Schmuckgegenständen, Kochgeschirr der Renaissance und allem möglichen Schnickschnack, der sich seiner Begeisterung für Florentiner Kunst und Geschichte verdankte. Es gibt hier zwar kaum etwas Wertvolles (abgesehen von Giottos Polyptychon zum Leben des *Heiligen Stephan*), doch die bunte Vielfalt der Exponate und die ungezwungene Atmosphäre machen den Charme des Museums aus.

**208 B3 Via dei Benci 6 055 24 46 61; www.museohorne.it**
**Mo–Sa 9–13 Uhr; letzter Einlass 30 Min. vor Schließung C1, C3, D und 23 7 €**

**Palazzo Horne**

# Wohin zum ... Essen und Trinken?

**Preise**
für ein Drei-Gänge-Menü (ohne Getränke und Service):
€ unter 20 Euro €€ 20–45 Euro €€€ über 45 Euro

**Kulinarisch ist man in Florenz am besten in der Gegend um Santa Croce aufgehoben, wo sich nicht zuletzt gleich drei der edelsten und teuersten Restaurants der Stadt befinden: das Cibrèo, die Enoteca Pinchiorri und das Alle Murate. Neben einfacheren Trattorien alten Stils, wie dem Da Benvenuto, findet man verstärkt auch schicke, moderne Speiselokale, bei denen sich in der Regel eine Reservierung anbietet.**

**Bars und Cafés sind durchweg empfehlenswert, bedingt durch die Nachbarschaft angesagter Viertel wie Sant'Ambrogio, wo interessante neue Kneipen und Läden aus dem Boden schießen.**

## Acqua al Due €–€€

Obschon seit drei Jahrzehnten ein Fixstern am kulinarischen Himmel der Stadt, hat das Restaurant keine Patina angesetzt. Das Ambiente wirkt hell und freundlich trotz der mittelalterlichen Mauern, zwischen denen man toskanisch-italienische Küche nach behutsam modernisierten alten Rezepten genießt – etwa *pasta alle melanzane* (Pasta mit Auberginen), *tagliata alla arancia* (Rindfleischscheiben mit Orange) oder *penne ai quattro formaggi* (Penne mit Vier-Käse-Sauce). Als Entree empfiehlt sich der Vorspeisenteller *(assaggi di primi)*.

Gleich um die Ecke in der Via Acqua 2r betreiben die Inhaber darüber hinaus das Restaurant **The Diner** (Tel. 055 29 07 48; tägl. 8–22.30 Uhr).

**208 B4 ✉ Via della Vigna Vecchia 40r**
**☎ 055 28 41 70; www.acquaal2.it ⌚ Mo 19–1, Di–So 12.30–15, 19–1 Uhr**

## Alle Murate €€€

Cool und elegant bis zum Äußersten – aber auch mit exzellenter Küche, die es versteht, selbst Florentiner Klassiker mit zeitgenössischen Akzenten zu versehen. Das Alle Murate zählt zu den drei oder vier Spitzenlokalen der Stadt.

In den Deckenfresken wurde die einzige authentische Abbildung Dantes erkannt – anhand von Audioguides können Sie sich den ganzen Zyklus erklären lassen und Kultur mit Kulinarischem abrunden. Mittags sollte man sich das *Menu unico* für nur 16 Euro nicht entgehen lassen!

**207 F5 ✉ Via del Proconsolo 16r**
**☎ 055 24 06 18; www.allemurate.it**
**⌚ Di–So ab 17 Uhr**

## Boccadama €–€€

Trotz privilegierter Lage an einem der belebtesten Plätze der Stadt serviert man hier von morgens bis abends leckere Mahlzeiten (wer nur etwas trinken möchte, ist in dieser *osteria* und Weinbar ebenfalls willkommen). Empfehlenswert sind die *crespolini* (Pfannkuchen) mit Spinatfüllung, frische *bruschetta* mit Tomaten oder *crostini* (Röstbrot mit Geflügelleberaufstrich) sowie der Salat aus getrockneten Tomaten und Sardellen.

**208 B4 ✉ Piazza Santa Croce 25–26r**
**☎ 055 24 36 40; http://boccadama.com**
**⌚ tägl. 11–15, 18.30–22.30 Uhr**

## Cibrèo €€€

Vielen Experten gilt das Restaurant aufgrund seiner fantasievollen Neuinterpretationen »bäuerlicher« Florentiner Gerichte als bestes der Stadt. Köstlich die Fisch- und Steinpilzsuppe, ebenso Gerichte wie *polenta alle erbe* (Polenta mit Kräutern), *baccalà* (Stockfisch) oder *ricotta e patate con sugo di carni bianche* (Ricotta und Kartoffeln mit Sauce von hellem Fleisch). Fabio Picchi ist hier der Chef und schlägt seinen Gästen gerne die täglich wechselnden Gerichte selbst vor. Unbedingt einen Tisch reservieren.

Etwas lockerer ist die Atmosphäre im ebenso guten, aber wesentlich preiswerteren **Cibreino** gleich nebenan (keine Reservierung möglich).

**208 C5 Via Andrea del Verrocchio 8r 055 2 34 11 00; http://edizioniteatrodelsale cibreofirenze.it Di–So 13–14.30, 19–23.15 Uhr**

## Cucina Torcicoda €€

Pizzeria, Osteria mit toskanischer Küche. Ein elegantes Gourmetlokal und ein Delikatessenshop wurden in elegant-behaglicher Atmosphäre unter einem Dach vereint. Florentiner schätzen vor allem den riesigen Grillplatz für die Bistecca Fiorentina und den gut sortierten Weinkeller.

**208 B4 Via Torta 5r 055 2 65 43 29; www.cucinatorcicoda.com Di–So 12–15, 19–23 Uhr**

## Da Rocco €

Das Marktleben in der Halle von Sant'Ambrogio ist noch wie einst! Bei Rocco sitzt man hier mit anderen Leuten an kleine Tische gezwängt, so fühlt man sich beinahe wie ein Einheimischer. Es werden Florentiner Gerichte serviert, das Essen ist sehr preiswert.

**209 D4 Markthalle Sant'Ambrogio, Piazza Ghiberti Mo–Sa 12–14.30 Uhr**

## Del Fagioli €€

Von den teils dubiosen Billiglokalen, die sich rund um die Piazza Santa Croce drängen, hebt sich diese Trattoria alter Schule ganz im Süden des Platzes wohltuend ab mit authentischer, schmackhafter Küche, ausnehmend freundlicher Bedienung und zivilen Preisen (Kreditkarten weren hier allerdings nicht akzeptiert). Die Gerichte sind durchweg toskanisch, von *crostini* (geröstetes Brot mit Hühnerleberpastete) über *ribollita* (gehaltvoller Gemüseeintopf mit Brot) und *bollito misto in salsa verde* (diverse gekochte Fleischsorten, die mit Kräutersauce serviert werden) bis hin zu den typischen *cantuccini con Vin Santo* (Mandelkekse mit Süßwein zum Dippen) als Dessert.

**208 B4 Corso Tintori 47r 055 24 42 85 Mo–Fr 12.30–14.30, 19.30–22.30 Uhr, Aug. geschl.**

## Enoteca Pinchiorri €€€

Hinter der Bezeichnung *enoteca* verbirgt sich normalerweise eine Weinbar auf zurückhaltendem Preisniveau – nicht so hier: Dies ist das hochkarätigste Florentiner Restaurant, mit drei Michelin-Sternen ausgezeichnet und mit einem der besten Weinkeller Europas. Hier muss man für die italienisch-internationale Spitzenküche einiges hinlegen – und anlegen sollte man angemessen edle Garderobe (Sakko und Krawatte sind bei den Herren unausgesprochene Pflicht).

**208 B4 Via Ghibellina 87 055 24 27 57; http://enotecapinchiorri.it Di–Sa 19.30 bis 22 Uhr; im Aug. geschl.**

## Finisterrae €€

Einfallsreiche moderne Küche in alten Palastmauern an der Piazza di Santa Croce und nach Weltgegenden gestaltete Speisezimmer: Um die marokkanisch inspirierte Bar reihen sich z. B. Spanien, Griechenland und Nordafrika. Unbedingt den Cocktail des Hauses probieren, ein tückisches Gemisch aus Absinth und anderen Ingredienzien.

**208 B4 Piazza Santa Croce 12 055 2 63 86 75; www.finisterraefirenze.com tägl. 11–23 Uhr (oder länger)**

### Osteria dei Benci €€
Florentiner Küche in freundlicher Atmosphäre: der einzige Speiseraum strahlt in warmen Farben unter mittelalterlichem Gewölbe. Aufmerksame Bedienung und schmackhafte Kost mit Pfiff, wie Gemüsesuppen und Grillgerichte (exzellentes Kräuterlamm). Regelmäßig wechselnde Speisekarte.
**208 B4 Via de' Benci 13r**
**055 2 34 49 23; www.osteriadeibenci.it**
**tägl. 12.30–15, 19.30–23 Uhr, in der Woche um Maria Himmelfahrt geschl.**

### Osteria dei Pazzi €€–€€€
Typische Florentiner Trattoria, in der Sie Paolo mit seinen Köstlichkeiten verwöhnt: gute Antipasti, schmackhafte Nudelgerichte und, last but not least, die hier typische *bistecca alla fiorentina!*
**208 B4 Via dei Lavatoi 3r 055 2 34 48 80 Di–So 12.30–15, 19.30–23 Uhr**

### Pallottino €
In dieser rustikalen, über hundert Jahre alten Trattoria im Gassengewirr zwischen Dom und Santa Croce sitzt man an einfachen Holztischen vor weiß gekachelten Wänden und lässt sich die Klassiker der toskanischen Küche schmecken. Das Lokal ist sowohl bei Touristen als auch bei den Einheimischen überaus beliebt.
**208 B2 Via Isola della Stinche 1r**
**055 28 95 73; www.trattoriapallottino.com**
**Di–So 12.30–14.30, 19.30–22.30 Uhr**

### Ristorante Paoli €€
Seit 1824 pflegt man im Paoli die Tradition der toskanischen Küche, vertreten zum Beispiel durch die Florentiner Steakvariante »La Magnifica« oder Tintenfisch aus dem Mittelmeer. Zum Dessert schmeckt das Kompott aus Äpfeln, Pflaumen und Birnen nach Florentiner Art.

Unter einem schönen Gewölbe, zwischen Wandfresken und Jugendstil-Keramik, diniert man hier zuweilen etwas eng und laut, doch das gehört ebenfalls dazu.
**207 E/F5 Via dei Tavolini 12r**
**055 21 62 15; www.casatrattoria.com**
**tägl. 12–15, 19–23 Uhr**

### Teatro del Sale €
Das Teatro gehört wie das Cibrèo und das Caffè Cibrèo (► 84) zum Imperium von Fabio Picchi. Es ist ein einmaliges Erlebnis, in diesem besonderen Ambiente vor offener Küche zu brunchen, Mittag zu essen oder zu dinieren, bevor dann um 21 Uhr der Vorhang aufgeht und die Show beginnt.
**208 C4 Via dei Macci 111r**
**055 2 00 14 92; www.edizioniteatrodelsalecibreofirenze.it Di–Sa 12–14.30, 19.30–21, So 12–14.30 Uhr, Show ab 21.30 Uhr**
**11 € Mitgliedsausweis; Brunch 15–20 €, Dinner und Show 30 €**

## BARS UND CAFÉS

### Caffè Cibrèo €
In ganz Florenz gibt es kaum ein hübscheres Café als dieses mit seinen hölzernen Wandpaneelen (die allerdings nur zwei Jahrzehnte und nicht 200 Jahre alt sind, wie es auf den ersten Blick scheinen mag) nahe dem Markt von Sant'Ambrogio (► 87). Gemütlich und komfortabel, bezieht es zudem seine Kuchen und kleinen Gerichte (darunter die hochgerühmte Schokoladentorte mit Bitterorangensauce) aus der Küche des gleichnamigen Edel-Restaurants (► 83). Von der Umgebung her leider nicht so hübsch ist die Terrasse des Cafés, auf der man an warmen Tagen sitzen kann.
**208 C5, Via Andrea del Verrocchio 5r**
**055 2 34 58 53 Di–So 8–1 Uhr**

### Cantinetta dei Verrazzano €€
Zentral gelegen nahe der Via dei Calzaiuoli und ideal für kleine Mahlzeiten – hier gibt es alles, vom Sandwich bis zur Pizza, einschließlich der meist an Ort und Stelle gebackenen *focaccia*. Sämtliche Köstlichkeiten aus der riesigen Glastheke kann man auch mitnehmen und beispielsweise

auf dem Bänkchen neben der Tür verzehren (oder ganz entspannt hinten in der Café-Weinbar).

Da das Lokal Castello di Verrazzano gehört, einem der renommiertesten Weingüter des Chianti, kann man hier beim Rebensaft eigentlich kaum etwas falsch machen.

**207 E/F5**
**Via dei Tavolini 18r**
**055 26 85 90**
**Mo–Sa 8–21, So 10–16.30 Uhr**

## Ditta Artigianale €

In dieser Coffebar bereitet ein italienischer Meister, Francesco Sanapo, den Türkentrank aus eigenen Bohnenmischungen zu. Dazu gibt es außer feinem Gebäck auch Tapas, Sandwiches und Light Lunch, auf Wunsch vegetarisch.

**207 F2 Via dei Neri 32r**
**055 2 74 15 41; www.dittaartigianale.it**
**Mo–Do 8–22, Fr 8–24 Sa 9.30–24, So 9.30 –22 Uhr**

## Gustavino €–€€

Geradliniges, modernes und für diese Stadt typisches Lokal unweit der Piazza della Signoria. Im mit Glastresen, Stahlmöbeln und offener Küche eingerichteten Restaurant speist man außerst stilvoll. Gemütlicher und preiswerter jedoch sitzt man zwischen den Regalen der Weinbar **La Canova di Gustavino** gleich nebenan, in der man einer Auswahl klassischer toskanischer Gerichte genießt.

**203 F1 Via della Condotta 37r**
**055 2 39 98 06; www.gustavino.it**
**tägl. 19–23.30; Sa und So auch 12.30 bis 15.30 Uhr**

## Il Francescano €–€€

Das Lokal bietet seinen Gästen eine legere Atmosphäre, eine unprätentiöse Einrichtung und vor allem schmackhafte toskanische Gerichte (etwa *peposo,* toskanischer Rindfleischtopf mit Pfeffer) zu fairen Preisen. Außerdem kann man hier im Sommer auch draußen sitzen.

**208 C4 Largo Bargellini 16**
**055 24 16 05; www.ilfrancescano.com**
**Di–So 12–15, 19–23 Uhr**

## Perchè No! €

Bereits seit über 75 Jahren versorgt das *Perchè No!* – »Warum nicht!« – im Zentrum von Florenz Besucher und Einheimische mit allerfeinsten Eis- und Sorbetspezialitäten, die sich mit denen der illustren Galeteria Vivoli (► 79) durchaus messen lassen können. Eis ist in rund 50 Geschmacksrichtungen zu haben. (Einen Eindruck vermitteln die Bilder der Website.)

**207 E/F5 Via dei Tavolini 19r**
**055 2 39 89 69; www.percheno.firenze.it**
**Mi–Mo 12–20 Uhr**

## Schiaccia Vino €

Wie der Name schon verrät, haben Pippo und Lore sich in ihrer Paninibar auf das mit Olivenöl getränkte, toskanische Hefebrot *schiacciata* spezialisiert. Sie belegen sie mit toskanischen Wurst- und Käsespezialitäten, darunter Porchetta, Finocchiona, Pecorino. Als Alternative gibt es zu einem Glas lokalen Wein auch gemischte Wurst- und Käseplatten oder Salat.

**208 B4 Via Verdi 6r**
**055 2 26 01 33 Mo–Sa 11–0 Uhr**

## Rivoire €–€€

Den Logenplatz an der Piazza della Signoria (mit Blick auf Palazzo Vecchio und Michelangelos *David)* zahlt man natürlich mit in diesem 1872 gegründeten Café! Über das auf Touristen zugeschnittene und eher durchschnittliche Essen tröstet die exquisite heiße Trinkschokolade hinweg – ein äußerst gehaltvoller Genuss des auf Schokolade *(cioccolata calda)* spezialisierten Hauses, den man sich natürlich angemessen bezahlen lässt – es sei denn, man begnügt sich mit einem Stehplatz am Tresen!

**207 E4 Piazza della Signoria 5r**
**055 21 44 12; www.rivoire.it**
**Winter 9–19.30, Sommer 7.30–24 Uhr**

# Wohin zum ... Einkaufen?

**Ein Einkaufsbummel im Osten und im Zentrum der Stadt erfordert schon etwas Unternehmungslust, denn abgesehen von Haupteinkaufsmeilen wie der Via dei Calzaiuoli und dem Borgo degli Albizzi sind die interessanten Läden hier weit verstreut. Etwas konzentrierter findet man sie im Stadtteil Sant'Ambrogio, wo es einen schönen Markt gibt und ringsum jede Menge Cafés und Restaurants. Auch die Straßen um Santa Croce lohnen einen Streifzug.**

## KAUFHÄUSER

### Coin

Gute Adresse in zentraler Lage und mit einem Angebot von hoher Qualität bei Kleidung, Heimtextilien und Haushaltswaren. Neben Designerware gibt es eine eher konservative, hauseigene Kleidermarke, doch auch Flotteres für die Jugend.

**203 E1 Via dei Calzaiuoli 56r 055 28 05 31; www.coin.it Mo–Sa 10–19.30, So 10.30–19.30 Uhr**

## MODE

### Atelier Émé

Über 500 000 junge Mädchen haben hier seit 1961 schon ihr Brautkleid schneidern lassen – die Designerin Lucia Zanotti hilft auch bei der Auswahl des nötigen Zubehörs.

**204 B1 Borgo degli Albizi 77r 055 2 34 48 39; www.atelier-eme.it/atelier-firenze Mo 14.30–19, Di–Fr 10–13, 14.30–19, Sa 10–19 Uhr**

### Bemporad

Einer der ältesten Florentiner Familienbetriebe (seit 1885) mit teils erlesener Klientel bietet eine breite Auswahl zeitlos klassischer Mode für sie und ihn, manches von renommierten Herstellern.

**203 E1 Via dei Calzaiuoli 11, 13, 15, 17r 055 21 68 33; www.bemporardsergio.com Mo 15.30–19.30, Di–Sa 9–13, 15.30–19.30 Uhr**

### Mimi Furaha

Tagsüber verkauft die in Afrika aufgewachsene Michelle Designerschuhe, handgearbeitete Accessoires und garantiert italienische Mode von kleinen Labeln. Nach Ladenschluss organisiert sie Foto-Sessions, Kunstausstellungen, Rumba-Unterricht und Nähkurse.

**203 F1 Borgo degli Albizi 35r 055 23 44 44 56; www.mimifuraha.it tägl. 10.30–12.30, 13.30–19 Uhr**

### Pusateri

Handgefertigte Handschuhe in verschiedenen Modellen, Farben und Ledersorten.

**203 E1 Via dei Calzaiuoli 25r 055 21 41 92 tägl. 10–19.30 Uhr**

## LEBENSMITTEL UND WEIN

### Cinto Cucine in Torre

In dieser vorzüglichen Schlachterei aus Greve in Chianti, die kürzlich auch in Florenz aufgemacht hat, kann man leckere Brötchen und ausgezeichnete kleine Gerichte essen – oder die toskanischen Köstlichkeiten als Doggy Bag oder für zu Hause mitnehmen.

**208 B5 Via Matteo Palmieri 35/37r 055 24 54 30; bei Facebook tägl. 12–15.30, 19–23 Uhr**

### Pegna

Seit 1860 verwöhnt das Geschäft südlich des Domes seine Kunden mit Köstlichkeiten: Käse, Salami, Kaffee, Tee, Olivenöl, Wein, Gebäck, Schokolade und dergleichen mehr – insgesamt stehen über 7000 Artikel aus Italien und dem Rest der Welt zur Auswahl.

**207 F5 Via dello Studio 8 055 28 27 01; www.pegnafirenze.com Mo–Sa 9.30 bis 19.30, So und Feiertag 11–19 Uhr**

### Vestri
Leonardo Vestri ist der führende Chocolatier der Stadt (dessen Kreationen allerdings zum Teil in Arezzo gefertigt werden). Man bekommt in seinem wunderschönen Laden Schokolade in allen Geschmacksnuancen, von Chili-Orange bis Espresso und Aprikose, im Sommer auch Eis (etwa Pfefferminz oder Haselnuss). Ein Gedicht, ob heiß oder gekühlt, ist die Trinkschokolade *(cioccolata da bere)*.

**208 B5 Borgo degli Albizi 11r**
**055 2 34 03 74; www.vestri.it**
**Mo–Sa 10.30–19.30 Uhr**

## LEDER

### Scuola del Cuoio
Hinter Santa Croce befindet sich diese von Franziskanermönchen geführte Lehrwerkstatt für das Ledergewerbe, wo man beste Ware herstellt, stilistisch zwischen Tradition und Moderne. Den Kunsthandwerkern kann man Mo–Fr bei der Arbeit zusehen.

**208 C4 Via San Giuseppe 5r 055 24 45 33; www.scuoladelcuoio.com Winter Mo–Fr 10–18, Sa 10.30–18 Uhr; Sommer Mo bis So 10–18 Uhr**

## MÄRKTE

### Piazza dei Ciompi
Flohmarkt (Mercato delle Pulci) nahe der Casa Buonarroti (➤ 80), jeweils am letzten Sonntag des Monats abgelöst von einem großen, betriebsamen Antiquitätenmarkt.

**208 C5 Piazza dei Ciompi, Seitenstraße der Via Pietrapiana tägl. 9–19 Uhr**

### Sant'Ambrogio
Nach dem Mercato Centrale (➤ 119) wichtigster Lebensmittelmarkt der Stadt, doch vorwiegend eine Einkaufsmöglichkeit für die Bewohner des Viertels, das langsam mit neuen Boutiquen, Cafés und Restaurants schick wird.

**208 C4 Piazza Lorenzo Ghiberti; www.mercatosantambrogio.it Mo–Sa 7–14 Uhr**

## PAPIER UND SCHREIBWAREN

### Pineider
Dieser altehrwürdige Laden aus dem Jahr 1774 ist vielleicht der beste seiner Art in Europa – schöner schreiben, heißt das Zauberwort bei exquisiten Füllern oder Tagebüchern: Elizabeth Taylor bestellte hier einst ein Set in Blauviolett, passend zu ihren Augen.

**207 D5 Piazza Rucellai 4/7**
**055 28 46 56; www.pineider.com**
**tägl. 10–19 Uhr**

### Zecchi
Ein Geschäft für Künstlerbedarf nahe dem Dom, das kaum einen Wunsch von Kreativen unerfüllt und jedes Künstlerherz höher schlagen lässt: feinste Papiere, Malutensilien und vieles mehr.

**207 F5 Via dello Studio 19r**
**055 21 14 70; www.zecchi.com**
**Mo–Fr 8.30–12.30, 15.30–19.30, Sa 8.30–12.30 Uhr; Aug. und Sa im Juli geschl.**

## PARFÜMS/KOSMETIK

### Antica Officina del Farmacista Dr. Vranjes
Hier erhält man Düfte, Öle und Produkte für die Aromatherapie, alles aus natürlichen Ölen und Essenzen handgemacht – besonders apart »Tuscan Garden« und »Fiori di Sicilia«. Auch die Werkstatt in der Via San Gallo 69r lohnt einen Besuch.

**209 D5 Borgo La Croce 44r**
**055 241748; www.drvranjes.it**
**Antica Officina: Mo 15.30–19.30, Di–Sa 10–13.30, 15.30–19.30 Uhr**

## UHREN

### Enrico Verità
Einer der acht ältesten traditionellen Uhrmacher Italiens: Seit 1865 werden hier Uhren verkauft – und repariert!

**203 E1 Via dei Calzaiuoli 122r–124r**
**055 28 78 62; www.enricoverita1865.com**
**Mo–Sa 9.30–19.30, So 11–19.30 Uhr**

# Wohin zum ... Ausgehen?

**Im Osten von Florenz sind mehrere führende Orchester der Stadt sowie diverse Vereine für klassische Musik zu Hause, aber auch Szene-Bars, der beste Jazz-Club und andere Hotspots des Nachtlebens.**

## KLASSISCHE MUSIK

In der Via Verdi 5 residiert das **Orchestra della Toscana** (Tel. 055 2 34 27 22; www.orchestradellatoscana.it), das – vorwiegend von Dezember bis Mai – Konzerte im nahe gelegenen **Teatro Verdi** (Via Ghibellina 99, Tel. 055 21 23 20; www.teatroverdionline.it) gibt. Karten für die Aufführungen erhält man im Theater selbst oder bei den Vorverkaufsstellen (➤ 50).

Die städtische **Filarmonica di Firenze »Gioacchino Rossini«** (Via Villamagna 41, Tel. 055 6 53 30 84; www.filarmonicarossini.it) tritt während der Hauptspielzeit (Jan.–Feb.) an verschiedenen Orten auf und gibt im Sommer häufig Konzerte auf der Piazza della Signoria. Auskunft über Termine und Programm gibt es bei der Touristeninformation (➤ 43).

Das **Orchestra da Camera Fiorentina** (Via Monferrato 2, Tel. 055 78 33 74; www.orcafi.it), eigentlich im Norden der Stadt beheimatet, gibt regelmäßig Konzerte in der Kirche **Orsanmichele** (➤ 78). Aufgeführt werden u. a. Kompositionen von Mozart, Haydn, Bellini und Dvořák. Karten erhält man unter der oben genannten Nummer, bei den Vorverkaufsstellen (www.boxol.it) und am Spielort selbst eine Stunde vor Beginn.

Der Musikverein **Amici della Musica** in der Via Pier Capponi 41 (Tel. 055 60 90 12; www.amicimusica.fi.it) veranstaltet Konzerte für Kammermusik im **Teatro della Pergola** (Via della Pergola 12–32, Tel. 055 2 26 41; www.teatrodellapergola.com), Italiens wohl ältestem Theaterbau aus dem Jahre 1656. Informationen über das Monatsprogramm und die Interpreten sind auch der angegebenen Website zu entnehmen.

## JAZZ

Wem nach anderen Klängen zumute ist, der sollte in den alteingesessenen **Jazz Club Firenze** in der Via Nuova de' Caccini 3 gehen (Tel. 055 2 71 18 15; www.facebook.com/jazzclubfirenze.it). Fast jeden Abend gibt es Livemusik in diesem mittelalterlichen Keller, der in einer winzigen Seitenstraße liegt (südlich der Via degli Alfani, Ecke Borgo Pinti). Als Voraussetzung für den Eintritt (8 €)muss man formell eine Mitgliedschaft erwerben.

## CLUBS/BARS

Eine der besten Disco-Bars der Gegend, das **Bamboo Lounge Club** (Via Giuseppe Verdi 57r, Tel. 33 94 29 87 64 (Handy); bamboolounge club.com; Do–Sa 19–4 Uhr), lockt die Massen am Abend zu einem Drink bei Jazzmusik, später ist Dance Floor angesagt.

Beliebt ist auch der Disco-Pub **Dolce Zucchero** (Via Pandolfini 36r, Tel. 055 9 75 70 94; Di–So 22.30 bis 4 Uhr): Oft gibt es Livemusik zu hören, und dazu gute Cocktails!

Zum Abhängen empfiehlt sich mit dem nahen **Rex Caffè** (Via Fiesolana 25; www.rexfirenze.com; Tel. 055 2 48 03 31; tägl. 17–2.30 Uhr; Mitte Mai – Mitte Sept. geschl.) »der« Treffpunkt für Nachtschwärmer und eine der besten Bars der Stadt – überwältigend ausstaffiert mit Mosaiken, Spiegeln und seltsamen Lampen. Das Rex ist seiner lockeren Atmosphäre wegen beliebt.

# Der Norden



## Kleine Erlebnisse

### Ewiger Ruhm

Macht und Größe haben die Medici für alle Ewigkeit dargestellt – in der Schönheit ihrer **Grabmäler in San Lorenzo** (➤ 106).

### Begnadeter Klosterbruder

Die zarten Fresken Fra Angelicos im **Kloster San Marco** (➤ 108) brachten dem Künstler den Beinamen »beato«, d. h. »begnadeter«.

### Kulinarisches Schlaraffenland

Bei **Perinis Stand im Mercato Centrale** (➤ 119) können Sie die angebotenen italienischen Delikatessen erst einmal probieren.

# Erste Orientierung

**Diesen noblen Bezirk bewohnten einst die Medici als langjährige Herrscherfamilie und beauftragten dort führende Architekten mit Bauten wie dem Palazzo Medici Riccardi (Familiensitz und Verwaltungszentrum), den Kirchen San Marco und San Lorenzo sowie mit den prächtigen Cappelle Medicee als letzter Ruhestätte für etwa 50 Familienmitglieder.**

Im Herzen dieses Viertels liegt der Florentiner Dom, eine der weltgrößten Kathedralen und erstes Ziel der meisten Besucher. Von den umliegenden Straßen aus erhascht man immer wieder einen Blick auf seine mehrfarbige Marmorverkleidung und die riesige Kuppel, die das Stadtbild dominiert.

San Marco lag einst außerhalb der Stadt im Grünen und damit optimal für die Orden von San Marco und Santissima Annunziata. Heute präsentiert sich die Gegend als lebendiges Studentenviertel mit schönen Bars und Restaurants – samt dem farbenprächtigen Markt von

## TOP 10

1. Duomo Santa Maria del Fiore ➤ 94
2. Galleria dell'Accademia ➤ 103

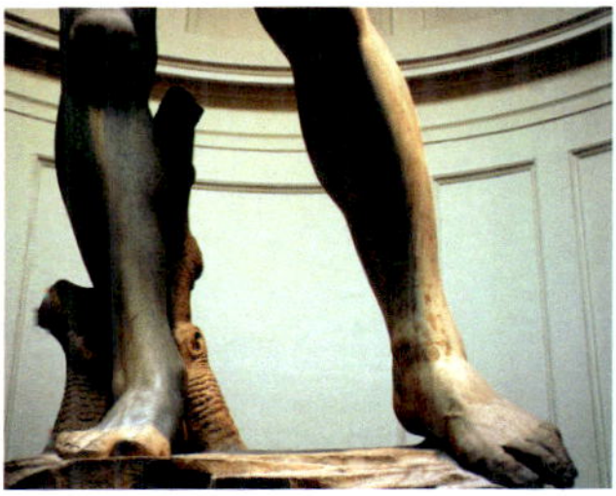

## Nicht verpassen!

22. San Lorenzo & Cappelle Medicee ➤ 105
23. San Marco ➤ 108

## Nach Lust und Laune!

24. Loggia del Bigallo ➤ 110
25. Museo dell'Opera del Duomo ➤ 110
26. Palazzo Medici Riccardi ➤ 111
27. Museo dell'Opificio delle Pietre Dure ➤ 112
28. Giardino dei Semplici ➤ 113
29. Santissima Annunziata ➤ 114
30. Museo Archeologico ➤ 114
31. Spedale degli Innocenti ➤ 115
32. Museo Stibbert ➤ 115

San Lorenzo und neuerdings einem Food Court auf der ersten Etage der Markthalle. Auch der berühmteste Stadtbewohner – Michelangelos *David* – fand dort seinen Platz (im Original ist er in der Galleria dell'Accademia zu sehen).

**Oben: Die kräftigen Waden des *David* von Michelangelo**

**Rechts: Prachtvoll verziert ist das Äußere des Doms**

# In zwei Tagen

**Auf der hier beschriebenen Route können Sie, verteilt auf zwei Tage, einige der interessantesten Sehenswürdigkeiten im Norden der Stadt aufsuchen. Im Folgenden (➤ 94 ff) finden Sie die Highlights detailliert beschrieben.**

## Erster Tag

### Vormittag

Beginnen Sie den Tag mit einem mehrstündigen Rundgang durch das 25 **Museo dell'Opera del Duomo,** wo wertvolle Ausstattungsstücke des Duomo (wie Donatellos Sängerkanzel, links; ➤ 110), Campanile und Battistero bewahrt werden.

Lassen Sie in einem Café auf der Piazza den riesigen marmorverkleideten 1 **Duomo Santa Maria del Fiore** (➤ 94) auf sich wirken, bevor Sie dessen Inneres besichtigen.

### Mittag

Nachdem Sie den **Mercato Centrale** (➤ 119) aufgesucht haben, genießen Sie ein Mittagessen in einer der **Trattorien** von San Lorenzo: in der Markthalle bei **Nerbone** (➤ 117), bei **Mario** (➤ 117) oder bei **Gozzi Sergio** (➤ 116).

### Nachmittag und Abend

Die schlichte, nie fertiggestellte Fassade von 22 **San Lorenzo** (➤ 105) lässt kaum auf den repräsentativen Innenraum der Kirche mit architektonisch

und künstlerisch hochrangiger Ausstattung schließen. Versäumen Sie hier auf keinen Fall die Alte Sakristei, die **Sagrestia Vecchia,** bevor Sie sich in der Schlange vor der Fürstenkapelle **Cappella dei Principi** einreihen, sowie die Neue Sakristei **Sagrestia Nuova** mit Michelangelos berühmten Medici-Grabmälern. Wieder zurück am Duomo, erklimmen Sie die **Domkuppel,** von wo sich bei Sonnenuntergang aus der Vogelperspektive ein atemberaubender Rundblick bietet.

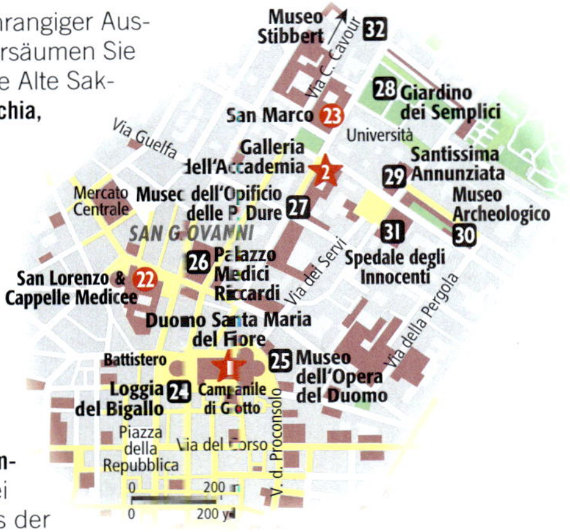


# Zweiter Tag

## Vormittag

Die schlichten, vergeistigten Meisterwerke des Fra Angelico im Kloster **23 San Marco** (➤ 108) lassen den Tag freundlich beginnen. Hier kann man die friedliche, weltabgewandte Stimmung, die seine zartfarbigen Fresken ausstrahlen, gut nachempfinden.

Nicht weit davon vermittelt das **27 Museo dell'Opificio delle Pietre Dure** (➤ 112) einen faszinierenden Einblick in die Handwerkstechnik der Steineinlegearbeiten, deren Wirkung man an Ort und Stelle in der **Cappella dei Principi** (➤ 106) studieren kann.

## Mittag

Angesichts der vielen preiswerten, sympathischen **Cafés** im Herzen des Universitätsviertels fällt die Wahl für eine Mittagspause nicht leicht.

## Nachmittag

Vertreiben Sie sich die Zeit in der **2 Galleria dell'Accademia** (➤ 103). 1563 von Michelangelo mitgegründet, besitzt die älteste Akademie der Welt auch das Original von Michelangelos *David*.

Die Via Cavour hinab geht es zum **26 Palazzo Medici Riccardi** (➤ 111; links). Im Inneren birgt er als wenig bekanntes Kleinod eine kleine Kapelle mit dem Freskenzyklus *Dreikönigszug* von Benozzo Gozzoli.

## Abend

Nach einem frühen Aperitif in einer traditionellen Weinbar, wie **Casa del Vino** (➤ 116) oder **Zanobini** (➤ 117), beschließt man den Tag am besten mit einem typisch toskanischen Essen: etwa bei **Antichi Cancelli** (Via Faenza 73r, Tel. 055 2 38 29 40; Di–So 12–14.45, 18.45–22.45 Uhr).

# Duomo Santa Maria del Fiore

**Mit seiner gewaltigen roten Kuppel dominiert der Dom das Stadtpanorama. Das ambitionierteste Florentiner Bauvorhaben aller Zeiten setzte als Ingenieurleistung Maßstäbe für die Renaissance und wurde von Staunen, Zweifel und Beifall begleitet. Und auch der Besucher heute bewundert die großartige architektonische Schöpfung, die nach den Worten des Architekten Leon Battista Alberti »zum Himmel aufsteigt und ihren breiten Schatten über alle Völker der Toskana wirft«.**

im Jahr 1296 begann Stadtbaumeister Arnolfo di Cambio mit dem Bau der Bischofskirche – auf dem Höhepunkt der politischen und wirtschaftlichen Macht sowie der städtebaulichen Entwicklung der spätmittelalterlichen Republik Florenz. Nach deren Willen sollte es eine der größten Kathedralen der Christenheit werden, »ein Gebäude von höchster Erhabenheit und Pracht, wie sie menschlicher Fleiß und Leistung nicht besser oder schöner zustande bringen«. Man wurde nicht enttäuscht: Lange blieb der Dom das viertgrößte Gotteshaus (nach St. Peter in Rom, St. Paul's Cathedral in London und dem Mailänder Dom). Schon bezüglich seiner Größe typischer Ausdruck Florentiner Herrschaftsstrebens, ist er bis heute das höchste Bauwerk der toskanischen Metropole.

## Erste Bauabschnitte

Die riesige Anlage, deren Inneres der gesamten Florentiner Kirchengemeinde Platz bieten sollte, fasst über 20000 Personen. Mehrere Gebäude wurden hierfür abgerissen (darunter die ursprüngliche Kirche Santa Reparata), ganze Wälder für das Holz beschlagnahmt und riesige Marmorplatten in Flottillen über den Arno verschifft. 1296 legte man den Grundstein, doch bis zur Vollendung sollte es noch über hundert Jahre dauern.

Nach Arnolfos Tod um 1302 stagnierten zunächst die Arbeiten, bis Giotto als Baumeister übernahm. Dieser widmete den Großteil seiner Zeit dem Campanile (➤ 99), weshalb der Dombau fast zwei Jahrzehnte ruhte. Um 1418 endlich stand das massive Fundament, doch das Problem der Kuppelkonstruktion blieb weiter ungelöst.

Schließlich wurde ein Ideenwettbewerb ausgeschrieben, um zu einer Lösung zu gelangen. Das fürstliche Preisgeld von 200 Goldflorin, mehr als das doppelte Jahreseinkommen eines geschickten Handwerkers, ermutigte Zimmerleute, Maurer und Bautischler aus ganz Europa, Pläne einzureichen. So gab es den skurrilen Vorschlag, über einem Hügel aus Erde und Münzen die Kuppel zu modellieren;

**Von der Piazzale Michelangelo hat man einen herrlichen Blick auf Florenz mit dem Duomo**

**BASISDATEN**
**Dom**
Länge: 153 m
Breite: 90 m (Querschiff)
**Kuppel**
Höhe: 91 m;
106 m mit Laterne
Durchmesser: 42 m

man könnte den Florentinern dann gestatten, die Münzen aufzusammeln und dabei die Erde wegzutragen.

## Die Kuppel Brunelleschis

Doch letztlich trat mit dem genialen Filippo Brunelleschi ein einheimischer Architekt mit tragfähigem Entwurf auf den Plan. Die Suche nach einer Lösung des verzwickten Problems wurde zur Lebensaufgabe

# Brunelleschis Meisterwerk

**Der Dom ist ein Juwel gotischer Baukunst mit reichem Portalschmuck und weitläufigem Innern. Die doppelschalige Kuppelkonstruktion von Brunelleschi, die erste der Neuzeit, erhebt das Bauwerk in den Rang eines weltweit einmaligen Meisterwerks.**

**1 Fassade:** Reich ist hier der Figurenschmuck (von oben nach unten): im obersten Zwickel Gottvater; darunter Brustbilder berühmter Florentiner Künstler; unter der mächtigen Rosette *Maria mit dem Kind* und Apostelstatuen; in den vier Pfeilernischen Bischöfe und Papst Eugen IV., der die Kirche 1436 weihte.

**2 Kuppel:** An der Überkuppelung des riesigen Vierungsraums scheiterten fast alle Baumeister. Brunelleschi baute sie schließlich zwischen 1420 und 1430 als doppelschalige Konstruktion – eine Ingenieursleistung, die bis zum Barock wegweisend war.

**3 Eingang:** Über dem Haupteingang befindet sich ein schönes Mosaik der Marienkrönung (um 1300) von Gaddo Gaddi sowie eine Uhr. Die gemalten Prophetenköpfe in deren Ecken stammen von Paolo Uccello (1443); ihre Zeiger drehen sich entgegen dem Uhrzeigersinn.

**4 Neue Sakristei**
Herausragende Kunstwerke hier sind die *Auferstehung Christi,* eine Terrakottaarbeit von Luca della Robbia, und das Bronzetor desselben Künstlers.

**5 Campanile**
Baumeister des 82 m hohen, architektonisch herausragenden Campanile war Giotto. Nach dessen Tod führte Andrea Pisano die Arbeiten nach den ursprünglichen Entwürfen weiter. Wer die 414 Stufen auf den Turm nicht scheut, wird mit einem herrlichen Panoramablick über die Stadt belohnt.

# Duomo Santa Maria del Fiore

Reich an Skulpturenschmuck: das Tympanon über dem westlichen Eingang

In kräftigen Farben sind die Buntglasfenster in der Kathedrale gehalten

des Florentiner Eigenbrötlers, dessen Wagemut in der Errichtung der weltgrößten gemauerten Kuppelschale gipfelte. Der Schlüssel seines Erfolgs lag in Wiederentdeckung und Adaption römischer Gewölbetechniken, die man im 15. Jahrhundert weitgehend vergessen hatte. Indem er dieses Wissen mit Bauprinzipien aus Mittelalter und Renaissance verband, konstruierte er die Kuppel, wobei er Steine und Ziegel verschiedener Größe und Dichte in ein selbsttragendes Fischgrätmauerwerk hineinsetzte – eine Technik, die auf das antike Pantheon in Rom zurückgeht.

**Fresken des *Jüngsten Gerichts* von Giorgio Vasari und Federico Zuccari schmücken Brunelleschis Domkuppel**

Brunelleschi kümmerte sich persönlich um sämtliche Details der Konstruktion, vom Brennen der Ziegel bis zur Entwicklung eines komplexen Dränagesystems für Regenwasser, wofür eigene Werkzeuge und Apparate entworfen wurden: Um Ziegel wie erforderlich in schwindelnde Höhen zu transportieren, ließ er sich beispielsweise von Uhrmachern ein pferdebetriebenes Flaschenzugsystem entwerfen.

Eine der größten Schwierigkeiten für Brunelleschi bestand darin, dass die Schalenteile der Kuppel in jeder Bauphase die optimale Wölbung beibehalten mussten, um schließlich im Zentrum exakt aufeinanderzutreffen. Damit die Kuppel nicht unter dem eigenen Gewicht einbrach, ersann er hölzerne Ringe, die sie umschlossen – wie Eisenreifen die Dauben eines Fasses – und dabei »unsichtbar« im Mauerwerk verlegt waren.

Diese Vision einer massiven Kuppel, die sich ohne sichtbare Stützen himmel-

**DER »TAUBENSCHLAG«**

Schauen Sie vor Betreten des Doms von außen hinauf zur Kuppel: Ihre Basis wird von einer Bogengalerie gesäumt – die allerdings unvermittelt in der Mitte aufhört. Laut Anekdote fragte einst Michelangelo: »Was soll das sein? Ein Taubenschlag?« So gab man die Arbeit auf, die Galerie wurde nie vollendet.

wärts aufzuschwingen schien, begeisterte und frustrierte wechselweise alle am Projekt Beteiligten, bis es dann 1436 wirklich vollendet war. 16 Jahre nach Konstruktionsbeginn.

Die kleine achteckige Laterne an der Kuppelspitze (ebenfalls von Brunelleschi) krönte seine Schöpfung. Einen Höhepunkt jedes Dombesuchs bildet der Aufstieg auf schmalen Stufen zwischen innerer und äußerer Kuppelschale. In über 100 m Höhe bietet sich von dort ein wirklich erhabenes Panorama.

## Das Innere des Doms

Der Innenraum präsentiert sich nüchtern, seit man viele qualitätvolle Ausstattungsstücke im 19. Jahrhundert ins Museo dell'Opera del Duomo (➤ 110) brachte. Brunelleschi wünschte eine Mosaikverkleidung für das Kuppelinnere, doch im 16. Jahrhundert fand man ein Fresko des *Jüngsten Gerichts* von Giorgio Vasari und Federico Zuccari als eher angemessen. Seine Wirkung ist unbestritten prächtig, allenfalls zu dominant für Brunelleschis technisch-schlichten Entwurf.

Der Raum unter dem Tambour wird von drei kleineren Apsiden gesäumt, die mit je fünf Kapellen versehen sind und im Äußeren von Miniaturversionen der Kuppel bekrönt werden. Die Buntglasfenster des 15. Jahrhunderts schuf Brunelleschis Rivale Lorenzo Ghiberti.

In der Apsis nahe dem Südportal führt eine Treppe in die **Krypta** mit Grabungsfunden der Vorgängerkirche Santa Reparata aus dem 5. Jahrhundert, einem Buchladen und einer in den Boden eingelassenen schlichten Steinplatte hinter einem Eisengitter: Ihre Inschrift verweist auf das Grab des Architekten Filippo Brunelleschi. Allerdings sind die weiteren Überreste der Vorgängerkirche hier eher für Fachleute interessant.

**Der Opulenz der Domfassade steht im Innern erstaunliche Schlichtheit gegenüber**

## Campanile di Giotto – Glockenturm

Neben dem Dom erhebt sich auf quadratischem Umriss der elegante Campanile (Glockenturm), 1334 von Giotto (1266 bis 1337) entworfen, doch erst 22 Jahre nach dessen Tod von Andrea Pisano und Francesco Talenti vollendet. Die Originalskulpturen und -reliefs (heute Kopien) bewahrt das Museo dell'Opera del Duomo (➤ 110). Mit 84,7 m kaum weniger hoch als Brunelleschis

Domkuppel, bietet auch er spektakuläre Ausblicke über die Dachlandschaft der Stadt. Die erst im 19. Jahrhundert vorgeblendete Domfassade griff seine kunstvolle Verkleidung mit toskanischem Marmor in Weiß, Grün und Rosa auf – mit weit weniger Charme und Raffinesse.

**414 Stufen führen zur großen Terrasse des von Giotto entworfenen Campanile empor**

### Battistero – Taufkirche

Zum Dom gesellt sich als wichtige sakrale Stätte und ältestes Gebäude der Stadt das Battistero (Baptisterium), wie alle Taufkirchen Johannes dem Täufer geweiht. Laut Überlieferung stand hier ein Tempel für den römischen Kriegsgott Mars, der zu einer christlichen Kirche umgewidmet wurde. Das heutige Gebäude, das als typisches Beispiel toskanischer Protorenaissance aus dem 11. Jahrhundert stammt, wurde für Taufzeremonien genutzt, wie sie im frühen Christentum zweimal jährlich stattfanden. Der Außenbau ist mit weißem und grünem Marmor verkleidet, seine achteckige Form als Symbol der Ewigkeit war für Taufkirchen obligatorisch. Von 2014 an wurde die polychrome Marmorfassade einer gründlichen Säuberung unterzogen.

Zu den Attraktionen der Ausstattung zählen drei mächtige Bronzeportale: Das älteste, das **Südportal,** das Andrea Pisano 1330–36 schuf, zeigt in 20 Reliefs Szenen aus dem Leben des Johannes. Mehr als hundert Jahre später wollte die Zunft der Tuchhändler anlässlich der Errettung der Stadt vor der in der Toskana grassierenden Pest ein weiteres Portal in Auftrag geben. Hierzu wurde ein Wettbewerb veranstaltet, bei dem führende Bildhauer, darunter die Erzrivalen Brunelleschi und Ghiberti, Entwürfe mit der *Opferung Isaaks* einreichten (heute im Bargello, ➤ 72).

Zu Brunelleschis Bestürzung gewann er gemeinsam mit Ghiberti. Die Aussicht, zusammenarbeiten zu müssen, war für ihn unerträglich. Er gab die Bildhauerei ganz auf – und überließ Ghiberti den Auftrag für das **Nordportal,** um sich nunmehr ganz seiner Architektur zu widmen. Sein Rivale begann 1403 mit der Gestaltung von Szenen aus dem

Leben Christi. Ghibertis Portalreliefs fanden bei ihrer Vollendung 1424 so viel Beifall, dass man ihn mit weiteren Entwürfen für ein **Ostportal** beauftragte. Für die Ausführung benötigte er fast drei Jahrzehnte – mit solch triumphalem Ergebnis, dass der große Michelangelo es als **»Paradiestor«** titulierte. Die Bronzetafeln demonstrieren vollendet die die Renaissance einleitenden neuen Kunstprinzipien: Zehn quadratisch gerahmte Szenen aus dem Alten Testament werden zum Handlungsort unter souveräner Beachtung der Zentralperspektive. Die Originaltafeln findet man heute im Museo dell'Opera del Duomo (► 110), an Ort und Stelle Kopien aus jüngerer Zeit.

Zur Zeit ihrer Errichtung war die **Baptisteriumkuppel** mit 26 m Durchmesser die größte in ganz Europa. Im Inneren ganz mit glänzenden Mosaiken von venezianischen Handwerksmeistern nach Entwurf von Giotto und Giovanni Cimabue ausgekleidet, bildet sie ein eindrucksvolles Zeugnis Florentiner Wohlstands. Die zentrale Darstellung zeigt Christus, der mit seiner Rechten die von den Toten Auferstandenen im Himmel willkommen heißt, während er mit der Linken die verdammten Seelen verstößt. Neben ihm sind die Apostel, Maria mit Johannes d.T., darüber Engelschöre zu sehen. Darunter entfaltet sich die Weltgeschichte in 59 Einzelszenen, jeweils horizontal fortschreitend, beginnend über dem Eingangsportal: ganz oben *Die Genesis*, dann *Das Leben Josephs*, *Das Leben Jesu* und ganz unten *Das Leben Johannes des Täufers*.

**Oben: Detail der Glocken im Campanile**

**Unten: Ghibertis Ostportal des Baptisteriums (Detail):** ***Moses empfängt die Zehn Gebote***

**KLEINE PAUSE**

**Le Mossacce** (Via del Pronconsolo 55r, Tel. 055 29 43 61; www.trattorialemossacce.it; Mo–Fr 12–14.30, 19–21.30 Uhr) ist eine winzige Trattoria mit Holztischen, Tischsets aus Papier und herzhafter toskanischer Küche.

**208 A5 Piazza del Duomo**

**Dom, Kuppel und Campanile: 055 2 30 28 85; www.ilgrandemuseodelduomo.it**

**Dom: Mo–Fr 10–16.30, Sa 10–16.45, So 13.30–16.45 Uhr**

**Kuppel: Mo–Fr 8.30–18.20, Sa 8.30–17, So 13–16 Uhr**

**Domkrypta: Mo 10–16.30, Sa 10–16.45 Uhr**

**Campanile: Mo–So 8.15–18.50 Uhr**

**Baptisterium: Mo–Fr 8.15–10.15, 11.15–17, Sa 8.15–14.45, 17–18.30, So 8.15–13.30 Uhr**

**Einheitspreis (Museum inkl.) 15 €**

**C1, C2, 14 und 23**

**Das Dekor belebt die Fassade des Doms**

## BAEDEKER TIPP

- Ein **Fernglas** zur Betrachtung der Mosaiken in der Baptisteriumkuppel mitnehmen.
- Weder **Domkuppel** (463 Stufen) noch **Campanile** (414 Stufen) verfügen über einen Lift. Auch Kinder können beim Aufstieg überzählige Energie ablassen! Beide Bauten garantieren **atemberaubende Blicke** über Stadt und Hügelland. Für die (höhere) Kuppel, die beim Aufstieg neben den Panoramablicken auf den Dom Einsicht in ihre Konstruktion ermöglicht, muss man allerdings länger Schlange stehen.
- Ein Fresko Domenico di Michelinos im Dom zeigt **Dante Alighieri** (1265–1321), den bedeutendsten Dichter Italiens (Abb. ► 30). Dessen *Göttliche Komödie* wurde einst einer begeisterten Menge in dieser Kirche vorgetragen.
- Die **Liturgische Uhr** (1443) mit Propheten-/Evangelistenmedaillons von Paolo Uccello (Domfassade, Innenseite) bewegt sich gegen den Uhrzeigersinn.
- Im Baptisterium gibt es kostenlose, sehr informative **Audio-Guides**.
- Das **Grabmal Baldassare Cossas** (Gegenpapst Johannes XXIII.) im Baptisterium (1421–27) von Donatello (Bronzefigur) und Michelozzo ist eines der ersten Wandgräber der Renaissance.
- Das große **oktogonale Taufbecken** im Baptisterium sah zahlreiche prominente Täuflinge, darunter Dante Alighieri.

# 2 Galleria dell'Accademia

**Die Florentiner Accademia di Belle Arti wurde 1563 als erste Kunstakademie Europas zur Vermittlung der Techniken von Zeichnung, Malerei und Skulptur begründet. Die angegliederte Kunstsammlung mit dem Ziel der Lehre und Motivation ihrer Studenten reicht ins 18. Jahrhundert zurück.**

Michelangelos *Sklaven*, Beispiele seiner *non-finito*-Technik

**Michelangelos *David***
Heute möchte jeder den *David* (1501–04, ➤ 104) sehen, die berühmteste Skulptur der Stadt. Von Michelangelo im Alter von 29 Jahren aus einem Marmorblock gehauen, begründete das Meisterwerk von 4,1 m Höhe dessen Ruhm als herausragender Bildhauer. Wie sein Biograf Vasari bemerkte: »Nie fand man eine geschmeidigere Haltung, eine Grazie, die der seinen gleicht, Füße, Hände und Kopf so vollendet ausgewogen in Format, künstlerischer Qualität und Form.«

Die Skulptur zeigt David in meditativer Haltung, sich auf seinen Kampf mit Goliath vorbereitend, nicht in traditioneller Triumphpose (mit einem Fuß auf dem abgetrennten Kopf des besiegten riesigen Philisters). Ursprünglich auf der Piazza della Signoria aufgestellt (➤ 60), avancierte sie zum Symbol für Bürgerstolz und Freiheitsdrang der Florentiner Republik, bis man sie 1873 aufgrund statischer Bedenken in die Accademia verlegte – ein aufwendiges Unterfangen, für das man Straßen verbreitern und Bögen abtragen musste und das 40 Männer fünf Tage lang beschäftigte.

## BAEDEKER TIPP

- Der ***Cassone Adimari*** von Scheggia, eine prächtig bemalte Truhe für die Aussteuer einer Braut aus dem 15. Jahrhundert, zeigt Szenen aus dem Florentiner Alltagsleben.
- In Lorenzo Monacos Temperabild der ***Pietà*** säumen Passionssymbole die Christusfigur: Pilatus, der seine Hände (in Unschuld) wäscht (links unter dem Kreuz); 30 Silberlinge; das (von Petrus abgeschlagene) Ohr des Malchus; die auf die Verhaftung Christi anspielende Fackel (rechts unter dem Kreuz); die Verleugnung Petri (oben links); der Judaskuss (oben rechts).

### Weitere Highlights

Zu den weiteren »Klassikern« Michelangelos zählen seine dramatischen *Quattro Prigioni,* vier muskulöse, unvollendete »Sklaven«, ursprünglich bestimmt für das Grabmal Papst Julius II. in Rom, die sich aus dem Stein herauszukämpfen scheinen.

Doch die Accademia ist weit mehr als ein »Michelangelo-Museum«. Aufmerksamkeit verdienen auch Pacino di Buonaguidas an Buchmalerei erinnernder *Lebensbaum* (1310); die Tafeln von Taddeo Gaddis *Sakristeischränken* aus Santa Croce mit Darstellungen aus dem Leben Christi und des hl. Franz von Assisi (1330–35) sowie (im 1. Stock) Jacopo di Ciones *Krönung der Jungfrau* aus Santa Maria Novella (14. Jh.). Die Galerie des 19. Jahrhunderts schließlich besitzt Gipsbüsten von Größen der Welt- und Florentiner Lokalgeschichte: Machiavelli, Dante, Byron, Liszt … Wen können Sie außerdem erkennen?

**KLEINE PAUSE**

Zu Mittag ist die **Trattoria Mario** (➤ 117) eine gute Adresse für authentische Kost.

**204 A3 · Via Ricasoli 60 · 055 29 48 83; www.firenzemusei.it · Di–So 8.15–18.50 Uhr; letzter Einlass 30 Min. vor Schließung · Mehrere Linien, u. a. C1, 1, 6, 14, 23 · 8 €, bei Sonderausstel-lungen 12,50 €**

**Michelangelos *David* – Mythos in Marmor**

# 22 San Lorenzo & Cappelle Medicee

**Das zweitwichtigste Gotteshaus nach dem Dom ist San Lorenzo. Im 4. Jahrhundert geweiht, diente der erste Bau über Jahrhunderte als Bischofskirche von Florenz. Seit Beginn des 15. Jahrhunderts Familienkirche der Medici, wurde er nach Plänen des damals noch unbekannten Brunelleschi völlig umgestaltet. Trotz mehrerer Entwürfe (u. a. von Michelangelo) blieb die Fassade bis heute »unvollendet«.**

Brunelleschis eleganter Innenraum zählt zu den Meisterwerken früher Florentiner Renaissance. Ausgehend von Architekturprinzipien des mittelalterlichen Hallenbaus auf kreuzförmigem Plan, kombiniert er diese mit später für die Renaissance typischen Merkmalen: Rundbögen, Kassettendecke und grauem Sandstein aus Fiesole *(pietra serena)*, der die Wandgliederung hervorhebt.

Als Schatzkästlein kostbarer Kunstwerke wurde die Kirche größtenteils von den Medici finanziert. Besonders die **Sagrestia Vecchia** (Alte Sakristei), ebenfalls von Brunelleschi, ist ein architektonisches Juwel, beruhend auf einem quadratischen, von einer Kuppel überwölbten Kubus. Ihr Deckenfresko zeigt mit Tierkreiszeichen und Sternbild die Konstellation der Gestirne über Florenz am 4. Juli 1442.

**Die Cappelle Medicee tragen den Namen der großen Familie Medici**

Ein doppelgeschossiger **Kreuzgang** führt zur bedeutenden staatlichen **Biblioteca (Medicea) Laurenziana** mit einer der umfangreichsten Manuskript- und Inkunabelnsammlungen Italiens. Sie geht auf Pläne Michelangelos zurück, dessen *pietra-serena*-Treppenaufgang ein raumbestimmendes Glanzstück bildet.

## Cappelle Medicee – Medici-Kapellen

Die Cappelle Medicee, Familiengrablege der Medici, bestehen aus drei separaten Einheiten: Krypta, Cappella dei Principi und Sagrestia Nuova. Die kostbare **Cappella dei Principi** (Fürstenkapelle), 1604 begonnen, war erst 300 Jahre später vollendet. Ganz mit Marmor und Edelsteinen verkleidet, entstand sie in minutiöser Kleinarbeit durch Handwerker des Opificio delle Pietre Dure (➤ 112). Mit solch atemberaubendem Ergebnis, dass die Medici in dem als Mausoleum angelegten Raum auch Botschafter empfingen und Hochzeitszeremonien abhielten.

Über einen schmalen Korridor erreicht man die **Sagrestia Nuova** (Neue Sakristei), von Michelangelo als Grablege der Medici und Pendant zur Alten Sakristei entworfen. Durch geschickte Verwendung eines Rahmenwerks aus weißem und dunklem Marmor erzielte er den angemessenen feierlichen Raumeindruck. Daneben schuf er als Glanzlichter seines Werkes einige der hochrangigen Grabmäler: Allegorien von ***Nacht*** (eine schlafende junge Frau) und ***Tag*** (ein muskulöser Mann mit roh ausgearbeitetem Gesicht) sowie auf der gegenüberliegenden Seite ***Morgen*** und ***Abend,*** als Anspielung auf das Verrinnen der Zeit, der sich auch große Männer beugen müssen.

### KLEINE PAUSE

Testen Sie zu Mittag doch die Trattoria **Palle d'Oro** (Via Sant' Antonino 45r, Tel. 055 28 83 83; www.trattoriapalledorofirenze.com; Mo–Sa 12–14.30, 18.30–22 Uhr): Hier

**Deckenfresko in San Lorenzo**

**Michelangelos *Medici-Madonna* ist in der Sagrestia Nuova von den Arztheiligen Cosmas und Damian flankiert – eine Anspielung auf die Herkunft des Familiennamens der Medici (»Ärzte«)**

sind die kleinen Snacks und Sandwiches zum Mitnehmen beliebt. Sie können auch eine kleine Mahlzeit im einfachen Restaurant einnehmen.

---

203 E2

**San Lorenzo**
Piazza di San Lorenzo 055 21 40 42; www.operamedicealaurenziana.org
Kirche und Biblioteca Laurenziana Mo–Sa 10–17.30, So 13.30–17.30 Uhr
Kirche 5 €, Kirche und Biblioteca Laurenziana 7,50 €
C1, 14 und 23

**Cappelle Medicee**
Piazza Madonna degli Aldobrandini 6 055 2 38 86 02, Vorausbuchung 055 29 48 83 Mo–So 8.15–13.50 Uhr, letzter Einlass 30 Min. vor Schließung, geschl. 2. und 4. So im Monat, 1., 3. und 5. Mo im Monat
C1, C2, 6, 11 und 22 6 €, bei Sonderausstellungen 9 €, 1. So im Monat frei

## BAEDEKER TIPP

- Die **Bronzekanzeln** im Hauptschiff, letzte Werke des großen Donatello, zeigen einen Christuszyklus mit Passion und Auferstehung.
- ***Das Martyrium des hl. Laurentius*** (1659) in der nördlichen Apsis, ein gewaltiges manieristisches Fresko von Bronzino (eigtl. Agnolo Allori).
- ***Der hl. Joseph mit Christus in seiner Werkstatt*** von Pietro Annigoni (1910–88) in der Nordapsis ist eines der wenigen zeitgenössischen Werke, die man in Florenz findet.
- Die Kapelle mit der ***Vermählung Mariens*** (1523) von Rosso Fiorentino verwendet man heute zur Weihe von Verlobungsringen. Der Künstler verließ später Florenz, um in Frankreich zu arbeiten.
- Michelangelos ***Madonna mit Kind*** (1521) in der Sagrestia Nuova gilt als eine seiner reizvollsten Skulpturen.

# 23 San Marco

**Einer der erhebendsten Orte der Stadt ist das Dominikanerkloster San Marco, wo der malende Mönch Fra Angelico lebte und einen Großteil der Ausstattung schuf: zarte Fresken an den Wänden und Tafelgemälde, denen sanfte Farben und ruhige Landschaftskulissen eine mystische Heiterkeit verleihen. Auch der Maler Fra Bartolomeo, der hl. Antoninus, Bischof von Florenz, und der fanatische Bußprediger Girolamo Savonarola lebten eine Zeit lang im Kloster.**

## Baugeschichte

Kirche und Konvent stehen hier seit dem 13. Jahrhundert. 1437 beauftragte Cosimo de' Medici Michelozzo, die Anlage für den Dominikanerorden aus dem nahe gelegenen Fiesole zu erweitern. In den 1580er-Jahren wurde die vornehme, düstere Kirche erneuert, die etwa 200 Jahre später eine neue Fassade (wohl von Agostino Nobili) erhielt.

## Museo di San Marco

Hauptattraktion sind die Fresken Fra Angelicos in den Konventsgebäuden. Der Künstler gehörte dem Dominikanerorden an und arbeitete nicht nur in Florenz, sondern u. a. auch in Rom. Bereits im ersten **Kreuzgang** stößt man auf eines der bedeutendsten Fresken: *Der hl. Dominikus* (Ordensgründer) *mit dem Gekreuzigten.* Die Tür rechts vom Eingang führt zu einer kleineren Galerie in der ehemaligen **Pilgerherberge** mit sämtlichen Florentiner Werken

**Der Kreuzgang Sant'Antonino, Ort entspannter Kontemplation**

Fassade der Kirche San Marco

Fra Angelicos, die man nach dem Zweiten Weltkrieg hier zusammentrug, darunter *Die Kreuzabnahme* (1432) mit dem Porträt Michelozzos (Figur mit schwarzer Haube hinter Christus) und der *Linaioli-Tabernakel* von 1433.

Das großartige *Kreuzigungsfresko,* das im **Kapitelsaal** eine ganze Wand einnimmt, enthält ungewöhnlicherweise Figuren, die außerhalb des Lebensumfelds Christi angesiedelt sind, darunter die hll. Dominikus und Franziskus. Oben liegt das **Dormitorium,** am Treppenaufgang Fra Angelicos großartige *Verkündigung* (1442), ein Meisterwerk der in der Renaissance sich entwickelnden Zentralperspektive. 44 Mönchszellen bilden die Kulisse je eines Freskos von Fra Angelico oder einem seiner Schüler zum Leben Christi.

**KLEINE PAUSE**

Bei **Mimmo** speist man in einem Theater aus dem 17. Jahrhundert: Traditionelle toskanische Gerichte werden in einem schönen Ambiente serviert (Via San Gallo 57–59r, Tel. 055 48 10 30; www.ristorantedamimmo.it; Sa mittags und So geschl.).

---

**204 B3 Piazza San Marco 1 055 2 38 86 08**
**Kirche: tägl. 7–12, 14–20 Uhr. Museo di San Marco: Mo–Fr 8.15–13.50 und Sa, So 8.15–16.50 Uhr; 1., 3. (und 5.) So, 2. und 4. Mo des Monats sowie an manchen öffentlichen Feiertagen geschl.; letzter Einlass 30 Min. vor Schließung Mehrere Linien, u. a. C1, 1, 6, 14 und 23 4 €**

## BAEDEKER TIPP

- Kommen Sie früh, noch vor den Besuchermassen, und beginnen Sie die Besichtigung im 1. Stock, sodass Sie die Abgeschiedenheit der Mönchszellen wahrnehmen.
- Rechnen Sie mindestens **2 Stunden** für den Museumsrundgang.
- Achten Sie im Erdgeschoss auf Fra Angelicos 35 Szenen aus dem ***Leben Christi.*** Es handelt sich um ursprünglich dekorative Schranktafeln, die jedoch außerordentlich komplex im Entwurf sind.
- Nicht verpassen: Domenico Ghirlandaios ***Letztes Abendmahl*** im Refektorium (links vom Treppenaufgang ins Obergeschoss).

**Außerdem:** Zu den reizvollsten Freskendarstellungen gehören die in den **Mönchszellen**: *Kreuzabnahme* (Zelle 2); *Verkündigung* (Zelle 3); *Kreuzigung* (Zelle 4); *Verklärung* (Zelle 6); *Dornenkrönung* (Zelle 7); *Krönung Mariens* (Zelle 9).

- Die ehemaligen Prioratszellen 12–15 dienen heute als **Gedenkstätte Savonarolas** mit Erinnerungsstücken, darunter ein Porträt Fra Bartolomeos.
- Doppelzelle 38–39 diente **Cosimo il Vecchio** als stiller Rückzug. Beachtenswert ist das Fresko der *Anbetung der Könige.*

# Nach Lust und Laune!

## 24 Loggia del Bigallo

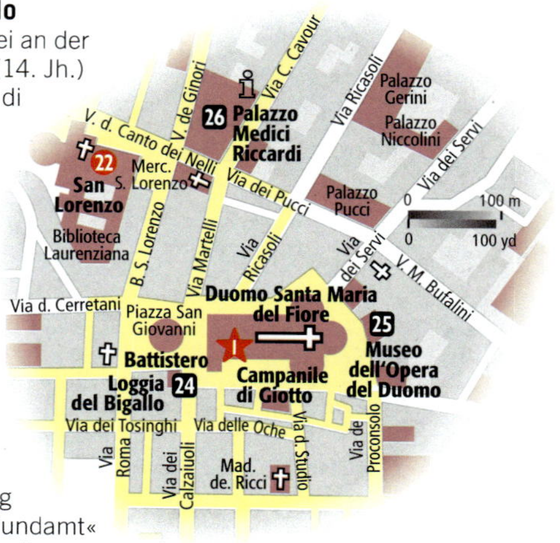


Leicht läuft man vorbei an der marmornen Vorhalle (14. Jh.) am Domplatz (Piazza di San Giovanni/Via dei Calzaiuoli), errichtet für die Misericordia, eine der bedeutenden wohltätigen Erzbruderschaften. Sie war im 15.Jahrhundert mit der des Bigallo (»Doppelhahn«) verbunden, die ähnliche soziale Anliegen vertrat und dem Gebäude seinen Namen gab. Jahrelang diente der Bau als »Fundamt« für unerwünschte Säuglinge. Die verlassenen Kinder wurden für drei Tage aufgenommen. Erhoben in dieser Zeit keine Eltern einen Anspruch, gab man sie weiter zu Pflegestellen. Heute beherbergt hier ein kleines **Museum** (ganzjährig geöffnet) die Kunstsammlung beider Organisationen, darunter das Fresko *Madonna della Misericordia* (1342) aus der Schule Bernardo Daddis mit der ältesten Ansicht von Florenz.

**Loggia del Bigallo, direkt am lebhaften Domplatz**

**203 E1/2 Piazza di San Giovanni Mi bis Mo 10–14, 15–18.50 Uhr C2 5 €**

## 25 Museo dell'Opera del Duomo

Nach drei Jahren Umbau ist das Dommuseum Ende 2015 wieder eröffnet worden. Die mit 750 Exponaten umfangreichste Sammlung Florentiner Kunst aus Mittelalter und Renaissance ist auf 6000 qm in 28 Räumen auf drei Etagen ausgestellt. Darunter gibt es Werke von Michelangelo, Donatello, Arnolfo di Cambio, Lorenzo Ghiberti, Andrea

Pisano, Antonio Del Pollaiolo, Luca della Robbia und Andrea del Verrocchio. Ursprünglich befanden sie sich in der Kathedrale, im Campanile und im Baptisterium. Gleich im Erdgeschoss wird man vom Nachbau im Maßstab 1:1 der nie vollendeten Domfassade überrascht. Dort wurden einige der Originalskulpturen, u. a. eine Madonna mit Kind von Arnolfo di Cambio, aufgestellt. Gegenüber befinden sich die restaurierten Originalpforten des Baptisteriums (➤ 100, Abb. ➤ 101). Von dort geht es weiter zu zwei Hauptwerken, der spektakulären Magdalena von Donatello und einer Pièta von Michelangelo. Weiter oben dokumentieren Fassadenvorschläge für den Dom in Skizzen und Modellen den Wandel im Architekturgeschmack zwischen dem 15. und 19. Jahrhundert, u. a. ein Modell der Kuppel sowie ein Foto der Grundsteinlegung der Fassade von 1860 durch König Vittorio Emanuele II. samt Maurerkelle und weiteren Memorabilien. An den Architekten Brunelleschi erinnern seine Totenmaske (1446), eine Rekonstruktion des Gerüsts, das er entwickelte, und Arbeitsgeräte.

**204 A2 Piazza del Duomo 9**
**055 2 30 28 85; www.ilgrandemuseodelduomo.it Mo–So 9–19 Uhr, jeden 1. Di im Monat geschl.**
**C1 und C2 15 €**

**Detail der *Pietà* Michelangelos im Museo dell'Opera del Duomo**

## 26 Palazzo Medici Riccardi

Der bahnbrechende Bau des massiven Palazzo, fast 100 Jahre Sitz der Medici, bedeutete einen Wendepunkt in der Renaissancearchitektur. Hinter seinen klotzigen Wänden verbirgt sich eine der reizvollsten Kapellen der Stadt, bis heute eine der besterhaltenen Innenraumdekorationen des 15. Jahrhunderts.

Cosimo il Vecchio, Begründer der Dynastie, der ein besonderes Faible für Architektur besaß, zählt zu den großen Inspiratoren der Renaissancekunst in Florenz. Als Entwürfe Brunelleschis für seinen Palast in seinen Augen zu protzig gerieten, beauftragte er seinen Lieblingsarchitekten Michelozzo mit der Errichtung eines dezenteren Symbolbaus. Dessen schwere Rustikafassade aus mächtigen, roh behauenen Steinquadern erwies sich als stilbildend für andere Renaissance-Palazzi.

Der Palast war Familiensitz der Medici (1444–1540). In dieser Zeit trachteten sie danach, die alte Adelselite der Stadtrepublik zu entmachten. Ehemalige Schlüsselbauten wie Duomo (➤ 94) und Palazzo Vecchio (➤ 76) verloren zunehmend an Bedeutung, wäh-

Die weiträumige Sala di Luca Giordano

rend der neue Medici-Palast zum unbestrittenen Machtzentrum avancierte. Heute sind im Palazzo Medici Riccardi (in den der Name eines späteren Besitzers einfloss) die Amtsräume der Stadtpräfektur untergebracht.

Unbestrittenes Juwel ist die **Cappella dei Magi,** deren Fresken in opulenten Farben den *Zug der Könige* zeigen. Sie wurden vermutlich im Auftrag von Cosimos ältestem Sohn Piero dem Gichtigen 1459 bis 1463 von Benozzo Gozzoli ausgeführt. Angesiedelt in einer toskanischen Ideallandschaft, besitzen sie eine fast märchenhafte Anmutung – magische Szenen mit exotischen Vögeln, prächtig geschmückten Pferden, Herrschergestalten und trutzigen Burgen. An ihrem Straußenfederemblem kann man Mitglieder der Medici-Familie ausmachen – an der rechten Wand Pieros Sohn Lorenzo Il Magnifico (auf weißem Pferd in der Mitte), gefolgt von Cosimo (auf einem Schimmel), dazwischen Piero (ohne Hut), sowie dessen Bruder Lorenzo (mit kegelförmigem Hut, zu Pferde). Den Künstler selbst erkennt man in der dem König folgenden Menge. Um die Kapelle aufzusuchen, durchqueren Sie zunächst den ersten Hof, treten dann durch die Tür links und über das Treppenhaus in den 2. Stock, dann führt eine Tür links in die Kapelle.

Die **Sala di Luca Giordano** (1. Stock) mit verschwenderischem Stuck, gemalten Spiegeln und Leuchtern erinnert an den neapolitanischen Maler des Deckenfreskos der *Apotheose der Medici.* Filippo Lippis ernste *Madonna mit Kind* in einem angrenzenden Raum diente ursprünglich als Altarbild der Palastkapelle. Das Gebäude wird für Wechselausstellungen genutzt.

**204 A2 Via Cavour 1**
**055 2 76 03 40; www.palazzo-medici.it**
**Do–Di 9–19 Uhr C1, 14 und 23 7 €**

## 27 Museo dell'Opificio delle Pietre Dure

Wiederum die Medici führten in Florenz eine neuartige Mosaiktechnik ein: Einlegearbeiten aus *pietre dure,* »harten Steinen« (Marmor und Halbedelsteine). Ferdinando I. gründete das **Opificio** 1588 als Werkstätte für die mit der Ausstattung des Familienmausoleums beschäftigten Handwerker – der Cappella dei Principi (► 106) als spektakulärstem Beispiel ihrer Profession. Heute im ehemaligen Konvent San Niccolò logierend, dient das Opificio als staatliche Ausbildungsstätte dieses einzigartigen Florentiner Kunstge-

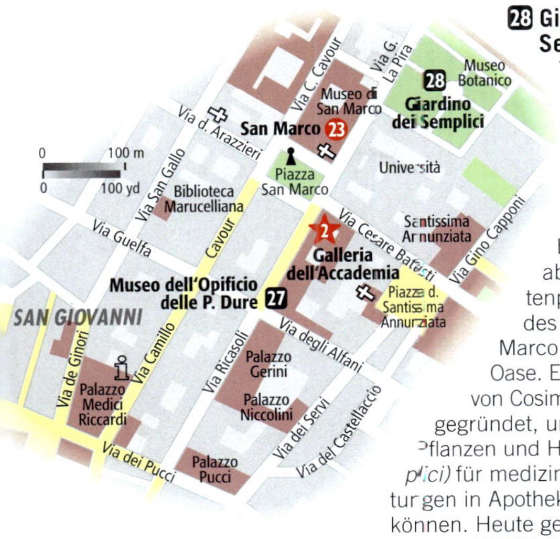


werbes. Das angegliederte kleine **Museum** präsentiert eine exquisite Sammlung: Diverse Marmorsorten und Handwerksgeräte finden sich hier neben einer großartigen Auswahl an Objekten: Kabinette, Vasen, Tische, Rahmen, sogar Porträts der Medici-Großherzöge – als *pietre-dure*-Halbedelsteineinlagen oder in *Scagliola*-Technik, einer preiswerteren Imitation in Stuckmarmor.

**204 A3 Via degli Alfani 78 055 26 51 11; www.opificiodellepietredure.it Mo–Sa 8.15–14 Uhr C1 4 €**

## 28 Giardino dei Semplici

Trotz einer gewissen Verwilderung präsentiert sich der **Botanische Garten** von Florenz, der verborgen abseits der Touristenpfade jenseits des Klosters San Marco liegt, als grüne Oase. Er wurde 1545 von Cosimo I. de' Medici gegründet, um exotische Pflanzen und Heilkräuter *(semplici)* für medizinische Zubereitungen in Apotheken kultivieren zu können. Heute gehört er mit seinen rund 9000 Spezies zum Botanischen Institut der Universität. Zehn Minuten Hagel im November 2014 haben 90 Prozent des Bestands der schönen alten Bäume beschädigt.

**204 B3 Via Micheli 3 055 2 75 74 02; www.ortobotanicoitalia.it/toscana/unifirenze April–Mitte Okt. tägl. 10–19, Mitte Okt.–März Sa–Mo 10–17 Uhr Mehrere Linien, u. a. C1, 1, 7, 11 und 17 € €**

***pietre-dure*-Arbeiten im Museum: Schmetterlinge in kunstvoller Gestaltung**

**Fresko Andrea del Sartos im Vorhof von Santissima Annunziata**

## 29 Santissima Annunziata

Von Serviten gegründet, entwickelte sich die Kirche zu einem bedeutenden Wallfahrtsort mit späteren Um- und Erweiterungsbauten, beginnend unter Michelozzo 1444–77.

Gleich links ist das **Gnadenbild** der Muttergottes in einem Marmortabernakel (stark restauriert). Als 1252 ein Mönch beim Malen mit dem Antlitz Mariens kämpfte, schlief er angeblich ein und fand beim Aufwachen das von einem Engel fertiggestellte Fresko vor. Das später im Barockstil umgestaltete Innere wird durch farbigen Marmor, reichlich Gold und freskenverzierte Seitenkapellen bestimmt: Die **Cappella Feroni** (Feronikapelle, 1. links) von Giovanni Battista Foggini gilt als ein Florentiner Barockjuwel.

Durch einen später angefügten Portikus gelangt man in den **Vorhof.** Die freskierten Bogenfelder (Szenen aus dem Leben Christi sowie des Ordensheiligen Filippo Benizzi) stammen von führenden lokalen Künstlern: Pontormo, Rosso Fiorentino, Alesso Baldovinetti und Andrea del Sarto.

Die loggienumsäumte **Piazza SS. Annunziata** mit Kirche und Findelhaus (➤ 115) gilt als eine der elegantesten Platzanlagen der Stadt; im Zentrum stehen ein Reiterdenkmal Ferdinandos I. von Giambologna und zwei manieristische Brunnen. Sie ist alljährlich Schauplatz wichtiger Feste: an Mariä Verkündigung (*Annunciazione*, 25. März) und der *Festa della Rificolona* (7. Sept.) – wo man in einem farbenfrohen Laternenumzug der Geburt der Madonna gedenkt.

**204 B3 · Piazza Santissima Annunziata · tägl. 7.30–12.30, 16–18.30 Uhr · 6, 14, 23, 31 und 32 · frei**

## 30 Museo Archeologico

Ein willkommenes Kontrastprogramm zur Renaissance mit Stippvisite in der Antike bietet Italiens bedeutendste **Etruskische Sammlung** neben einer der führenden zur **Ägyptischen Kunst**. Nach schweren Schäden durch die Flutkatastrophe von 1966 (➤ 36) werden einige der Exponate nicht mehr ausgestellt. Besondere Highlights: ein ägyptischer Kampfwagen aus Holz und Knochen (14. Jh. v. Chr., Fundort: Theben); die sog. *François-Vase*, ein bemalter Volutenkrater aus einem Etruskergrab bei Chiusi (um 570 v. Chr.); eine etruskische Bronze-*Chimäre* (5. Jh. v. Chr.) als merkwürdiges Mischwe-

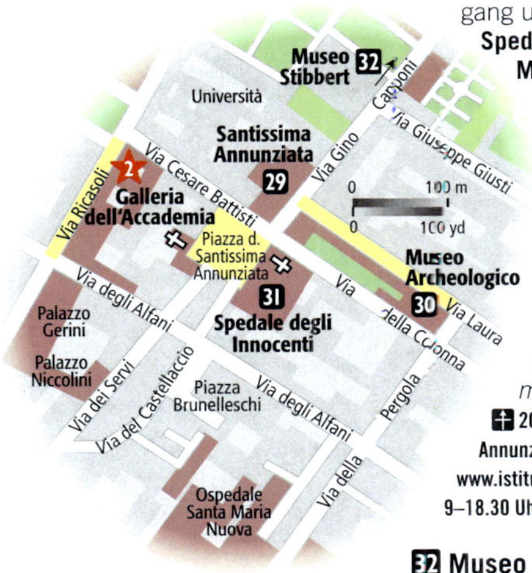


sen mit Löwenkörper, Ziegenkopf und Schlangenschwanz.

**204 B3 Piazza SS. Annunziata 9b; www.musei.firenze.it/museo-archeologico-nazionale.htm Sa–Mo 8.30–14, Di–Fr 8.30 bis 19 Uhr 6, 14, 23, 31 und 32 4 €**

## 31 Spedale degli Innocenti

Als erstes Waisenhaus Europas (bis heute in Betrieb) wurde 1445 in Florenz das **Findelhaus** gegründet und bereits im selben Jahr wurden die ersten Babys, die »Innocenti« (Unschuldigen), aufgenommen. Seither konnten Mütter ihre unerwünschten Säuglinge anonym auf ein drehbares Steinrad *(ruota)* legen und eine Glocke läuten – eine Art frühe »Babyklappe«.

Das **Gebäude** Filippo Brunelleschis im Auftrag der Seidenweberzunft (Arte della Seta) ist ein viel kopiertes Musterbeispiel der Frührenaissance mit einer lang gestreckten schlanken Loggia aus Rundarkaden, deren Jochhöhe fast exakt ihrer Breite entspricht, elegant gegliedert durch die Abfolge grauer Steinbänder und weiß verputzter Wandflächen. Liebevoll gestaltete Terrakottamedaillons von Andrea della Robbia an der Fassade zeigen Wickelkinder. Ein Kreuzgang und das **Museo dello Spedale degli Innocenti MUDI** mit einer reichen Sammlung an Kunstwerken (Gemälden aus der Zeit vom 14. bis 17. Jh.) sind für Besucher zugänglich. Zu sehen sind u. a. Ghirlandaios *Anbetung der Heiligen Drei Könige* sowie eine Botticelli zugeordnete *Mutter mit Kind.*

**204 B3 Piazza Santissima Annunziata 12 055 2 03 73 08; www.istitutodeglinnocenti.it Mo–Sa 9–18.30 Uhr 6, 14, 23, 31 und 32 3 €**

## 32 Museo Stibbert

Das um das Jahr 1860 von Frederick Stibbert gegründete Museum ist ein wahres Raritätenkabinett: In über 60 Räumen sieht man Waffen, eine Sammlung von mehr als 10 000 Rüstungen, Kostüme, Möbel, Skulpturen, Bilder aus dem 16. bis 19. Jahrhundert und Kuriositäten. Aufregend für Kinder ist die **Sala della Cavalcata,** in der europäische und orientalische Reiterfiguren in Originalgröße ausgestellt sind.

**204 bei B5 Via Stibbert 26 055 47 55 20; www.museostibbert.it**
**Museum: Mo bis Mi 10–14, Fr–So 10–18 Uhr; Park: April bis Okt. Fr–Mi 8–19, Nov.–März Fr–Mi 8–17 Uhr Bus 4 von Santa Maria Novella in 15 Min. Museum: 8 €; Park: frei**

**Babyerkennungszeichen im Museum des Spedale degli Innocenti**

# Wohin zum ... Essen und Trinken?

**Preise**
für ein Drei-Gänge-Menü (ohne Getränke und Service):
**€** unter 20 Euro **€€** 20–45 Euro **€€€** über 45 Euro

## Casa del Vino €

Das »Haus des Weines« ist, wie schon sein Name andeutet, eine Osteria, wo man Wein trinkt oder kauft. Durch die Nähe zum Mercato Centrale (► 119) drängen sich oft die (einheimischen) Besucher – Touristen trifft man eher selten. Alle Weine kann man in Flaschen kaufen, viele davon werden auch glasweise an der Bar zu leckeren *crostini* (Toasts) oder *panini* (Sandwiches) ausgeschenkt.

**203 E2 Via dell'Ariento 16r; www.casadelvino.it 055 21 56 09 Sept.–Juli Mo–Sa 9.30–20.30 Uhr**

## Coquinarius €€

Ein absolutes Muss, Vorbestellung dringend empfohlen. Riesige gerahmte Poster auf weiß gestrichenen Wänden bestimmen die Atmosphäre, in der man Fantastisches serviert: Die Gemüse-Quiche ist köstlich, und für die Ravioli mit Ziegenkäse-Birnen-Füllung würde wohl so mancher seinen letzten Cent geben.

**204 A1 Via delle Oche 11r 055 2 30 21 53; www.conquinarius.it tägl. 12.30–15.30, 18.30–23 Uhr**

## Gozzi Sergio €–€€

Schlichte Trattoria, in der man stolze Portionen deftiger Florentiner Küche aus Spitzenprodukten des nahen Mercato Centrale (► 119) auf den Tisch bringt. Die Karte mit Klassikern ist übersichtlich: Zu *minestrone di verdura* (Gemüsesuppe), *bistecca alla fiorentina* (► 14) und als Dessert *cantucci* (Mandelkekse), die man in *Vin Santo* tunkt, trinkt man kräftigen Hauswein.

Montags und donnerstags gibt es *trippa* (► 15), dienstags und freitags frischen Fisch. Hervorragend und günstig.

**203 E2 Piazza San Lorenzo 8r 055 28 19 41 Mo–Sa 12–15 Uhr; Aug. geschl.**

## La Giostra €€

Der Habsburger Erzherzog Soldano führt sein Restaurant unter dem Motto »in food we trust« – es wird viel Wert auf Qualität und die traditionelle toskanische Küche gelegt, wobei immer auch aktuelle Richtungen der Kochkunst einbezogen sind. Der Chef des Hauses bewirtet jeden Abend persönlich seine vielen Gäste. Gute Küche und großes Weinsortiment. Die Weine, u. a. aus der Toskana und dem Piemont stammend, ruhen zunächst einige Zeit im Weinkeller, ehe sie das Essen begleiten.

**204 B1 Borgo Pinti 10r 055 24 13 41; www.ristorantelagiostra.com tägl., Sa mittags und So geschl.**

## La Mescita Fiaschetteria €

*Fiaschetterie* sind traditionelle Weinbars. Hier werden die Weine glasweise zu einer preiswerten Auswahl kleiner Häppchen oder einfacher Gerichte serviert, zum Beispiel Pasta. Besonders mittags randvoll mit Studenten, die es sich angesichts der fairen Preise sichtlich schmecken lassen.

**204 B2 Via degli Alfani 70r, Ecke Via dei Servi 33 36 50 02 73 Mo–Sa 11–15 Uhr**

### Nerbone €
Unter den preiswerten, gut besuchten Restaurants der Stadt ist kaum eines so originell wie das winzige Lokal an einer lebhaften Ecke des Mercato Centrale. Marktleute und einheimische Kunden drängen sich an Tischen und Theken und wählen leckere Zwischengerichte und einfache warme Mahlzeiten (Pasta, Eintöpfe, Suppen) – lange bewährt und für gut befunden ist das Nerbone seit seiner Eröffnung im Jahr 1872.

**203 E3 Mercato Centrale 055 21 99 49 Mo–Sa 7–14 Uhr**

### Taverna del Bronzino €€€
Seit Jahren überzeugt das elegante und nicht gerade billige Lokal die örtliche und touristische Hautevolee in einem reizvollen Ambiente mit raffinierter regionaler Küche – Fleisch- wie Fischgerichte sind immer wieder ausgezeichnet. Man speist hier in einem Gebäude aus dem 16. Jahrhundert.

Die Speisekarte mit Klassikern wie *bistecca alla fiorentina* (➤ 14) oder *tagliatelle al Chianti* wird durch kreativere und wechselnde Tagesmenüs ergänzt. Darunter sind *rigatoni al ragù bianco d'anatra* (Bandnudeln mit Entensauce), *rombo al forno con olive* (Steinbutt aus dem Ofen mit Oliven).

Obwohl das Restaurant etwas abseits im Norden, nahe dem Museo di San Marco (➤ 108) liegt, lohnt sich auch ein etwas längerer Weg dorthin.

**203 F4 Via delle Ruote 27r 055 49 52 20; www.tavernadelbronzino.com Mo–Sa 12.30–14.30, 19.30–22.30 Uhr; Aug. geschl.**

### Trattoria Mario €
Bei Mario, einer Florentiner Institution, macht man keine Zugeständnisse an schicke Einrichtung oder stilvolles Dinieren. Ein völlig unprätentiöser Platz zum Essen (nur mittags) am Mercato Centrale für Studenten, Einkaufsbummler und Händler. Montags und dienstags gibt es *trippa* (➤ 15), Kutteln auf Florentiner Art zubereitet, freitags Fisch – und die ganze Woche dasselbe Dessert: *cantucci* (Mandelkekse), die man in den Dessertwein *Vin Santo* tunkt.

**203 E3 Via Rosina 2r/Piazza del Mercato Centrale 055 21 85 50; www.trattoria-mario.com Mo–Sa 12.30–15.30 Uhr**

### Zanobini €
Wie die nahe Casa del Vino (➤ 116) ist auch das Zanobini eine einfache Weinbar mit Holzwänden, meist gut besucht von einheimischem Publikum (und immer gern empfohlen), und das trotz ihrer etwas dezentralen Lage abseits der Besucherströme rund um den San-Lorenzo-Markt (➤ 119). Hier trinkt man sein Gläschen Wein zu deftigen Brotscheiben mit Käse oder Salami.

In einem Hinterzimmer kann man viele der Weine auch in Flaschen kaufen.

**203 E2 Via Sant'Antonino 47 055 2 39 68 50 Mo–Sa 9–14, 16–20 Uhr; an Feiertagen geschl.**

### Zà-Zà €
Früher wurde es leicht übersehen, doch heute ist das Zà-Zà lang schon etabliert und auch wegen seiner Lage nahe dem Mercato Centrale (➤ 119) so beliebt, dass man gelegentlich auf einen Tisch warten muss.

Bei einem Besuch versteht man gleich, aus welchem Grund: rustikale Steinwände, an denen Bilder und alte Fotos hängen (und ein weiterer, größerer Speiseraum liegt im Keller); meisterhafte Küche mit den Basics der Region bei günstigen Festpreisen und Auswahl aus mehreren verführerischen Menüs. Tipp: Versuchen sollte man die zu Recht »zelebrierten« warmen Antipasti und leckere *crostini* (Röstbrot) mit Taleggio-Käse, Pfeffer und Essig.

**203 E3 Piazza del Mercato Centrale 26r 055 21 54 11; www.trattoriazaza.it tägl. 11–23 Uhr**

# Wohin zum ... Einkaufen?

**Im Norden kauft man gern auf einem der großen Märkte ein: dem Lebensmittelmarkt Mercato Centrale und dem Straßenmarkt von San Lorenzo. Auch findet man hier ausgezeichnete Buch-, Feinkost- und Weinläden.**

## BÜCHER UND CDS

### Alberti

Die Fundgrube für CDs und DVDs für alle Musikliebhaber. Am Borgo San Lorenzo ist man spezialisiert auf Oper, Klassik und Jazz, im Laden an der Via de' Pucci auf Dancefloor-, Pop- und Rock-Musik.

**203 E2 Borgo San Lorenzo 45–49r und Via de' Pucci 41–47 055 29 42 71 oder 055 28 43 46; www.albertinuova.it Beide Läden: Mo 15.30–19.30, Di–Sa 9–19.30 Uhr**

### Feltrinelli Librerie

In dieser landesweiten Buchhandelskette geht es geschäftig zu: Auf mehreren Stockwerken findet man Titel auf Italienisch und in Fremdsprachen, darunter besonders viele Titel auf Englisch. Eine noch größere Auswahl gibt es im Schwesterladen. Die Filiale westlich des Doms bietet eine gute Auswahl an Stadtführern und -plänen.

**203 E2 Via Cerretani 30r 055 238 2652; www.lafeltrinelli.it Mo–Fr 9.30–20, Sa 10–20, So 10.30–13.30, 15.30–20 Uhr**

### Paperback Exchange

Der etablierte Secondhand-Buchladen südlich des Doms bietet eine größere Auswahl englischer Titel zu (italienischen) Kunstthemen. Großer Umschlag an gebrauchten Paperbacks (wie schon der Name andeutet …).

**204 A1 Via dell'Oche 4r 055 29 34 60; www.papex.it Mo–Fr 9–19.30, Sa 10.30–19.30; Sa nachmittags Juli, Aug. geschl.**

## LEBENSMITTEL UND WEIN

### Eataly

2500 qm italienische Esskultur: Aus jeder Region des Stiefels die besten Gaumenfreuden, Bücher zum Thema und Kochkurse – südländische Atmosphäre vor Ort und für zu Hause! Eataly ist Teil eines Unternehmens, das in Turin gegründet wurde, um dem Fast Food Aspekte der Nachhaltigkeit und der Verantwortung entgegenzusetzen. Das Konzept der Eataly-Märkte steht dem Slow Food sehr nahe, das ja eng mit dem Piemont verbunden ist.

**204 A2 Via Martelli 22r 055 0 15 36 10; www.firenze.eataly.it tägl. 10–22.30 Uhr**

### Foccaceria Pugi

In Florenz sein und nicht einmal eine *schiacciata* bei Pugi kaufen? Das stößt bei Florentinern auf Unverständnis. Schließlich ist das leicht gesalzene, mit Olivenöl beträufelte Fladenbrot schön feinporig, weich und knusprig. Gut ist übrigens alles, was hier aus dem Ofen kommt.

**203 F3 Piazza San Marco 9/B 055 28 09 81; www.focacceria-pugi.it Mo–Sa 7.45–20 Uhr**

### Robiglio

Die traditionelle Pasticceria (oder Manufaktur für Backwaren und Pasta) unterhält drei Läden in Florenz. Das Hauptgeschäft bildet ein elegantes Ambiente für eine Tasse Tee oder Kaffee zu den exquisiten Kuchen. Ein weiterer Laden liegt südlich des Doms an der Via de' Tosinghi.

**204 B2 Via dei Servi 112r 055 21 45 01; www.robigliocatering.com Mo–Sa 7.30–20 Uhr**

## HAUSHALTSWAREN

### Bartolini

Die 1921 gegründete Firma ist ein solcher Fixpunkt im Stadtbild, dass Einheimische ihre Niederlassung gern als »angolo Bartolini« (Bartoliniwinkel) bezeichnen. Hier erhält man, was immer man für den Haushalt braucht, neben feinem Porzellan und Glaswaren von weltweit führenden Herstellern (wie Alessi, Wedgwood, Spode oder Riedel).

**204 B2 Via dei Servi 72r 055 29 14 97; www.bartolinifirenze.it Mo–Sa 10–19.30 Uhr**

### Frette

Der international bekannte italienische Hersteller produziert feine Heimtextilien, wie Bett- und Tischwäsche, in unverwechselbarem Design.

**204 A2 Via Cavour 2 055 21 13 69; www.frette.com Mo 15–19, Di–Sa 10–19, So 11–18 Uhr**

## MÄRKTE

### Mercato Centrale

Der Florentiner Zentralmarkt verdient ebenso Beachtung wie die berühmten Museen der Stadt. 1874 eröffnet, ist er heute der größte überdachte Lebensmittelmarkt Europas, ein eindrucksvoller Bau aus Stein, Eisen und Glas. Erbaut wurde er von Giuseppe Mengoni, jenem Architekten, der die berühmte Galleria Vittorio Emanuele in Mailand entwarf.

Nach einem gelungen Umbau gibt es in der oberen Etage hippe Esslokale, Bars und eine Kochschule. Unten bieten die Stände weiterhin Käse, Schinken, Fleisch- und Wurstwaren, Olivenöle, Pasta sowie eine riesige Palette weiterer Lebensmittel für den alltäglichen Bedarf wie für Gourmets. Ideal zum Erwerb von Mitbringseln oder Picknickzutaten für einen Ausflug. Weine kauft man in der Regel besser in *Osteria*-Läden wie Zanobini (► 117) oder Casa del Vino (► 116).

**203 E3 Via dell'Ariento Juli, Aug. Mo–Sa 7–14; im Winter Sa auch 16–20 Uhr**

### Mercato San Lorenzo

Auf dem Markt von San Lorenzo um die gleichnamige Markthalle erhält man neben T-Shirts und günstiger Kleidung auch Lederjacken, Schuhe, Hand- und Reisetaschen zu moderaten Preisen. Die Qualität der Lederwaren ist oft überraschend gut und die Preise für einen Markt recht hoch, doch aufgrund der starken Konkurrenz lässt sich zuweilen handeln.

Achtung: Günstiger kauft man auf dem Tagesmarkt am Parco delle Cascine (► 142). Und: besonders im Gedränge Vorsicht vor Taschendieben!

**203 E2/3 Piazza del Mercato/Via Panicale/Via Sant'Antonino Di–Sa 8–19 Uhr**

## PAPIER UND SCHREIBWAREN

### Il Papiro

Papierwaren und Geschenkartikel aus typisch florentinisch marmoriertem Papier oder bedrucktem Leder, edle Tinten und Federn, Siegel und Siegelwachs, Tage- und Notizbücher.

**203 F2/F3 Piazza del Duomo 24r und Via Cavour 49r 055 28 16 28 und 055 21 52 62; www.ilpapirofirenze.it Mo–Sa 10–13, 14–19, So 10–18 Uhr**

## PARFÜMS/KOSMETIK

### Farmacia SS Annunziata

Dieser Laden, der seine Produkte in alten Holzschränken unter dekorativem Gewölbe präsentiert, wurde 1561 gegründet, als der kräuterkundige Domenico di Vincenzo Brunetti in die Nähe der Kreuzung Via dei Servi/Via degli Alfani zog.

Ob Rosmarinseife oder Salbeizahnpasta, Babyshampoo mit Kamille oder ein ausgefallenes Heidelbeer-Aftershave – alles ist handgefertigt nach Originalrezepten und geht in der firmentypischen edlen schwarz-weißen Verpackung über den Ladentisch (► 28).

**204 B2 Via dei Servi 80r 055 21 07 38; www.farmaciassannunziata1561.it Mo–Fr 9–19.30, Sa 10–13 Uhr**

# Wohin zum ... Ausgehen?

**Der nördliche Teil der Stadt mag tagsüber Studenten und Touristen in Scharen anziehen, doch abends wird es ruhiger, da die meisten ins Oltrarno-Viertel jenseits des Flusses weiterziehen. Doch gibt es auch hier Livemusik in Bars oder in der einen oder anderen Kirche ein klassisches Konzert zu hören.**

## JAZZ, FOLK UND KLASSIK

Klassik, Jazz und andere Livemusik bietet regelmäßig der Club **Lyceum** (Via degli Alfani 48r, Tel. 055 2 47 82 64; www.lyceumclubfirenze.net), Kirchen wie San Lorenzo oder der Dom zuweilen Gastkonzerte mit Chor- oder Orgelmusik – Genaueres bei den Touristeninformationen (➤ 43) oder auf Anschlägen am jeweiligen Veranstaltungsort.

## LIVEMUSIK UND BARS

Die beste Adresse für südamerikanische Musik ist das populäre **Girasol** (Via del Romito 1, Tel. 055 47 49 48; www.girasol.it; tägl. 19–3 Uhr; vom Zentrum nur mit dem Taxi, da nördlich der Fortezza da Basso gelegen). Livemusik u. a. aus Brasilien und Kuba, gehaltvolle Cocktails, Salsakurse und DJs, die auflegen.

Das seit 20 Jahren bestehende **Auditorium Flog** (Via Michele Mercati 24b, Tel. 055 47 79 78, Tickets 055 21 08 04; www.flog.it) noch weiter nördlich erweist sich bis heute als Lieblingsadresse für Fans von Livemusik erfolgreicher italienischer und internationaler Bands.

Für einen Cocktail in einer gestylten American Bar bietet sich das **Porfirio Rubirosa** an (195 E5, Viale Filippo Strozzi 18, Tel. 055 49 09 65; www.porfirio-rubirosa.it; Mo–Do 19–2, Fr, Sa 19–3 Uhr), in dem man zur Happy Hour verschiedene Häppchen und gutes Sushi essen kann.

Kaum Sorgen um Rentabilität muss sich der Club **Tenax** (Via Pratese 46, Tel. 055 30 81 60; www.tenax.org; Okt.–Mai Fr und Sa ab 22 Uhr) in einem nördlichen Vorort in der Nähe des Flughafens Peretola machen, denn als etablierte Riesendisco mit gelegentlichen Live Acts zählt er zu den führenden Night Spots der Stadt. Die nächtliche Exkursion dorthin lohnt sich, wenn Sie einmal eine lokale Band live erleben wollen oder dann und wann auch internationale Stars (Hinweise finden Sie in der Presse oder auf Postern). Ansonsten sorgen DJs für Musik von House bis Latin und wechselnde Themennächte. Sehr geräumig mit mehreren Bars und reichlich Sitzgelegenheiten.

## THEATER UND KONZERTE

Im schönen **Teatro della Pergola** aus dem Jahr 1755 mit seinen vier Logenreihen (196 C2, Via della Pergola 12/32, Tel. 055 2 26 41; www.teatrodellapergola.com) finden regelmäßig Theaterproduktionen und Kammerkonzerte sowie im Frühsommer auch einige Aufführungen im Rahmen des **Maggio Musicale Fiorentino** (➤ 35) statt.

Am Rand des Zentrums und umspült von den Verkehrsmassen, fungiert die riesige Festung von 1534, die **Fortezza da Basso** (Viale Filippo Strozzi), heute als Mehrzweckhalle. Überwiegend wird sie für Messen genutzt. Auch in den Hallen des ehemaligen Stazione Leopolda (Viale Fratelli Rosselli 5; www.stazione-leopolda.com) werden regelmäßig Messen, Ausstellungen, Performances sowie im Mai das internationale **Theaterfestival Festival Fabbrica Europa** (http://fabbricaeuropa.net) organisiert.

# Der Westen



## Kleine Erlebnisse

### In Handarbeit

Im Mai kann man wunderbar im Garten der Prinzessin flanieren und den **Kunsthandwerkern** bei ihrer Arbeit zusehen (➤ 34).

### Duftende Schönheit

Ein Museum des Duftes: Parfüms, Seifen, Potpourris in der einstigen **Klosterapotheke von Santa Maria Novella** (➤ 134).

### Der Authentische

Mozzarella aus den verschiedenen Regionen Italiens wird bei **Obikà** (➤ 139) in florentinischem Ambiente angeboten.

# Erste Orientierung

**In diesem ältesten, höchst vielseitigen Viertel von Florenz findet man noch Spuren des römischen Lagers Florentia und enge mittelalterliche Gassen – nunmehr gesäumt von prächtigen Bauten der Renaissance, erbaut, als die Reichen der Stadt miteinander um die schönsten Paläste, Kirchen und Denkmäler wetteiferten.**

Der Bezirk erstreckt sich vom Hauptbahnhof Santa Maria Novella (einem der wenigen modernen Gebäude im Zentrum) bis zum Ponte Vecchio, älteste Brücke der Stadt und eines ihrer Wahrzeichen. Zu entdecken gibt es hier jede Menge – von der ehrwürdigen Kirche Santa Maria Novella und ihren zahlreichen Kunstschätzen über den Palazzo Davanzati, der einen anschaulichen Eindruck vom Leben der wohlhabenden Oberschicht im Mittelalter vermittelt, bis zur verkehrsumtosten Piazza della

**Fassadenvolute an Santa Maria Novella – eine Erfindung L. B. Albertis**

## TOP 10



## Nach Lust und Laune!



Repubblica und ihren Straßencafés. Auch einkaufen lässt es sich hier bestens, zum Beispiel in den Nobelläden von Gucci, Prada, Bulgari und anderen in der Via de' Tornabuoni.

**Links oben: In Florenz lässt es sich herrlich leben – links eine Enoteca, rechts eine Osteria**

# An einem Tag

**Die folgende Route beschreibt eine Möglichkeit, wie Sie einige der interessantesten Sehenswürdigkeiten im Westen der Stadt an einem Tag aufsuchen können. Die einzelnen Highlights werden im Folgenden (➤ 126 ff) näher beschrieben.**

### 10:00

Nehmen Sie sich ausreichend Zeit für die grandiose gotische Kirche 8 **Santa Maria Novella** (➤ 130), einen wahren Tempel der Sakralkunst – mit Meisterwerken wie den Fresken in der Spanischen Kapelle (➤ links). Ebenfalls einen Besuch wert ist das angrenzende **Museo di Santa Maria Novella** (➤ 132).

### 11:30

Zur Kaffeepause bietet sich die imposante 38 **Piazza della Repubblica** (➤ 135) mit ihrem bombastischen Triumphbogen an – einziges Relikt der kühnen Neugestaltungspläne, die Florenz während seiner wenigen Jahre als Hauptstadt Italiens hegte. Hier sähe es heute anders aus, wären die damaligen (für die historische Substanz fatalen) Absichten des Architekten Giuseppe Poggi um 1864 verwirklicht worden: Die Stadtmauern sollten zum größten Teil eingerissen, die Stadt in zwei große Viertel geteilt werden.

### 12:00

Ein Florenzaufenthalt sollte von einem schönen **Einkaufsbummel** gekrönt sein, ist die Stadt doch Heimat prominenter Adressen wie Gucci und Ferragamo (➤ 18, 134). Im westlichen Stadtbezirk findet man ein großes Angebot: vom Topcouturier bis hin zu Märkten wie dem Blumenmarkt, der am Donnerstagmorgen unter dem Portikus der Piazza della Repubblica stattfindet. In den Nebenstraßen locken zahlreiche Kunstgewerbeläden mit edlen Stoffen, Keramik, Leder, Rahmen und vielem mehr.

### 13:30

Auf dem quirligen 39 **Mercato Nuovo** (➤ 136) können Sie sich unters Marktvolk mischen und eine Portion *trippa* (Kutteln) zu Mittag verzehren. Möchten Sie es etwas vornehmer, lenken Sie Ihre Schritte zur gediegenen **Cantinetta Antinori** (➤ 138) in Richtung Santa Maria Novella.

### 15:00

Wenn Sie Ihren Einkaufsbummel entlang der turbulenten Via Por Santa Maria fortsetzen, gelangen Sie zum 5 **Ponte Vecchio** (oben; ➤ 126) – es ist wohl einer der malerischsten Anblicke von Florenz,

wo sich (sieht man von den glitzernden Juwelierläden ab) seit 1593 tatsächlich wenig geändert hat.

## 16:00

Wenige Touristen verirren sich in die Kirche **41 Santa Trinita** (► 136), obwohl es hier einen der interessantesten Freskenzyklen von Florenz zu sehen gibt: Domenico Ghirlandaios *Szenen aus dem Leben des hl. Franziskus.* Sie sind in der Cappella Sassetti im rechten Querschiff zu bewundern. Außer den auf Renaissancebildern gängigen Prominenten fügte der Künstler auch topografische Details der Stadt ein, darunter die Kirche selbst. Vielleicht haben Sie Lust, im Anschluss an der Piazza della Repubblica ein wenig in einem Buchladen wie dem **RED** (► 140) zu stöbern.

## 17:30

Nun empfiehlt sich ein Abstecher in die **Via de' Tornabuoni** (► 140), die eleganteste Einkaufsmeile von Florenz. Über den üppigen Auslagen in den wunderschönen Vitrinen sollte man jedoch nicht die Prunkpaläste außer Acht lassen, die reiche Bankiers und Händler sich hier während der Renaissance errichten ließen.

Zur Erholung auf diesem Stadtbummel könnten Sie einen der recht zahlreichen gemütlichen Tea Rooms aufsuchen.

## 20:00

Für den Abschluss des Tages bietet sich ein Besuch bei **Oliviero** (► 139) an, wo man toskanisch-italienische Küche genießen kann.

# 5 Ponte Vecchio

**Die »Alte Brücke«, im Herzen von Florenz gelegen und eines seiner Wahrzeichen, ist auf beiden Seiten von einem Gewirr kleiner Gebäude gesäumt, die auf Holzstützen *(sporti)* über den Fluss hinauskragen und mit ihren orange- und ockerfarbenen Fassaden äußerst malerisch wirken. Abends wird sie von Einheimischen auf der *passeggiata* bevölkert. Die Brücke mit den drei steinernen Bögen wurde seinerzeit an der schmalsten Stelle über den Arno gebaut und diente als Verbindung des historischen Zentrums mit dem Oltrarno-Viertel (➤ 145).**

Als einzige der Florentiner Brücken überstand der Ponte Vecchio schadlos den Zweiten Weltkrieg: Beim Rückzug der deutschen Truppen 1944

blieb er (möglicherwe se auf Anweisung Hitlers) von Zerstörung verschont. Eine hölzerne Brücke hatte hier bereits seit der Römerzeit existiert und war schließlich 1345 durch diesen eventuell von Taddeo Gaddi entworfenen Steinbau ersetzt worden, der den Fluten des Arno besser zu trotzen vermochte. Die Ostseite war im Jahr 1565 mit dem überdachten Durchgang des **Corridoio Vasariano** (➤ 66) versehen worden.

Anders als heute, wo schicke Juweliergeschäfte das Bild beherrschen, gingen hier im Mittelalter Metzger und Fischhändler ihrem Gewerbe nach, ebenso Gerber, die ihre Felle vor dem Beizen mit Pferde-Urin acht Monate ins Wasser des Flusses hängten. Zur leichteren Reinigung der Brücke beließ man eine Lücke in der Bebauung. Diesem ganzen »anrüchigen« Treiben bereitete vermutlich Großherzog Ferdinando I. ein Ende, der täglich auf dem Weg

**Nach Restaurierung der Kriegsschäden sieht die Brücke heute wieder weitgehend so aus wie im 16. Jahrhundert**

**FLUTKATASTROPHE**

Hochwasser, Schlachten und Bomben hat der Ponte Vecchio über die Jahre unversehrt überstanden – bis zum 4. November 1966, als ein furchtbares Unwetter die Region heimsuchte und auch die ehrwürdige Brücke in Mitleidenschaft zog (➤ 36). Die schlimmste Katastrophe, die Florenz je erlebte, richtete immensen Schaden an der historischen Substanz der Stadt an: Viele Schätze des Museo Archeologico und der Biblioteca Nazionale sowie 8000 Gemälde im Untergeschoss der Uffizien wurden vernichtet, und die Kirche Santa Croce ertrank in Wasser und Schlamm.

zum Palazzo Pitti die Brücke passierte und 1593 hier Juweliere und Goldschmiede ansiedelte.

**KLEINE PAUSE**

Zu Recht seit Langem beliebt ist das kleine Kellerrestaurant **Buca dell'Orafo** (Volta di Girolami 28r, Tel. 055 21 36 19; www.bucadellorafo.com; Mo 19.30–22, Di–Sa 12–14.30, 19.30–22 Uhr).

**207 E4** **Ponte Vecchio** **B und D** **frei**

**Links: Die pittoreske Brücke ist ein ideales Motiv für Maler**

**Rechts: Abends werden die Verkaufsräume auf der Brücke mit Holzläden verschlossen**

## MORD AUF DER BRÜCKE

Im Zuge eines Streits zweier Florentiner Adelsfamilien wurde 1215 am Fuße der Brücke wegen eines gebrochenen Eheversprechens Buondelmonte de' Buondelmonti durch die Amidei, Brüder der verschmähten Braut, ermordet. Dies geschah vor dem Hintergrund des tief gehenden Konflikts zwischen den alteingesessenen, um ihre feudalen Privilegien besorgten Ghibellinen und den Guelfen als »Emporkömmlingen«, die wesentlich für den wirtschaftlichen Aufschwung der Stadt verantwortlich waren und sie im 13. Jahrhundert zunehmend auch politisch beherrschten. Kämpfe zwischen papstfreundlichen Schwarzen Guelfen und »weißen« Opponenten führten zu bürgerkriegsähnlichen Zuständen und 1302 zur Ausweisung der Weißen, darunter des Dichters Dante Alighieri (► 30).

## BAEDEKER TIPP

- Fotobegeisterte kommen in Florenz auf ihre Kosten, gibt es doch immer wieder tolle Ausblicke und faszinierende Ansichten. Die wohl **schönsten Fotos** des Ponte Vecchio gelingen bei Sonnenuntergang vom Ponte Santa Trinita aus.
- Im Jahr 1900 wurde **Benvenuto Cellini,** berühmtester Florentiner Goldschmied der Renaissance, mit einer Büste auf der Brücke geehrt (rechts).

# 8 Santa Maria Novella

**In diesem ergreifend schönen Gotteshaus trifft man auf Meisterwerke von Giotto, Brunelleschi, Domenico Ghirlandaio und Filippino Lippi sowie im Kreuzgang nebenan auf höchst kostbare Fresken.**

Hervorgegangen ist das mächtige Bauwerk aus der kleinen Kapelle Santa Maria delle Vigne (Heilige Jungfrau von den Rebstöcken), 1221 von Dominikanern in den Weinbergen außerhalb der Stadt gegründet. Sie hatte einen großen offenen Platz für Andachten vor dem Eingang. Ab 1278 entstand hier auf Initiative der Ordensbrüder Fra Sisto und Fra Ristoro die größte Klosteranlage von Florenz. Sie war erst Mitte des 14. Jahrhunderts vollendet. Die Kirche wurde bereits 1420 geweiht, ihre schöne mit weißem und grünem Marmor verkleidete **Fassade** 1458 unter der Leitung des Architekten Leon Battista Alberti (➤ 135) fertiggestellt. Dabei verschmolz er vorhandene gotische mit Renaissance-Elementen zu einem harmonischen Ganzen – etwa bei den großen Spiralvoluten im oberen Bereich (Detailabb. ➤ 122), mithilfe derer er die Dächer der Seitenkapellen kaschierte.

Die elegante Hauptfassade von Santa Maria Novella, deren oberstes Geschoss Leon Battista Alberti gestaltete

## Innenraum

Das Kircheninnere, dessen lichte Gewölbe sich über ein weites Schiff spannen, bietet Florentiner Gotik vom Feinsten. Das Mittelschiff erscheint auf den ersten Blick extrem lang – eine optische Täuschung, hervorgerufen durch die konvergente Platzierung der Säulen zum Altar hin. Von der ursprünglichen Freskenpracht an den Wänden ist wenig übrig, da sie im 16. Jahrhundert übertüncht und viele Fenster verkleinert wurden, denn es wurden Seitenkapellen eingebaut. In der Mitte des linken Seitenschiffs prangt Masaccios epochales Fresko ***La Trinità*** (1427, Abb. ➤ 23): in der Mitte unter einem kassettierten Tonnengewölbe der gekreuzigte Heiland, darunter Maria und Johannes, darüber Gottvater und der Heilige Geist (in Form einer Taube unter dessen Bart). Links und rechts unten im Eck außerhalb der Kapelle sind kniend die Stifterfiguren der Familie Lenzi postiert, die dieses frühe Meisterwerk perspektivischer Darstellung in Auftrag gaben.

Die Fresken der etwas erhöht im östlichen Querschiff liegenden **Cappella Strozzi** (14. Jahrhundert) zeigen Szenen aus Dantes *Göttlicher Komödie*: im Zentrum das *Jüngste Gericht,* flankiert von *Paradies* und *Hölle.* Die Gestalt des Dichters ist unter den Engeln des *Paradieses* auszumachen, gemeinsam mit Heiligen und Mitgliedern der Familie Strozzi.

**AUF DER PIAZZA**
Ab 1563 initiierte Cosimo I. de' Medici Pferde- und Wagenrennen auf dem Platz vor der Kirche. Die beiden auf Schildkröten ruhenden **Obelisken** in der Mitte (Bronzearbeiten wohl von dem Bildhauer Giambologna) markierten einst die Wendepunkte auf der Rennstrecke.

Die Hauptkapelle des Allerheiligsten, die **Cappella Tornabuoni** hinter dem Altar, wurde von der gleichnamigen Familie nach der Pestepidemie des Jahres 1348 in Auftrag gegeben. Domenico Ghirlandaios 1485 bis 1490 entstandene Fresken zum ***Leben der Heiligen Jungfrau*** (links) und dem ***Leben Johannes des Täufers*** (rechts) spiegeln den damaligen Florentiner Alltag, mit Porträts der Würdenträger unter Glorifizierung der Tornabuoni, die betend auf der gegenüberliegenden Seite erscheinen. Ihre stolze Zurschaustellung auf dem Fresko und die enge Verbindung zu den Medici (Giovanni Tornabuoni war Geschäftsführer der Medici-Bank und Onkel Lorenzos des Prächtigen) sollen den Ordensbruder Savonarola (➤ 12, 76) so erbost haben, dass er den gesamten Zyklus als profan und frivol verdammte.

Die **Cappella di Filippo Strozzi** zur Rechten ist mit Fresken (1487–1502) von der Hand Filippino Lippis ausgeschmückt, von einem der ersten Manieristen der Stadt. Auch der Entwurf des Buntglasfensters der Kapelle wird ihm zugeschrieben. Die **Sakristei** wiederum birgt als Kleinod von Giotto ein *gemaltes Holzkruzifix* (um 1290).

## Museo di Santa Maria Novella

Die **Kreuzgänge** *(Chiostri Monumentali)* neben der Kirche (separater Eingang) werden als Museum genutzt, mit zwei Hauptattraktionen: Cappellone degli Spagnoli und **Chiostro Verde** (Grüner Kreuzgang), benannt nach dem vorherrschenden Farbton auf Paolo Uccellos nur fragmentarisch erhaltenen Fresken des frühen 15. Jahrhunderts (Kasten ➤ 133).

Der **Cappellone degli Spagnoli** (Spanische Kapelle), ursprünglich Kapitelsaal des Dominikanerklosters, wurde im 16. Jahrhundert von Eleonora von Toledo, der Gattin Cosimos I., zum Andachtsraum für ihre aus Spanien stammende in Florenz ansässige Entourage umgewidmet. Auf wandfüllenden Fresken, dem größten Wandgemälde des späten 14. Jahrhunderts, verherrlichte hier Andrea (di Bonaiuto) da Firenze den Kampf der Dominikaner gegen die Ketzerei: Auf einer Sektion der rechten Wand werden sie explizit als »Hunde Gottes« (lat. *Domini canes)* dargestellt, die verirrte Schafe heim in die Herde führen. An der linken Wand markiert ***Der Triumph des Thomas von Aquin*** den Anspruch der Theologie, das Wissenssystem der Scholastik auf eine sichere (Glaubens-)Basis zu stellen (Thomas von Aquin wirkte als Philosoph und Angehöriger des Dominikanerordens). Der heute als Unteroffiziersschule der Carabinieri genutzte **Chiostro Grande** (Großer Kreuzgang) kann nur mit Sondergenehmigung besichtigt werden.

***Vertreibung Joachims aus dem Tempel*** **– Ghirlandaios Fresken in der Cappella Tornabuoni sind im Florentiner Alltagsleben des 15. Jahrhunderts angesiedelt**

**KLEINE PAUSE**

Venezianische Kaffeehauskultur unter Muranoglas wird im **Caffè Florian** (Via Parione 28r, Tel. 055 28 42 91, tägl. 9–24 Uhr) serviert. In den hinteren Räumen gibt es täglich einen Light Lunch und ein mehrgängiges Abendessen unter zeitgenössischer Kunst!

**203 D2** **Piazza di Santa Maria Novella**
**Museum: 055 28 21 87** **Kirche und Museum: April–Sept. Mo–Do 9–19, Fr 11–19 Uhr, Okt.–März bis 17.30 Uhr, Juli/Aug. 8–18.30, So 13–17.30 Uhr**
**Mehrere Linien, darunter 6, 11, 12, 36, 37 und C2** **5 €**

**Nonnen im Kreuzgang von Santa Maria Novella vor der Spanischen Kapelle**

## BAEDEKER TIPP

- Kommen Sie **früh am Tag** vor dem großen Ansturm.
- Halten Sie **Kleingeld** für die Beleuchtung der Fresken und Ausleihe von **Ferngläsern** bereit, mit denen sich deren Details erforschen lassen.
- Das ***Holzkruzifix*** (1420) in der Cappella Gondi (links von der Hauptkapelle) hat eine besondere Geschichte: Als Filippo Brunelleschi Donatellos Kruzifix in Santa Croce (➤ 56) als »Bauern am Kreuz« schmähte, meinte jener, er solle es doch besser machen. Ergebnis war dieses Holzkreuz.
- In der Nähe befindet sich der **Giardino Corsini.** Der Garten ist nur an einem Maiwochenende der Öffentlichkeit zugänglich (➤ 34).
- An der Piazza di Santa Maria Novella wurde im Sommer 2014 das **Museo Novecento** neu eröffnet, mit ca. 300 Gemälden, Skulpturen und Installationen aus dem 20. Jh. (Mo–So ab 10 Uhr; 8,50 Euro).

**Außerdem:** Paolo Uccellos **Fresken im Chiostro Verde** zeigen Szenen aus dem Alten Testament wie die *Erschaffung der Tiere, Adam und Eva*, den *Sündenfall, Kain und Abel, Arche Noah, Sintflut* (mit Cosimo de' Medici als segnender Lichtgestalt Noah). Die Fresken wurden beim Hochwasser von 1966 teilweise irreparabel beschädigt.

# Nach Lust und Laune!

## 33 Officina Profumo-Farmaceutica di Santa Maria Novella

Unweit Santa Maria Novella findet man eine der ältesten Apotheken der Welt, im Jahr 1221 gegründet von Dominikanermönchen. Im Garten zogen sie Heilpflanzen für die Klinik des Klosters.

Als 1612 die Apotheke für die klosterexterne Kundschaft geöffnet wurde, gewannen ihre Produkte schnell europaweit an Ruf, und was heute an Kosmetika oder Düften (➤ 28) anmutig verpackt über den Ladentisch wandert, ist größtenteils nach alten Rezepten hergestellt.

**202 C2 Via della Scala 16 055 21 62 76; www.smnovella.it Mo–So 9–20 Uhr 6, 11, 12, 36, 37 und C2 frei**

**Hübsche Fläschchen in der Officina Profumo-Farmaceutica di Santa Maria Novella**

## 34 Ognissanti

Die Kirche Ognissanti (Allerheiligen), im 13. Jahrhundert vom Humiliatenorden erbaut, wurde Hauskirche der Vespucci, einer wohlhabenden Handelsdynastie, deren Spross Amerigo als Namengeber für die Neue Welt zu Ruhm gelangte. Domenico Ghirlandaio verewigte ihn auf seinem Fresko *Madonna della Misericordia* (*Schutzmantelmadonna,* 1472) in der zweiten Seitenkapelle rechts: als Knaben zur Linken der Jungfrau. In der Mitte des Kirchenschiffs wartet rechts ein eindrucksvolles Fresko des *Hl. Augustinus* (1480) von Sandro Botticelli (der in der Kirche begraben liegt), links als Pendant Ghirlandaios *Hl. Hieronymus* (1480). Von ihm stammt auch das *Letzte Abendmahl* (1480) im angrenzenden **Refektorium.** Zum Reliquienschatz der Kirche gehört die Mönchskutte, die angeblich der hl. Franziskus trug, als er seine Stigmata empfing.

**202 C2 Borgo Ognissanti 42; www.chiesaognissanti.it Mo–Do/Sa 9–12.30, So 9–10,16–17.30 Uhr C3, D, 36, 37 und 13 frei**

### DESIGNER SHOPPING

- In der **Via de' Tornabuoni** sind alle bekannten Edelmarken mit Läden vertreten: Prada, Trussardi, Bulgari, Ferragamo, Gucci, Pucci, Tiffany, Giorgio Armani und Hermès.
- Auch die **Via della Vigna Nuova** ist ein anspruchsvolles, teures Pflaster, wo sich viel einheimischer Designernachwuchs tummelt.

## 35 Palazzo Strozzi

Der größte Palast von Florenz wurde im 15. Jahrhundert für den Bankier Filippo di Matteo Strozzi erbaut – zur Machtdemonstration und Demütigung seiner Erzfeinde, der Medici. 15 ältere Gebäude mussten für diesen Prunkbau weichen – seinen Grundstein hatte der abergläubische Bauherr zu einem von seinen Astrologen empfohlenen Termin legen lassen.

Erlebt hat er die Fertigstellung des Gebäudes allerdings nicht mehr – ein Meisterwerk Florentiner Renaissancebaukunst mit nur drei Stockwerken, die jedoch jeweils so hoch sind wie ein durchschnittlicher Palast. Alle sind mit Rustikaquadern verkleidet, die nach oben hin immer regelmäßiger und glatter werden. Heute sind hier kulturelle Institutionen untergebracht, und der erste Stock dient renommierten Kunstausstellungen.

In den Kellerräumen des Kulturzentrums **Centro di Cultura Contemporanea Strozzina** findet stets ein engagiertes Programm mit Ausstellungen, Installationen, Kurzfilmen und Performances statt.

**207 D5 Piazza degli Strozzi 055 2 64 51 55; www.palazzostrozzi.org; www.strozzina.org Fr–Mi 10–20, Do bis 23 Uhr 6, 11, C1, C2 10 €**

## 36 Museo Marino Marini

In der 1809 säkularisierten romanischen Kirche San Pancrazio wurde 1988 das erste Museum für moderne Kunst der Stadt eingerichtet. Circa 180 Werke des Bildhauers, Malers und Grafikers Marino Marini (1901–80) – der vor allem durch seine Pferdedarstellungen bekannt ist – kann man in modern konzipierten Räumen mit 360-Grad-Einblicken betrachten. 2013 wurde die angrenzende Kapelle, die seit den Zeiten Napoleons zugemauert war, nach langen Restaurierungsarbeiten dem Besucher zugänglich gemacht: Der hier errichtete prunkvolle **Sacello del Santo Sepolcro** von Leon Battista Alberti ist das Grabmal von Giovanni Rucellai.

**207 D5 Piazza San Pancrazio 055 21 94 32; www.museomarinomarini.it Mi–Sa und Mo 10–17 Uhr 6, 11, 22, C1, C2 6 €**

## 37 Palazzo Rucellai di Leon Battista Alberti

Der reiche Kaufmann Giovanni Rucellai ließ 1451 den großen Palazzo Rucellai bauen: Er gilt als das anschaulichste Exemplar der Renaissancearchitektur in Florenz. Er wurde von Baumeister Leon Battista Alberti (1404–72) entworfen, nach dessen genauen Vorstellungen: »schön verziert, fein artikuliert und vornehm, statt prunkvoll und imposant«. Einige Jahre darauf wurde nach Albertis Plänen gegenüber die gleichnamige Loggia errichtet. Noch heute wird der Palast von der Familie Rucellai bewohnt und ist daher nicht zugänglich.

**207 D5 Via della Vigna Nuova 18 6 und 11**

## 38 Piazza della Repubblica

Dieser Platz spielt seit jeher eine bedeutende Rolle in der Geschichte von Florenz: Hier erstreckte sich das Forum des römischen Florentia, hier wurde im Mittelalter der wichtigste Markt der Stadt

abgehalten – die **Colonna dell'Abbondanza,** ein Säulenmonument mit allegorischer Figur des »Überflusses«, zeugt noch heute davon. Später befand sich an dieser Stelle das Zentrum des jüdischen Gettos. Sein heutiges Gesicht mit dem monumentalen **Triumphbogen** erhielt der Platz durch den Architekten Giuseppe Poggi. Vielen Einheimischen ästhetisch ein Dorn im Auge, sind seine Straßencafés doch immer gut besetzt.
**207 E5 Piazza della Repubblica C2 frei**

## 39 Mercato Nuovo

Einen Markt gab es hier schon im 11. Jahrhundert. Der ein halbes Jahrtausend später errichtete Bau diente zunächst Gold- und Silberhändlern

sowie Bankiers als Geschäftsstätte. Heute beherrschen Lederwaren, Souvenirs und Tand aller Art das Bild, und die Loggia ist an Sommerabenden regelmäßig von Straßenmusikanten okkupiert. Präsent ist immer auch die eine oder andere *tripperia* – ein mobiler Verkaufsstand für *trippa* (Kutteln) in *panini* (Brötchen), die man sich am besten zu einem Glas Weißwein schmecken lässt.

In der **Loggia** markiert ein Marmorkreis den Standort des einstigen Prangers, an dem betrügerische Händler mit faulem Obst und Gemüse beworfen wurden. Das bronzene Wildschweinchen ***Porcellino*** von Pietro Tacca am Südrand des Platzes ist die Kopie eines römischen Originals aus dem 17. Jahrhundert (heute in den Uffizien). Hier befindet sich auch der Glücksbringer Porcellino (➤ Kasten unten).
**207 E4 Loggia del Porcellino, Via Porta Rossa tägl. 9–18.30 Uhr C2 frei**

## 40 Palazzo Davanzati

Im ehemaligen stattlichen Domizil der Familie Davizzi aus dem 14. Jahrhundert residiert heute das **Museo della Casa Fiorentina Antica.** Es bietet ein lebendiges Bild vom Leben der Florentiner Adligen, Geschäftsleute und Künstler im Mittelalter. Besonders sehenswert sind die Loggia im Erdgeschoss und die Raumflucht der ersten Etage *(Salone Madornale, Sala dei Pappagalli, Sale dei Merletti Studiolo)*, außerdem die *Camera del Pavoni* und zwei Räume zum Thema Spitzenklöppeln. Den zweiten und dritten Stock (Schlafgemächer sowie Speisesaal und Küchen) kann man nur mit Voranmeldung besichtigen.
**207 E4 Via Porta Rossa 13 055 238 8610; Voranm.: 055 2 38 86 10 tägl. 8.15–13.50 Uhr; am 1., 3. (und 5.) Mo, 2. und 4. So des Monats geschl. C2 2 €**

## 41 Santa Trinita

Die spätgotische, im Grundriss Santa Maria Novella nachempfundene Pfarrkirche beherbergt diverse Grabkapellen von Familien, die Palazzi in diesem Bezirk bewohn-

### Nasenpolitur

Dem *Porcellino* am Mercato Nuovo die Nase zu reiben, bringt Glück – und soll den Besucher angeblich eines Tages nach Florenz zurückbringen.

Domenico Ghirlandaios Fresko *Begräbnis des hl. Franziskus* in der Kirche Santa Trinita

ten, darunter die der Strozzi, Davanzati, Spini und Doni. In ihrer Ausstattung schienen sie danach zu streben, einander zu überbieten.

Der ursprünglich recht schmucklose Bau aus dem 11. Jahrhundert erhielt 1593 die heutige Barockfassade. Die **Cappella Scali** (2. im linken Querschiff) birgt eines der schönsten Grabmäler der Stadt: Es wurde von Luca della Robbia (1454–57) für Benozzo Federighi, den Bischof von Fiesole, gestaltet. Besonders hübsch ist die Einfassung durch bunte Kacheln mit floralen Motiven.

Glanzstück des ganzen Sakralbaus jedoch ist die im rechten Querschiff gelegene **Cappella Sassetti** mit Ghirlandaios Freskenzyklus zum *Leben des hl. Franziskus von Assisi* (1483–86). Er verbindet die Heiligenlegende mit humanistischem Gedankengut und einer Selbstdarstellung des Stifters Francesco Sassetti. Innerhalb der Lebensstationen des Heiligen bis zu seinem Tod (Abb. ➤ oben) zeigen sie u. a. die wundersame Rettung eines Kindes bei einem Fenstersturz – ein Fresko, an dessen rechtem Rand sich der Künstler selbst verewigte. Das Florenz zu Lebzeiten des Künstlers bildet die Kulisse, mit Bauwerken (darunter Santa Trinita noch mit gotischer Fassade) und prominenten Zeitgenossen wie Lorenzo dem Prächtigen. Er war mit dem Stifterpaar Sassetti befreundet, das betend beiderseits des Altars abgebildet ist.

**207 D4 ✉ Piazza Santa Trinita ⊙ Mo–Sa 8–12, 16–18, So 8–10.45 und 16–18 Uhr; Messen: Mo–Sa 7.30 und 18.30, So 7.30, 11 und 18.30 Uhr 🚌 C3 und D ✋ frei**

**KAFFEE UND KUCHEN**

- **Giubbe Rosse** (Piazza della Repubblica 13–14r): Im schönen Zwanzigerjahre-Ambiente trafen sich einst Künstler und Intellektuelle.
- **Giacosa** (➤ 139): In dem eleganten Konditorei-Café an der Via della Spada wurde der *Negroni*-Cocktail (Martini, Gin und Campari) erfunden.
- **Procacci** (➤ 142): Nobles Refugium. Man kann hier die Trüffelsuche bei vorzüglichen *panini tartufati* (Trüffeltörtchen) fortsetzen.

# Wohin zum ... Essen und Trinken?

**Preise**
für ein Drei-Gämge-Menü (ohne Getränke und Service):
**€** unter 20 Euro **€€** 20–45 Euro **€€€** über 45 Euro

**Lokale sind im Westteil der Stadt zwar nicht so dicht gesät, doch darunter gibt es einige, die eigens einen Besuch zum Essen am Mittag oder Abend lohnen: Dazu gehören Caffè Amerini, Belle Donne, Oliviero und Rose's. Auch für einen Drink oder gegen den kleinen Hunger findet man in diesem Viertel jede Menge gute Adressen.**

**Für den schmalen Geldbeutel gibt es rings um den Hauptbahnhof Santa Maria Novella diverse Fast-Food-Restaurants und andere preiswerte Einkehrmöglichkeiten.**

## Belle Donne €–€€

Das Dekor ist schlicht beeindruckend: Berge von Obst, Gemüse und Blumen, die kunstvoll im Kontrast zum betont schlichten Ambiente arrangiert sind, empfangen den Besucher in diesem kleinen Lokal. Im Erdgeschoss gibt es lange Holztische auf den Fliesenböden, die Wände bestehen aus unverputztem Stein. Die Tagesgerichte sind mit Kreide auf eine Tafel geschrieben. Das Belle Donne ist ideal für unprätentiöse Mahlzeiten zu jeder Tageszeit. Spezialität der Osteria Belle Donne sind toskanische Gerichte, darunter *ossobuco* (geschmorte Beinscheibe) oder *budino di marroni* (Maronenpudding).

Die Osteria gehört zur Gruppe Casa Trattoria, die sich der ländlichen Kultur der Toskana verschrieben hat.

**207 D5 Via delle Belle Donne 16r**
**055 2 38 26 09; www.casatrattoria.com**
**tägl. 12–14.30, 19–23 Uhr; 10 Tage im Aug. geschl.**

## Caffè Amerini €

Ähnlich wie das nah gelegene Rose's (► 139) unterscheidet sich dieses Lokal von den meisten seiner Konkurrenten: Hier findet man schräges modernes Design unter einem ortstypischen alten Gewölbe. Sandwiches, Salate und andere Snacks ordert man an der Theke und lässt sie sich anschließend am Tisch servieren – ob zu einem legeren Frühstück oder Mittagessen (Sitzplatz gegen einen geringen Aufpreis).

**207 D5 Via della Vigna Nuova 61–63r**
**055 28 49 41 tägl. 9–20 Uhr**

## Cantinetta Antinori €€–€€€

Das »Weinkellerchen« im renommierten Palazzo Antinori gehört einem der bedeutendsten Weinproduzenten Italiens, der auch Olivenöl und andere Agrarerzeugnisse seiner Güter vertreibt. Mit seinem Namen verbindet sich die neue Generation der »Super-Tuscans«, darunter ist der legendäre Tignanello (www.antinori.it). Die Weine werden nach traditioneller wie auch innovativer Methode angebaut.

Unter den kleinen Mahlzeiten und köstlichen Snacks, die im großzügig-eleganten Speiseraum im familieneigenen Palazzo serviert werden, findet man toskanische Klassiker wie *pappa al pomodoro* (Tomaten-Brot-Suppe) oder *ribollita* (Gemüseeintopf).

Wahlweise sitzt man an der Bar im Erdgeschoss oder blickt von der Galerie auf die anderen Gäste herab. Trotz der eher lässigen Atmosphäre sollte man passend zum exquisiten Ambiente gekleidet erscheinen.

207 D5 Piazza Antinori 3
055 29 22 34; www.cantinetta-antinori.com
Mo–Sa 12–14.30, 19–22.30 Uhr; im Aug. geschl.

## Giacosa €€–€€€

Eine illustre Adresse (wie das von demselben Inhaber betriebene *Rivoire* an der Piazza della Signoria, ➤ 85), wo sich schon vor über hundert Jahren die feine Florentiner Gesellschaft traf – also vielleicht kein Zufall, dass hier der berühmte *Negroni*-Cocktail (aus Gin, Campari, Martini) erfunden wurde.

Serviert werden kleine, herzhafte Gerichte, vor allem aber locken ein gewaltiges Kuchenbüffet und hausgemachte Köstlichkeiten aus Schokolade.

207 D5 Via della Spada 10r 055 27 763 28; www.caffegiacosa.it tägl. 8–20, Do, Sa 8–23 Uhr

## Obikà Mozzarella Bar €€

Im vornehmen Palazzo Tornabuoni dreht sich alles um Mozzarella, und man kann alle in Italien vertretene Sorten in ihren vielfältigen Zubereitungsarten genießen. Der Name der Kette stammt aus dem Neapolitanischen und bedeutet »Hier ist es!«, was für Florenz wie u.a. für Mailand, London, Los Angeles gilt.

207 D5 Via Tornabuoni 16 055 2 77 35 26; http://obica.com Mo–Fr 12–16, 18.30–23, Sa/So 12–23 Uhr

## Oliviero €€€

Das wohl beste Restaurant der Gegend (zwischen Ponte Vecchio und Santa Trinita gelegen) erwarb sich seinen Ruf zur Zeit des »Dolce Vita« in den 1960er-Jahren. Auf den Tisch kommt toskanisch-italienische Küche mit internationaler Note (darunter Wildschwein) und sogar – ungewöhnlich für Florenz – sehr gute Frischfischgerichte, zu denen bevorzugt Weine der Region ausgeschenkt werden.

207 D4 Via delle Terme 51r
055 28 76 43; www.ristorante-oliviero.it
Mo–Sa 19.30–24 Uhr

## Rose's €

Wem nach Abwechslung von eher bodenständigem Dekor samt rustikaler Küche ist, der ist hier genau richtig: Hell, modern und schick, könnte diese Bar genauso in New York beheimatet sein. Mittags ist dies der ideale Ort für einen Light Lunch, vielleicht ein Tagesgericht wie *omelette* oder *penne cacio e pepe* (Penne mit Käse und Pfeffer), während es abends nett ist, auf einen Drink vorbeizukommen.

207 D5 Via del Parione 26r 055 28 70 90; www.roses.it Mo–Sa 12–15.30, 19–1.30 Uhr

## Trattoria 13 Gobbi €€

Die »Dreizehn Buckligen« sind wie geschaffen für ein romantisches Diner zu zweit, mit gedämpfter Beleuchtung und leiser Tafelmusik. Auf den Tisch kommt liebevoll zubereitete toskanische Kost – etwa Grillfleisch von außergewöhnlicher Zartheit oder, besonders empfehlenswert, das Rinderfilet in Sauce. Auch die Desserts lassen keine Wünsche offen, ebenso wenig die umfangreiche Weinkarte, bereitwillig erläutert vom freundlichen Personal. Wer möchte, kann auch draußen, im kleinen Innenhof, dinieren.

206 C5 Via del Porcellana 9r
055 284015; www.casatrattoria.com
tägl. 12.30–15, 19.30–23 Uhr

## Trattoria Gargani €€–€€€

In diesem gemütlichen Speiselokal mit Holzdecke und pastellfarbenen Wänden (sowie witzigen Fresken) sitzt man bei dezenter Beleuchtung fast nur unter Einheimischen, die sich neben typisch Toskanischem z.B. *pesce spada* (Schwertfisch), Lamm mit Rosmarin oder Johannisbeeren, Risotto mit Spargel oder *baccalà* (Stockfisch) schmecken lassen. Solide Auswahl regionaler Weine.

207 D5 Via del Moro 48r 055 2 39 88 98; www.garganitrattoria.com
tägl. 19–24 Uhr

# Wohin zum ... Einkaufen?

**Mit der Via de' Tornabuoni oder Via della Vigna Nuova gibt es hier im Westen großzügige Boulevards mit ebensolchen Läden, wie man sie sonst in Florenz kaum findet. Mode, Schuhe und vieles andere mehr ist in reichlichem Angebot vorhanden (viele Geschäfte sind allerdings montags geschlossen).**

**Abseits der Einkaufsmeilen wartet aber auch manch interessante Adresse, etwa im Borgo Ognissanti und auf der Via del Porcellana mit exquisiten Schuhgeschäften, Modeboutiquen und Kunstgewerbeläden. Rings um den Hauptbahnhof Santa Maria Novella schließlich liegen reihenweise bescheidenere Geschäfte für Souvenirs und Kleidung.**

## BÜCHER

### Alinari
1852 gegründet, führt das älteste Fotografieunternehmen der Welt neben Büchern zum Thema und Ausstellungskatalogen eine exzellente Auswahl an Bildbänden zu Kunst, Geschichte und Landschaften sowie Multimediaprodukte.
**202 C2 ✉ Largo Fratelli Alinari 15 ☎ 055 2 39 51; www.alinari.it ⌚ Mo–Fr 9–17 Uhr**

### Ibs
Gut sortierte Buchhandlung auf zwei Etagen, die Café und Internetzugang bietet.
**203 E2 ✉ Via dei Cerretani 16r; www.ibs.it ☎ 055 28 73 39 ⌚ Mo–Do 9–20, Fr 9–23, Sa 9.30–23, So 10.30–20 Uhr**

### RED – Read Eat Dream
Große, gut bestückte Buchhandlung unter den Arkaden der Piazza della Repubblica, in der man gegen den Hunger zwischendurch auch gut essen kann.
**207 E5 ✉ Piazza della Repubblica 26 ☎ 055 21 93 90; www.lafeltrinelli.it ⌚ Mo–So 9.30–23 Uhr**

## KLEIDUNG UND ACCESSOIRES

### A. Ugolini & Figli
Alteingesessener Herrenausstatter (seit 1895) mit gediegenem Ambiente und klassischem Sortiment für den soignierten Gentleman.
**207 E5 ✉ Via Calzaiuoli 65r ☎ 055 21 44 39 ⌚ Mo–Sa 9–19.30 Uhr**

### Armani
Zur unaufdringlichen Eleganz eines Giorgio Armani muss man kaum etwas sagen. Neben dem **Flagship-Store** in der Via de' Tornabuoni gibt es mit **Emporio Armani** einen günstigeren Ableger ganz in der Nähe.
**207 D5 ✉ Via de' Tornabuoni 48 ☎ 055 21 90 41; www.armani.com ⌚ Mo–Fr 10–19, 2. So 10–19 Uhr**
**207 E5 ✉ Via Roma 14r ☎ 055 28 43 15 ⌚ Mo–Sa 10–19.30, So 10–19 Uhr**

### Cellerini
Es gibt hier, nahe der Via del Moro, elegante, handgearbeitete Taschen und andere Lederwaren, meist aus eigener Fabrikation, zu erwerben.
**207 D5 ✉ Via del Sole 9 ☎ 055 28 25 33; www.cellerini.it ⌚ Sommer Mo–Fr 10.30–13, 15–19, Sa 10.30–13 Uhr, Winter Mo nur 15–19 Uhr**

### Gucci
Dies ist gewissermaßen der Geburtsort des berühmten Designer-Labels (► 19) mit mondänem Showroom für Konfektion, Schuhe und Accessoires. Qualität, Coolness und Topaktualität garantiert.
**207 D5 ✉ Via de' Tornabuoni 73r; www.gucci.com ☎ 055 26 40 11 ⌚ Mo–Sa 10–19.30, So 10–19 Uhr**

### Infinity
Seit zwei Jahrzehnten bietet das italienisch-amerikanische Inhaberpaar hier Gürtel aus Leder und Me-

tall mit schlichter oder auffälliger Schließe, Hand-, Reise- und Aktentaschen sowie andere Lederwaren in Hunderten von Variationen an.

Es werden auch nach Kundenwunsch entsprechende Accessoires gefertigt: Auf einen individuellen Gürtel kann man im Allgemeinen warten, Taschen dauern eine Woche. Neben den üblichen Lederqualitäten werden hier u.a. Hirsch und Elch verarbeitet.

**207 E4 Borgo SS Apostoli 18r**
**055 2 39 84 05; www.infinityfirenze.com**
**Mo–Fr 10–19.30, Sa 10.30–19.30 Uhr; So und zeitweise im Aug. geschl.**

### Luisa Via Roma

Kultboutique der *alta moda,* wegweisend in Kollektionen und Interieur: Schon die Schaufensterdekoration mutet surreal an, und durch den Laden navigiert man, von Video-Kunst begleitet, über Touchscreens.

**207 E5 Via Roma 19–21r**
**055 9 06 41 16; www.luisaviaroma.com**
**Mo–Sa 10–19.30, So 11–19 Uhr**

### Emilio Pucci

Marchese Emilio Pucci machte in den 1950er- und 1960er-Jahren mit seinen leuchtenden, extravagant bedruckten Seidenstoffen (► 20) Furore. Sie waren dann auf einmal in den 1990ern wieder stark gefragt, nachdem sein Stern zwischenzeitlich etwas gesunken war. Heute ist Pucci (wieder) der gefeierte Doyen des Florentiner Modelebens.

**207 D4 Via de' Tornabuoni 20–22r**
**055 2 65 80 82; www.emiliopucci.com**
**Mo–Sa 10–19 Uhr**

## KAUFHÄUSER

### La Rinascente

La Rinascente ist eine landesweite Kaufhauskette. Renommierter und geräumiger als der nahe Konkurrent Coin (► 86), bleibt man trotz exklusiven Rufs und großzügigen Auftretens doch in Sortiment und Präsentation ein wenig hinter jenem zurück. Doch dessen ungeachtet ist es für diejenigen, die weniger Zeit haben, eine solide Adresse, wenn es um Konfektion, Küchenbedarf, Tischwäsche und Ähnliches geht. Gönnen Sie sich hier auf der Dachterrasse einen Cappuccino und genießen Sie den wunderschönen Blick!

**207 E5 Piazza della Repubblica 1**
**055 21 91 13; www.rinascente.it Mo–Fr 9.30–20.30, Sa 9–21, So 10.30–20.30 Uhr**

## STOFFE

### Casa dei Tessuti

Mit Tuchwaren ist Florenz einst reich geworden und hat diesbezüglich eine lange Tradition. Immerhin länger als ein halbes Jahrhundert existiert auch dieses edle Geschäft westlich der Piazza del Duomo, wohin die Florentiner gerne auf der Suche nach feinsten Stoffen aus Seide, Baumwolle, Samt, Damast und Wolle pilgern.

**207 E5 Via dei Pecori 20–24r**
**055 21 59 61; www.casadeitessuti.com**
**Mo 15.30–19.30, Di–Sa 9–13, 15.30 bis 19.30 Uhr**

## LEBENSMITTEL UND WEIN

### Alimentari Mariano

Der herrlich altmodische Feinkostladen ist eine gute Adresse für lukullische Spezialitäten aus der Toskana: Pastasorten aus kleiner Produktion, bestes Olivenöl, ausgesuchte Käse- und Wurstspezialitäten. Man kann sich auch Panini machen lassen, z.B. mit Roastbeef und Gemüse. Wer einen Stehplatz an den hohen Holzfässern ergattert, kann Wurst- oder Käseteller bestellen.

**207 D5 Via del Parione 19r**
**055 21 40 67 Mo–Fr 8–15.30, 17.30–19.20, Sa 8–15.30 Uhr**

### Bottega della Frutta

Ob für Picknick, Lunchpaket oder einfach den kleinen Hunger zwischendurch: Besser und frischer kann man Obst und Gemüse nicht einkaufen als

bei Francesco und Elisabetta in ihrem winzigen Laden.
**207 D5 Via de' Federighi 31r**
**055 2 39 85 90 Mo–Sa 8.30–19.30 Uhr**

### Procacci
Von Oktober bis März locken frische Trüffeln, die edelsten und teuersten Pilze der Welt. Außerhalb der Saison erhält man sie eingelegt in Glas, als Konserve und in vielen anderen Zubereitungsformen. Ein *panino tartufato* (Trüffel-Brötchen) der bereits im Jahr 1885 gegründeten Firma gehört fest zur Florentiner Stadtkultur – und schmeckt immer fantastisch.
**207 D5 Via de' Tornabuoni 64r**
**055 21 16 56; www.procacci1885.it**
**Mo–Sa 10–21, So 11–20 Uhr**

### Venchi
Ein Fest für Augen und Gaumen: Feinste Qualitätsschokolade seit 1878 in Form von Pralinen, Tafeln, bestem Eis etc.!
**207 E4 Piazza del Mercato Nuovo 6/7**
**055 28 85 05; www.venchi.it**
**So–Do 10–23, Fr/Sa bis 24 Uhr**

### Vini & Delizie
Empfehlenswert vor allem für Weinkenner – aber auch für alle, die einfach nur eine gute Flasche Grappa mit nach Hause nehmen möchten. Hier bekommt man auch Olivenöle aus der Toskana und anderen Regionen Italiens.
**207 D5 Via dei Banchi 45r**
**055 21 56 86 Mo–Sa 9–20 Uhr**
**(manchmal mittags 13–14.30 Uhr geschl.)**

## SCHMUCK

### Tharros Bijoux
Hübscher kleiner Laden mit Schmuck nach Renaissancevorbildern: Manches hier hat man zuvor vielleicht schon auf einem Gemälde in den Uffizien gesehen! Zivile Preise, abhängig natürlich vom verwendeten Material – Rubine, Saphire oder Smaragde kosten natürlich etwas mehr.
**207 E4 Borgo SS. Apostoli 32r**
**055 28 41 26; www.tharros.com**
**Mo 14.30–19.30, Di–Sa 10–19.30 Uhr**

## MÄRKTE

### Cascine
Jeden Dienstag findet hier im Parco delle Cascine am Arno der große Wochenmarkt von Florenz statt. Recht weit westlich des Zentrums gelegen, erreicht man ihn am besten mit dem Taxi oder dem E-Bus der Linie C2 oder C3 bis zur Piazza Vittorio Veneto. Kaufen kann man hier an Hunderten von Ständen: preiswerte Kleidung über Haushaltswaren bis zu Lebensmitteln – und dies für wenig Geld.
**202 bei A2 Viale Abramo Lincoln, Parco delle Cascine Di 8–14 Uhr**

### Mercato dei Fiori
Wenn Sie am Donnerstagmorgen in der Nähe der Piazza della Repubblica sein sollten, machen Sie einen Abstecher zu diesem reizenden kleinen Blumenmarkt – mitnehmen kann man hier als Tourist ja gewöhnlich nichts (aus praktischen Gründen), aber genüsslich in Farben und Düften schwelgen!
**207 E5 Via Pellicceria/Piazza della Repubblica Do 10–19 Uhr**

### Mercato Nuovo
Traditionsreicher, quirliger Markt für Lederwaren, Souvenirs und Tand (► 136).
**207 E4 Loggia del Porcellino, Via Porta Rossa täglich 9–18.30 Uhr**

## PARFÜMS/KOSMETIK

### Dr. Vranjes
Die betörenden und eleganten Düfte aus hochwertigen Ingredienzien werden manuell hergestellt und in luxuriösen Flakons verkauft.
**207 D5**
**Via della Spada 9r**
**055 28 87 96; www.drvranjes.it**
**Mo 15.30–19.30, Di bis Sa 10–19.30, So 11–19.30 Uhr**

### Spezierie Palazzo Vecchio

Uralte Apotheke mit schönen Wandfresken und einer bestechenden Auswahl an Seifen, Parfüms und anderen Waren dieser Art, hergestellt nach traditionellen toskanischen Klosterrezepten.

**207 E4 Via Vacchereccia 9r; www.speziericpalazzovecchio.it 055 2 39 60 55 Mo–Sa 9–19.30, 1. und letzter So im Monat 11–21 Uhr**

## DRUCKGRAFIK

### Giovanni Baccani

Florenz ist übersät mit verführerischen Läden, in denen man Druckgrafiken erwerben kann, doch einer der schönsten seiner Art ist dieser, gegründet 1903 von dem Rahmenmacher Giovanni Baccani. Die Auswahl an Grafik (auch gerahmt) ist riesig (besonders attraktiv: alte Florentiner und italienische Motive), und dies zu wirklich akzeptablen Preisen.

**202 C1 Borgo Ognissanti 22r 055 21 44 67 Mo–Sa 9–13, 15.30–19.30 Uhr**

### Il Tamarino

Lassen Sie sich von Sophia und Pier Francesco die verschiedenen Techniken der Stiche und Radierungen erklären – oder bestellen Sie hier ein kleines Kunstwerk nach Ihrem Lieblingsmotiv.

**207 D5 Via del Moro 46r 055 28 24 57; www.iltamarino.com Mo–Sa 10–19 Uhr**

## SCHUHE UND LEDERWAREN

### Il Bisonte

Die Produkte dieses Herstellers mit eingestanztem Bisonmotiv als Logo wurden bei den besonders markenbewussten Italienern (und auch jenseits der Landesgrenzen) in den letzten Jahren immer beliebter – es sind Schuhe und andere Lederwaren, die zwar ihr Geld kosten, aber auch von sehr guter Qualität und entsprechend langlebig sind.

**207 D4 Via del Parione 31r 055 21 57 22; www.ilbisonte.net Mo–Sa 9.30–19 Uhr**

### Salvatore Ferragamo

Den Grundstein seines Erfolges legte der Schumacher Salvatore Ferragamo als Lieferant von Hollywoodstars (► 21). Sein Unternehmen befindet sich immer noch in Familienbesitz. Hier im Stammgeschäft (mit beeindruckendem Showroom) findet man neben den nach wie vor dominierenden Schuhen auch Kleidung und Accessoires aus Leder. Sehenswert ist das Schuhmuseum.

**207 D4 Via de' Tornabuoni 16r 055 29 21 23; www.salvatoreferragamo.com Mo–Sa 10–19.30, So 11–19 Uhr**

### Saskia

Die junge Berlinerin fertigt die Schuhe Ihrer Wünsche nach dem Modell Ihrer Füße an – aus Kalbs-, Kamel- oder Krokoleder!

**202 B2 Via di Santa Lucia 24r 055 29 32 91; www.saskiascarpesumisura.com Mo–Fr 10–13, 16–19, Sa 9–13 Uhr**

### Tod's

Von diesem Label begann man in Italien erst Notiz zu nehmen, nachdem es sich mit seinen noppenbesetzten lässig-eleganten Tretern bei Promis in den USA zum unentbehrlichen Accessoire entwickelt hatte – die man hier günstiger bekommt als dort oder anderswo in Europa.

**207 D5 Via de' Tornabuoni 60r 055 21 94 23; www.tods.com Mo–Sa 10–19.30, So 14–19 Uhr**

## WOHNEN/HOME

### Mario Luca Giusti

Schönes Design – einfach, elegant und exklusiv für Ihren Esstisch! Der Florentiner Designer kreiert Gläser, Teller, Schalen und Krüge aus synthetischen Materialien in vielen Farben, von Weiß bis Schwarz, und transparent.

**207 D5 Via della Vigna Nuova 88r 055 2 39 95 27; www.mariolucagiusti.com Mo–Sa 10–19.30 Uhr**

# Wohin zum ... Ausgehen?

**Bars und Clubs gibt es hier zuhauf und mit dem Teatro Comunale auch den wichtigsten Aufführungsort der Stadt für klassische Konzerte, Tanz und Theater. Am äußersten Rand des Viertels sind mehrere Dance Clubs zu finden, darunter die größte Disco der Toskana.**

## THEATER

Seit Mai des Jahres 2014 haben das älteste Klassik-Festival Europas, der **Maggio Musicale Fiorentino** und sein Orchester, ein standesgemäßes Zuhause, das **Nuovo Teatro dell'Opera** (Viale Fratelli Rosselli, Tel. 055 2 77 93 50, www.operadifirenze.it).Für den avantgardistischen Bau verantwortlich zeichnet der römische Architekt Paolo Desideri, für das jährliche Festivalprogramm hingegen ist Chefdirigent Zubin Mehta verantwortlich. Auch jenseits der Festivalmonate Mai und Juni, im Rest des Jahres, kann man hier hochkarätige Konzerte, Opern und Ballettaufführungen erleben.

Kabarett, Konzerte sowie politisches Theater – mit dieser guten Mischung des Programmangebots kann das **Teatro Puccini** (Via delle Cascine 4, Tel. 055 36 20 67, www.teatropuccini.it), das in der Vergangenheit als Tanzsaal und Boxring herhalten musste, auf ein treues Stammpublikum zählen.

## CLUBS

Der führende Night Spot der Umgebung ist der riesige, etwas trashige **Space** (Via Palazzuolo 37, Tel. 34 87 76 84 34; www.spaceclubfirenze.com; tägl. 22–2 Uhr oder länger). Nicht unbedingt der Gipfel der Avantgarde, aber prima zum Abtanzen, wenn der Musikgeschmack nun nicht gerade in die härtere Richtung geht.

Das **Yab** ist ein populärer Dance Club (Via Sassetti 5r, Tel. 055 21 51 60; www.yab.it; Mo/Do–Sa 23–4 Uhr), wo man sich musikalisch etwas mutiger zeigt als die Konkurrenz. Bei beinahe allen Clubs in Florenz erwirbt man zusammen mit der Eintrittskarte neben dem Zutritt ein Budget für einen Mindestverzehr an Drinks (auf der Karte festgehalten), den man in jedem Fall bezahlt, auch wenn man die Getränke gar nicht konsumiert.

## BARS

Für Cocktails am frühen Abend empfiehlt sich das schnittig-schicke **Slowly** (Via Porta Rossa 63, Tel. 055 2 64 53 54; www.slowlycafe.com. Club und Bistro Di–Sa 12–2.30 Uhr) mit junger, trendiger Klientel.

Einen klaren Kontrast dazu bildet das **Fiddler's Elbow** (Piazza di Santa Maria Novella 7r, Tel. 055 215056; www.thefiddlerselbow.com; tägl. 12–2 Uhr), ein kleiner, quirliger »Irish pub«. Sehen und gesehen werden heißt es im **Colle Bereto** (Piazza Strozzi 5r, Tel. 055 28 31 56; www.cafecollebereto.com; Mo–Sa 8 bis 2, So 9–2 Uhr): zum Frühstück mit *brioche* und Cappuccino, mittags bei einem guten Light Lunch mit Blick auf den imposanten Palazzo Strozzi, abends bei einem leckeren *aperitivo* oder nach dem Abendessen bei einem Absacker.

Nicht nur der Blick über den Arno bis hin zum Ponte Vecchio macht das **Rivalta Caffè** (Lungarno Corsini 14r, Tel. 055 28 98 10; www.rivaltacafe.it) zu einem besonderen Ort: In dem netten Szenelokal gibt es mittags schmackhafte Gerichte und ab 19.30 Uhr werden spritzige Cocktails zu einem guten Büfett serviert!

# Oltrarno



## Kleine Erlebnisse

### Klösterliche Stille

Gegen 17.30 Uhr dringen gregorianische Gesänge der Mönche in die Ruhe der Kirche **San Miniato al Monte** (➤ 156).

### Die Piazza boomt

Auf der **Piazza S. Spirito** (➤ 160) ist immer Betrieb: Morgens der bunteste Markt der Stadt, doch zur Aperitifzeit geht es erst richtig los.

### Interessant!

In der **Specola** (➤ 161) begegnet man in Wachsskulpturen aus dem 18. Jh. Mammutskeletten, Mineralien und einem Dinosaurier!

# Erste Orientierung

**Das Viertel Oltrarno (»jenseits des Arno«) am südlichen Flussufer ist besonders reizvoll zu erkunden, denn hier erlebt man Florenz einmal ganz anders: ruhig, grün, entspannt und verkehrsarm.**

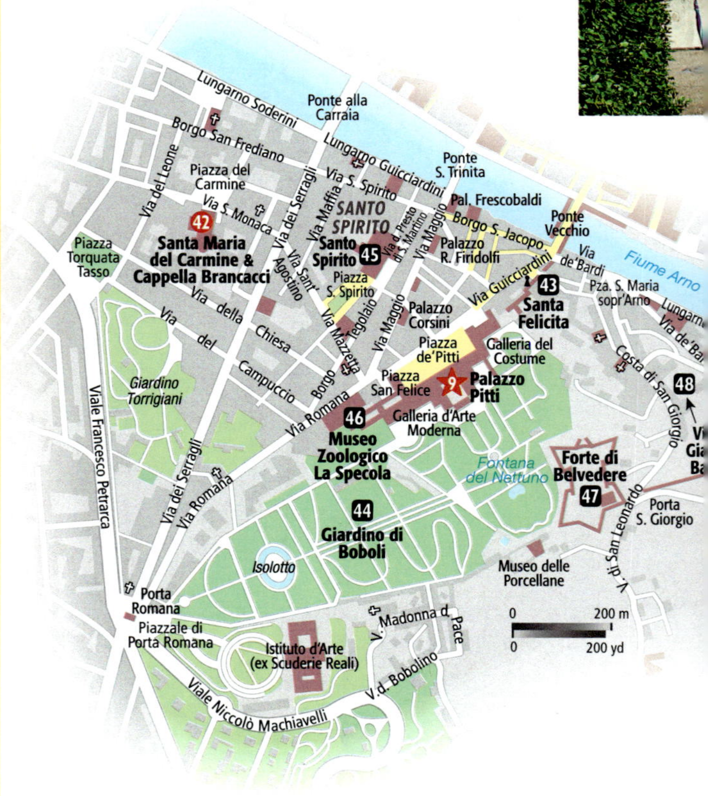


## TOP 10

9 Palazzo Pitti ➤ 150

10 San Miniato al Monte ➤ 156

## Nicht verpassen!

42 Santa Maria del Carmine & Cappella Brancacci ➤ 158

**Hinter dem Palazzo Pitti erstreckt sich mit dem Giardino di Boboli ein herrlicher Garten**

## Nach Lust und Laune!

- 43 Santa Felicita ➤ 160
- 44 Giardino di Boboli ➤ 160
- 45 Santo Spirito ➤ 160
- 46 Museo Zoologico La Specola ➤ 161
- 47 Forte di Belvedere ➤ 161
- 48 Villa & Giardino Bardini ➤ 161
- 49 Museo Bardini ➤ 161

Oltrarno war einst als Wohnviertel derjenigen verschrien, die nicht über die Mittel verfügten, im Zentrum zu wohnen. Dies änderte sich, als die großherzogliche Familie der Medici 1550 ihren Herrschaftssitz vom nördlichen Arno-Ufer in den Palazzo Pitti verlegte und von dort in der Folgezeit weit über die Toskana herrschte. Andere Adelsfamilien folgten ihrem Beispiel und errichteten in der Nähe luxuriöse Palazzi.

In den Seitenstraßen sind winzige Restaurants, Mode-, Kunsthandwerk- und Antiquitätenläden. Sehenswert sind v.a. die Cappella Brancacci und die Kirche San Miniato al Monte.

# An einem Tag

**Einige der interessantesten Sehenswürdigkeiten des Oltrarno-Viertels können Sie auf einem Spaziergang an einem Tag anschauen. Die einzelnen Highlights des Viertels werden im Folgenden (➤ 150 ff) näher beschrieben.**

## 9:00

Reihen Sie sich frühzeitig in die Besucherschlange vor dem 9 **Palazzo Pitti** (➤ 150; rechts) ein, dann haben Sie am Vormittag für die Museen, die im Gebäude auf Sie warten, genügend Zeit – zumindest für einen Rundgang nach individueller Wahl. Unbedingt ansehen sollten Sie sich die Gemälde der **Galleria Palatina.**

## 12:00

Ein geruhsamer Spaziergang durch den 44 **Giardino di Boboli** (unten, ➤ 160) führt in die ehemaligen privaten Gärten der Medici, heute größte öffentliche Parkanlage der Stadt und Muster italienischer Gartenkunst. Ein kleiner Rokoko-Pavillon eröffnet traumhafte Ausblicke über Stadt und umgebende Landschaft.

## 13:00

Für einen leichten Imbiss empfiehlt sich das Caffè Pitti (➤ 154, 162) am Eingang des gleichnamigen Palazzo oder ein Picknick mit *antipasti*, Käse, Wurst und Obst vom Tagesmarkt an der **Piazza di Santo Spirito** (➤ 160) im malerischen Ambiente auf den Stufen vor der Kirche 45 **Santo Spirito.**

## 15:00

In 42 **Santa Maria del Carmine** (➤ 158) spiegeln besonders die ergreifenden Fresken Masaccios, Masolinos und Filippino Lippis in der Cappella Brancacci Menschenbild und neuartige Darstellungsprinzipien der

Frührenaissance. Die Kirche liegt im Gemeindebezirk **San Frediano,** ehemals Viertel der Färber und Gerber und heute zusammengefasst mit dem angrenzenden **Santo Spirito,** dem Viertel der Kunsthandwerker: In den verwinkelten Straßen verstecken sich kleine Werkstätten, in denen virtuose *artigiani* ihre über Generationen überlieferten Techniken in der Verarbeitung von Bronze, Leder, Glas, Marmor, Stroh oder Holz anwenden. Oft reicht ein Lächeln und ein *»permesso?«* (»Darf man eintreten?«), um ihnen bei der Arbeit zusehen zu dürfen.

## 16:30

Wenn im **48 Giardino Bardini** (➤ 161) Glyzinien, Rosen und Hortensien blühen, ist man vom Duft beinahe betäubt. Bei nachlassender Tageshitze erscheint der längere Aufstieg zu **10 San Miniato al Monte** (➤ 156) gleich weniger beschwerlich. Und er wird reich belohnt durch eine der schönsten Florentiner Kirchen – und den einmaligen Ausblick weit über die Stadt und die malerische Hügellandschaft im Hintergrund.

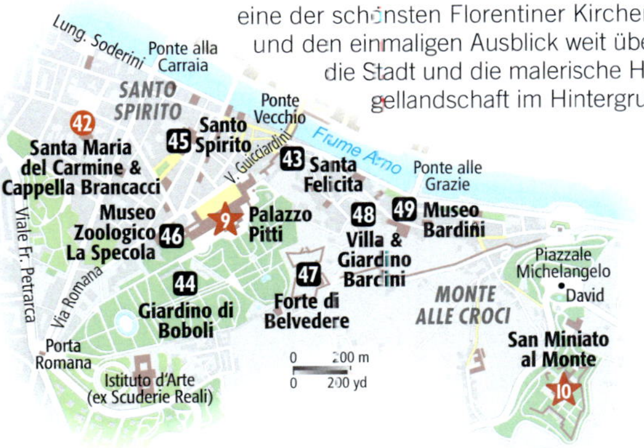


## 19:30

Den langen, anstrengenden Tag kann man stilvoll auf der Panoramaterrasse des **La Loggia** (➤ 157) beschließen.

# 9 Palazzo Pitti

**Der wuchtige Palazzo Pitti diente seit Mitte des 16. Jahrhunderts als Sitz der Medici (und damit der Herzöge der Toskana). Als Florenz kurzzeitig zur Hauptstadt des Königreichs Italien avancierte (1865–71), wurde er Residenz des Königs aus dem Hause Savoyen. Heute sind in seinen aufwendigen Räumlichkeiten mehrere Museen mit wertvollen Besitztümern der Medici untergebracht, darunter die Galleria Palatina als glanzvolle Gemäldesammlung zu Hochrenaissance und Barock.**

Der Palast für den Bankier und Medici-Rivalen Luca Pitti wurde 1457 nach dem Entwurf von Brunelleschi begonnen; zu einer Zeit, als sich die tonangebenden Florentiner Familien als Symbol ihres sozialen Status gegenseitig mit repräsentativen Residenzen zu übertrumpfen versuchten (➤ 26). Von daher plante Pitti noch größere Fenster als bei deren Palast (heute Palazzo Medici Riccardi, ➤ 111). Diese hochfliegenden Pläne läuteten letztlich seinen Niedergang ein, da ihn die Kosten in den Bankrott trieben und der Bau 1465 eingestellt werden musste. Die Ironie dabei: 1549 erwarben ausgerechnet die Medici den Palazzo. Da die kränkliche Gattin Cosimos I., Eleonora von Toledo, vom ländlichen Klima des Oltrarno zu profitieren hoffte, fiel das Gebäude später an sie. Sie beauftragte Bartolommeo Ammannati mit der Erweiterung zu einer dreiflügeligen Anlage mit repräsentativem Hof, der sich zum prächtigen Giardino di Boboli (➤ 160) öffnet. Das heutige Gebäude ist infolge weiterer An- und Umbauten etwa dreimal so groß wie ursprünglich geplant: Allein die Hauptfassade misst über 200 m in der Länge.

**Den »Artischockenbrunnen« Fontana del Carciofo im Boboli-Garten hinter dem Palazzo Pitti schuf Francesco Susini**

**Moderne Skulptur vor dem Haupteingang des Palazzo Pitti**

## Die Sammlungen

Das Innere birgt nicht weniger als sechs Einzelmuseen: **Galleria Palatina** (➤ 152), **Galleria d'Arte Moderna** (Galerie Moderner Kunst, ➤ 154), **Museo degli Argenti** (Schatzkammer) und **Appartamenti Monumentali** (Prunkgemächer, beide ➤ 153), **Galleria del Costume** (Kostümmuseum, ➤ Kasten unten) sowie **Museo delle Carozze** (Kutschenmuseum) mit einer kleinen Sammlung historischer Kutschen und Sänften (Besichtigung nur nach Anmeldung). Das **Museo delle Porcellane** (Porzellanmuseum) dagegen ist nur durch den Giardino di Boboli (➤ 160) zugänglich.

Lassen Sie sich durch die Dimensionen des Palazzo und seine hochrangigen Kunstschätze nicht einschüchtern, sondern konzentrieren Sie sich bei Ihrem Besuch am besten je nach Interesse auf ein bis zwei Sammlungen. Und wenn es zu anstrengend wird, kann man sich jederzeit in den Boboli-Garten (➤ 160) zurückziehen.

### GALLERIA DEL COSTUME

Es lassen sich hier Kostüme und Kleidung aus der Zeit der Renaissance bis heute bewundern. Die Sammlung ist in dem durch den Giardino di Boboli (➤ 160) zugänglichen Palastflügel, der Palazzina della Meridiana, untergebracht (Piazza Pitti, Tel. 055 2 38 88 01; www.polomuseale.firenze.it/pitti.html; Nov.–Feb. 8.15–16.30, März bis 17.30, April/Mai, Sept./Okt. bis 18.30, Juni–Aug. bis 18.50 Uhr, erster und letzter Mo des Monats geschl. Bus D, 11, 36 und 37 Eintritt 10 €, bei Sonderausstellungen 12,50 €, Kombiticket mit anderen Museen und Giardino di Boboli möglich).

## Galleria Palatina

Anfang des 19. Jahrhunderts wurden die ehemaligen Privaträume der Medici unter den Herrschern von Habsburg-Lothringen der Öffentlichkeit zugänglich gemacht. Ihre reiche Ausstattung umfasst Florentiner Kunst von der Frührenaissance bis zum Manierismus, darunter sind Schlüsselwerke zeitgenössischer Meister aus ganz Italien und Europa, von Raffael, Tizian und Tintoretto wie auch von Rubens und van Dyck.

Anders als in den Uffizien (➤ 64) ist die Anordnung der Gemälde (➤ unten) nicht chronologisch, sondern folgt individuellen Präferenzen der Medici-Großherzöge – das

**Sala di Marte, Fresko von Pietro da Cortona: *Mars vermittelt Cosimo III. de' Medici Kriegstugenden***

**Rechts: Einer der Prunkräume**

**HIGHLIGHTS DER GALLERIA PALATINA**

- Sala di Prometeo: Filippo Lippi, *Madonna mit Kind;* Sandro Botticelli, *Porträt einer jungen Frau / Porträt eines jungen Mannes;* Jacopo da Pontormo, *Anbetung der Könige*
- Sala dell'Educazione di Giove: Caravaggio, *Schlafender Cupido*
- Sala dell'Iliade: Raffael, *La Gravida (Schwangere Dame)*
- Sala di Saturno: Raffael, *Madonna della Sedia (Madonna auf dem Stuhl)*
- Sala di Giove: Raffael, *Donna Velata (Dame mit Schleier);* Fra Bartolomeo, *Beweinung Christi*
- Sala di Marte: Rubens, *Folgen des Krieges / Vier Philosophen*
- Sala di Apollo: Tizian, *Hl. Maria Magdalena;* Andrea del Sarto, *Heilige Familie*
- Sala di Venere: Tizian, *La Bella (Porträt einer Frau)*

heißt dekorativen Kriterien und ohne Rücksicht auf Thema, Stilrichtung oder Entstehungszeit.

Allegorische Deckenfresken (1641–47) von Pietro da Cortona illustrieren die Bildung des jungen Cosimo III. de' Medici durch die antiken Götter (Säle 24–28, rückwärts): **Sala di Venere** – Bewahrung des Prinzen durch Minerva (Weisheit) vor dem Einfluss der Venus (sinnliche Liebe). **Sala di Apollo** – Unterweisung durch den Gott in Künsten und Wissenschaften. **Sala di Marte** – Unterricht des Mars in Kriegsführung. **Sala di Giove** – Aufnahme durch Jupiter in den Olymp. **Sala di Saturno** – Geleit zu Saturn, dem Urvater der Götter, und Krönung mit bleibendem Ruhm.

### Appartamenti Monumentali

Die farbenprächtigen Prunkgemächer (1. Etage, Südflügel) mit viel Gold, prächtigem Stuck und Mobiliar verschiedener Epochen waren ursprünglich Wohnräume der Medici und wurden mit veränderter Ausstattung von der Dynastie Habsburg-Lothringen und 1865–71 als Residenz König Vittorio Emanueles II. genutzt, dessen

**GALLERIA D'ARTE MODERNA**
Die auf der Sammlung der lothringischen Herzöge basierende Galerie Moderner Kunst (2. Etage) umfasst Bilder und Skulpturen des späten 18. bis 20. Jahrhunderts. Unter den 2000 Objekten aus Klassizismus und Romantik (Saal 1–12) sind auch Werke der Florentiner Gruppe *Macchiaioli* (»Fleckenmaler«, Saal 16–18) sowie toskanische Postimpressionisten (Saal 28–30). Tel. 055 2 38 86 16; www.polomuseale.firenze.it/pitti.html; Di–So 8.15–18.50 Uhr; letzter Einlass 45 Min. vor Schließung. Kombiticket (mit Galleria Palatina und Appartamenti Reali): 13 €.

Baldachinthron sich in der Sala del Trono erhalten hat. Ein Glanzstück bildet mit der Sala Bianca (Weißer Salon) der Ballraum des Palastes.

## Museo degli Argenti
Das »Silbermuseum« in den Sommergemächern der Großherzöge (Erdgeschoss und Mezzanin unter der Galleria Palatina) birgt eine fantastische, eigenwillige Sammlung von Medici-Preziosen. Silber, wie der Name andeutet, und eine schillernde Auswahl an Gold-, Bernstein-, Glas- und anderen Kunstobjekten: neben *pietre-dure*-Arbeiten aus dem Besitz Lorenzos des Prächtigen (in der Sala Buia) auch römische und byzantinische Arbeiten sowie im Mezzanin der Familienschmuck.

**KLEINE PAUSE**
Das **Caffè Pitti** (Piazza Pitti 9r, Tel. 055 2 39 98 63) gegenüber dem Palazzo serviert Pasta, kleine Gerichte und Salate, aber auch Cocktails und andere Erfrischungen (► 162).

**207 D3 Piazza Pitti D, 11, 36 und 37**

**Oben: Antonio Canovas *Venus Italica* kokettiert mit Besuchern des »Saals der Venus« im Palazzo Pitti**

**Links: Prächtiger Deckenschmuck in der Galleria Palatina**

## BAEDEKER TIPP

- Kommen Sie möglichst früh zum Schlangestehen am Eingang.
- Beim Besuch von mehr als drei Museen lohnt sich das ***Biglietto Cumulativo*** – ein für den Gesamtkomplex (samt Giardino di Boboli) gültiges Kombiticket. Drei Tage gültig, erspart es außerdem mehrmaliges Anstehen am Ticketschalter. Bei Sonderausstellungen werden höhere Eintrittspreise verlangt.

Unter den vielen sehenswerten Objekten lohnen auch folgende einen genauen Blick:

- Napoleons klassizistisches Badezimmer in der **Galleria Palatina.**
- **Museo degli Argenti:** Erlesene Perlenobjekte in diversen Tierformen; Deckengemälde in den Prunksälen, darunter der bombastische Salon von Giovanni da San Giovanni mit mythologischen Allegorien zu Kultur und Politik der Medici sowie der öffentliche Audienzsaal in Trompe-l'œil.
- **Galleria d'Arte Moderna:** Gemälde der Künstler von Staggia als erster Landschaftsschule der Toskana (Saal 14).

# 10 San Miniato al Monte

**Der Bau der Kirche San Miniato geht auf das frühe 11. Jahrhundert zurück und erfolgte an der angeblichen Grabstätte des hl. Minias, eines wohlhabenden armenischen Pilgers. Als ein Glaubensmärtyrer um 250 am Ufer des Arno enthauptet, soll er mit dem Kopf unter dem Arm hinauf zu seiner Einsiedlerklause marschiert sein, um dort bestattet zu werden. Die Kirche, wie sie sich heute präsentiert, ist eine der ältesten und schönsten von Florenz und ein grandioses Beispiel der toskanischen Protorenaissance. Von dem Hügel eröffnen sich herrliche Blicke.**

## Fassade

Nach dem steilen Aufstieg zur luftigen Terrasse auf dem Hügel weiß man nicht, was man mehr bewundern soll: die grün-weiße **Marmorfassade** mit ihrem für die Protorenaissance typischen geometrischen Muster oder den hinreißenden Blick über die Stadt. Im Zentrum des Giebels prangt ein mehrfarbiges Mosaik des 13. Jahrhunderts: ***Christus als Weltenrichter mit Maria und dem hl. Minias*** (Abb. oben) unter einem goldenen Adler mit Stoffballen in den Klauen: Emblem der Tuchhändlerzunft *Arte di Calimala,* die den Bau zu jener Zeit finanzierte.

## Innenraum

Nicht weniger würdevoll präsentiert sich der auf drei Ebenen angelegte Innenraum – mit Hauptschiff, erhöhtem Chor und Hauptaltar, der sich direkt über der Krypta mit den Reliquien des hl. Minias befindet. Im erhöhten Chor wurde die aufwendig verzierte **Kanzel** seitlich versetzt, sodass sie sowohl für die Gemeinde als auch für die jenseits einer kunstvollen Trennwand sitzenden Mönche sichtbar war.

Im Fußboden des Hauptschiffs sind erlesene Marmormosaiktafeln aus dem 13. Jahrhundert im byzantinischen Stil eingelassen, die Tierkreiszeichen tragen, während die Apsis von einer weiteren Mosaikdarstellung ***Christus mit Maria und dem hl. Minias*** beherrscht wird. Den ältesten und

Tonnengewölbe der mit blau glasierten Terrakotta-Tondi verzierten Ädikula Michelozzos (1428)

**Oben: Stimmungsvolles Florenz-Panorama von der Terrasse vor San Miniato al Monte**

**Links oben: Fassadenmosaik mit Christus, flankiert von Maria und dem hl. Minias**

interessantesten Bereich der Kirche bildet die **Krypta** aus dem 12. Jahrhundert. Sie ruht auf 36 unterschiedlichen Marmorsäulen, deren antike Kapitelle aus Gebäuden der Römerzeit stammen. Hier werden Messen gehalten – oft auch Abendandachten mit gregorianischem Gesang.

**KLEINE PAUSE**

Tafelfreuden unter freiem Himmel auf der Panoramaterrasse des **La Loggia** (Piazzale Michelangelo 1, Tel. 055 2 34 28 32; www.ristorantelaloggia.it; tägl. 12–15, 19–22.30 Uhr), einer klassizistischen Villa des 19. Jahrhunderts.

---

**208 C1 Via del Monte alle Croci 055 2 34 27 31; www.sanminiatoalmonte.it Sommer tägl. 9.30–20, Winter tägl. 9.30–13, 15–19 Uhr; Messen So 8.30, 10, 11.30, 17.30, Mo–Sa 7.30 und 17.30 Uhr 12 und 13 frei**

## BAEDEKER TIPP

- Am ruhigsten ist die Kirche **frühmorgens,** am schönsten im **Abendlicht,** am beeindruckendsten, wenn gegen 17.30 Uhr die **gregorianischen Gesänge** aus dem angrenzenden Kloster ertönen!
- Im **Klosterlädchen** erhält man Lavendel, Honig und Kräuter sowie allerlei homöopathische Mittel.
- Die **Cappella del Cardinale del Portogallo** (Grabkapelle Kardinal Jakobs von Portugal), angeregt von Filippo Brunelleschis Sagrestia Vecchia in San Lorenzo (► 105), beeindruckt durch schlichte Eleganz.
- Die **Cappella del Crocifisso** (des Kruzifixes) von Michelozzo ist mit Terrakotta-Arbeiten von Luca della Robbia dekoriert.
- Die **Sakristei** schmückt ein Freskenzyklus zum Leben des hl. Benedikt.

# 42 Santa Maria del Carmine & Cappella Brancacci

**Der überwältigende Freskenzyklus Masaccios in der Cappella Brancacci im südlichen Querschiff von Santa Maria del Carmine zählt zu den bahnbrechenden Bilderfolgen der Frührenaissance.**

Im Jahr 1423 beauftragte der politisch einflussreiche, vermögende Florentiner Seidengroßhändler Felice Brancacci die Künstler Masaccio und Masolino da Panicale, seine Familienkapelle mit zwölf Szenen aus dem Leben des hl. Petrus auszuschmücken (der selbst in orangefarbenem Gewand erscheint). Der Umzug Masaccios nach Rom, wo er kurz darauf mit nur 27 Jahren verstarb, brachte 1428 die Arbeiten zum Erliegen; in jenen Jahren auch mussten die Brancacci als Gegner der Medici ins Exil gehen. Erst 50 Jahre später vollendete Filippino Lippi den Zyklus in leuchtenden Pastelltönen.

## Individuelle Handschrift

Unterschiede in der künstlerischen Arbeitsweise werden schon an den Darstellungen von ***Adam und Eva*** (obere Eingangspfeiler) augenfällig: Während Masolino (rechts) dem Schlicht-Dekorativen verhaftet bleibt, präsentiert sich Masaccio (links) in eindringlicher emotionaler Kraft und setzt sich mit einem neuartigen Realismus deutlich von der höfisch-eleganten Malweise seiner Zeitgenossen ab. Ein später hinzugefügtes, Adams Blöße verdeckendes Feigenblatt wurde bei der Restaurierung in den 1980er-Jahren wieder entfernt.

Ebenfalls von Masaccio stammt der ***Zinsgroschen*** (linke Wand, obere Reihe), der mehrere Ereignisse zusammenfasst: Christus (in der Mitte) befiehlt Petrus, einen Fisch zu fangen (links). In seinem Maul werde er einen Groschen

### DIE BEITRÄGE DER KÜNSTLER

**Linke Seite**

**Obere Reihe:** *Vertreibung aus dem Paradies* und *Zinsgroschen* (Masaccio); *Predigt Petri* (Masolino)

**Untere Reihe:** *Paulus besucht Petrus* (Lippi); *Auferweckung des Sohnes des Theophilus* (Masaccio/Lippi); *Petrus in Kathedra* und *Schattenheilung* (Masaccio/Lippi)

**Rechte Seite**

**Obere Reihe:** *Taufe durch Petrus* (Masaccio); *Heilung des Lahmen, Auferweckung der Jüngerin Tabitha* (Masolino, Masaccio); *Sündenfall* (Masolino)

**Untere Reihe:** *Almosenspende* (Masaccio); *Kreuzigung Petri, Streit Petri mit Simon dem Magier, Befreiung Petri* (Lippi)

## BAEDEKER TIPP

- Zugang zur Cappella Brancacci bietet ein Seiteneingang neben dem Hauptportal von Santa Maria del Carmine, der zu einem beschaulichen **Kreuzgang** aus dem 16. Jahrhundert führt, dann geht man durch die Sakristei.
- Da auch hier immer **Warteschlangen** zu erwarten (und zudem Aufenthalt und Besucherzahlen beschränkt) sind, schließen Sie sich am besten einer Führung an.
- Die Szene *Petrus in Kathedra* (linke Wand, untere Reihe) enthält das einzige bekannte zeitgenössische **Porträt des Architekten Filippo Brunelleschi**. Er erscheint darin im Durchgang zur Rechten mit einer schwarzen Haube.
- Im Hintergrund von Masolinos *Heilung des Lahmen* (rechte Wand, obere Reihe) erkennt man ein hübsches zeitgenössisches **Panorama von Florenz** aus dem 15. Jahrhundert.

finden, um die fällige Steuerabgabe zu zahlen (rechts). In der ***Auferweckung des Sohnes des Theophilus*** (linke Wand, untere Reihe, Mitte) fügte Masaccio mehrere Porträts von Mitgliedern der Brancacci-Familie in die Szenerie ein. Während ihres Exils wurden sie entfernt, von Filippino Lippi 1481–82 jedoch erneuert.

**KLEINE PAUSE**

In der Trattoria **Angiolino** (➤ 162) munden Florentiner Klassiker wie *ribollita* (Gemüseeintopf), Kutteln (➤ 15) und Grillfleisch in heiter-rustikaler Atmosphäre.

**206 B/C4 · Piazza del Carmine 14 · Kirche: 055 2 76 82 24; www.museicivicifiorentini.comune.fi.it · Kapelle: Mo, Mi–Sa 10–17, So 13–17 Uhr; letzter Einlass 30 Min. vor Schließung · D, 11, 36 und 37 · Kirche: frei; Kapelle: 6 €**

**Das tonnengewölbte Hauptschiff von Santa Maria del Carmine**

# Nach Lust und Laune!

## 43 Santa Felicita

Die von Brunelleschi konzipierte **Cappella Capponi** (1. Kapelle rechts) besitzt mit ihrer Ausstattung durch Jacopo da Pontormo Schlüsselwerke manieristischer Malerei aus der Zeit 1525 bis 1528 – kühn, strahlend und gefühlsbewegt.

Achten Sie beim Verlassen der auf frühchristliche Anfänge zurückgehenden Kirche auf deren ungewöhnliches Äußeres mit verschiedenen späteren Anbauten. Die Kuppel etwa wurde Mitte des 16. Jahrhunderts zugunsten einer Vorhalle abgetragen, über deren offenen Bereich heutzutage ein Teil des **Corridoio Vasariano** (➤ 66) verläuft.

**207 D/E3 Piazza di Santa Felicita 055 21 30 18 Mo–Sa 9.30 bis 12, 15.30–17.30; geschl. So und zu Beginn der Messen: Mo–Sa 18, So 9 und 11 Uhr D und C3 frei**

## 44 Giardino di Boboli

Der ausgedehnte Park, hügelaufwärts gelegen hinter dem Palazzo Pitti, erweist sich an heißen Sommertagen als magische Oase – mit **Neptun-** und **Bacchusbrunnen** (dem auf einer Schildkröte reitenden Hofzwerg Cosimos I. als Gott des Weins) und einer Orangerie voll duftender Zitrusgewächse. Eine elegante Zypressenallee führt zum **Isolotto,** einem Inselchen mit Statuen und Brunnen. Auf den 4,5 ha können sich auch Kinder wunderbar austoben. Am oberen Ende der Anlage logiert in einem Kavaliershaus des 18. Jahrhunderts das **Museo delle Porcellane** mit Porzellan aus dem Besitz der Medici.

**206 B/C1/2 Zugang vom Palazzo Pitti, Via Romana und Porta Romana 055 29 48 83; www.uffizi.com tägl. Nov.–Febr. 8.15–16.30, März, Okt. 8.15–17.30, April, Mai, Sept. 8.15–18.30, Juni–Aug. 8.15–19.30 Uhr, 1. und letzter Mo im Monat geschl. C3, D, 11, 13, 36 und 37 10 €**

**TORNABUONI ARTE**

Der architektonisch bemerkenswerte Sitz der renommierten Kunstgalerie gleicht einem kleinen Museum. Auf über 500 m², verteilt auf zwei Etagen, werden regelmäßig Ausstellungen überwiegend italienischer Künstler des 20. Jh.s organisiert. (Lungarno Benvenuto Cellini 3, Tel. 055 6 81 26 97; www.tornabuoniarte.it; Mo–Fr 9–13 und 15.30 bis 19.30 Uhr).

### Museo delle Porcellane

**207 E2 Zugang vom Palazzo Pitti 055 2 38 86 05 Siehe Giardino di Boboli Kombiticket (Boboli mit Silber-, Kostüm-, Porzellanmuseum und Museo Bardini): 7 €**

## 45 Santo Spirito

Hinter der unvollendeten Fassade des letzten großen Sakralbaus von Filippo Brunelleschi wartet die nach Meinung Berninis »schönste Kirche der Welt« – licht, luftig und harmonisch proportioniert mit von schlanken Säulen gesäumtem Hauptschiff und 38 stillen Seitenkapellen, die mit ihren bemalten Altartafeln beeindrucken. Über eine **Vorhalle** mit kassettiertem Tonnengewölbe am linken Seitenschiff gelangt man in die von da Sangallo entworfene achteckige **Sagrestia** (Sakristei) mit zweischaliger Kuppel und den ersten der beiden **Kreuzgänge** mit plätscherndem Brunnen.

Im angrenzenden **Cenacolo** (Refektorium) ist ein Museum für die Hinterlassenschaften des einstigen Augustinerklosters untergebracht.

Auf der von der gelben Kirchenfassade dominierten lebhaften **Piazza di Santo Spirito** mit Platanen findet wochentags ein Gemüsemarkt statt (Mo bis Sa 8–14 Uhr), jeden zweiten Sonntag im Monat sind hier Antiquitäten- und Secondhand-Stände aufgestellt.

**Kirche**

**207 D4 Piazza di Santo Spirito 055 21 00 30; www.basilicasantospirito.it Mo, Di, Do–Sa 9.30–12.30, So 16–17.30 Uhr, So 11.30–12.30,16–17.30 Uhr, Messen Mo, Di, Do–Sa 9, 18, So 9, 10.30 und 18 Uhr C3, D, 11 frei**

**Cenacolo – Refektorium**

**207 D4 Piazza di Santo Spirito 29 055 28 70 43; www.museicivicifiorentini.comune.fi.it (Fondazione Salvatore Romano) Sa–Mo 10–16 Uhr C3, D und 11 frei**

## 46 Museo Zoologico La Specola

In der »Specola« (Sternwarte) befand sich das bis zu Beginn des 19. Jahrhunderts weltweit einzige wissenschaftliche Museum zur Naturgeschichte, das auf eine Sammlung der Medici zurückgeht. In 34 Sälen werden eine Kollektion realistischer anatomischer Wachsfiguren aus dem 18. und 19. Jahrhundert, die urspünglich für Medizinstudenten gedacht war, sowie Tierpräparate von Reptilien, Amphibien, Säugetieren, Fischen und Vögeln ausgestellt. Nicht nur Kinder sind von den Galapagos-Schildkröten, dem arktischen Wal oder dem größten Käfer der Welt begeistert!

**206 C3 Via Romana 17 0552 75 64 44 Juni–Sept. Di–So 10.30–17.30, Okt.–Mai Di–So 9.30–16.30 Uhr D, 11, 36 und 37 6 €**

## 47 Forte di Belvedere

Ferdinand I. beauftragte 1590 den Architekten Buontalenti mit dem Bau dieser Festungsanlage über der Stadt. Heute werden auf den weiten Wällen mit großartigem Blick Ausstellungen veranstaltet (häufig geschlossen).

**207 E2 Via San Leonardo 1 055 2 00 14 86; www.museicivicifiorentini.comune.fi.it**

## 48 Villa & Giardino Bardini

Einen herrlichen Blick auf die Stadt bietet der bezaubernde Garten der Villa Bardini. Den Aufstieg über die barocke Freitreppe zum Rondò Belvedere begleiten schöne Blumendüfte. In der Villa von 1641 sind das Museum der Stiftung des Modeschöpfers Roberto Capucci sowie das Museum Pietro Annigoni (Malerei) untergebracht.

**207 F2 Costa San Giorgio 2 055 20 06 62 06; www.bardinipeyron.it Garten: tägl. ab 8.15 Uhr, je nach Jahreszeit bis 16.30 oder spätestens 19.30 Uhr Bus C3 und D Kombiticket mit Giardino di Boboli, Galleria del Costume, Museo delle Porcellane und Museo degli Argenti 10 €**

**Museo Cappucci**

**207 F2; www.fondazionerobertocapucci.com April–Sept. Mi–So 10–18, Okt.–März Mi–Fr 10–16, Sa, So 10–18 Uhr 6 €**

**Museo Annigoni**

**207 F2; www.museoannigoni.it Di–So 10–19 Uhr 8 Euro**

## 49 Museo Bardini

Der Kunsthändler, Maler und Sammler Stefano Bardini (1836 bis 1922) vermachte der Stadt Florenz den Stadtpalast mitsamt seiner Kunstsammlung: über 2000 Werke.

**207 F3 Via dei Renai 37 055 2 34 24 27; www.museicivicifiorentini.comune.fi.it Fr–Mo 11–17 Uhr D und 23 6 €**

# Wohin zum ...
# Essen und Trinken?

**Preise**
für ein Drei-Gänge-Menü (ohne Getränke und Service):
**€** unter 20 Euro **€€** 20–45 Euro **€€€** über 45 Euro

**Dass Oltrarno ein gewachsener, eher unprätentiöser Stadtteil ist, davon kündet auch die Landschaft seiner Restaurants mit vielen schnörkellosen Familienbetrieben. Dass er augenblicklich an Popularität in der Szene gewinnt, erkennt man nicht zuletzt an zahlreichen neuen, lässigen Speiselokalen, Cafés und Bars in unmittelbarer Umgebung seiner beiden Hauptplätze, Piazza del Carmine und Piazza di Santo Spirito.**

**Besonders gilt dies für das Viertel San Frediano, das allerdings etwas abseits östlich des Zentrums von Oltrarno liegt.**

## 4 Leoni €–€€

Touristen verirren sich kaum in diese Trattoria unweit des Palazzo Pitti. Das Ambiente wirkt rustikal, mit rohen Steinwänden und mächtigen Deckenbalken, behängt mit Trockensträußen. Toskanische Küche. Im Sommer sitzt man unter Sonnenschirmen auf der kleinen Piazza.

**207 D3/4 Via dei Vellutini 1r / Piazza della Passera 055 21 85 62; www.4leoni.com tägl. 12–24 Uhr; Mi mittags und im Aug. geschl.**

## Angiolino €–€€

Traditionsreiche, gemütliche Trattoria: Tomatenranken und Kürbisse schmücken die Bar, von der alten Ziegeldecke des Hauptraums hängen Trockenblumen und Chilischoten. Karierte Tischwäsche und Weine in Korbflaschen komplettieren das Bild. Auf der Karte stehen einfache toskanische Gerichte ohne Schnickschnack – *crostini* (Röstbrot), Schinken, Salami, *pappa al pomodoro* (Tomaten-Brot-Suppe) neben Suppen, Pasta und Gegrilltem.

**206 C4 Via di Santo Spirito 36r**
**055 2 39 89 76; www.casatrattoria.com**
**tägl. 12.15–15.30, 19–23.30 Uhr**

## Le Barrique €

Wenn Ihnen nach dem Besuch der Cappella Brancacci weniger nach dem Angiolino (► oben) zumute ist, gehen Sie ums Eck zu dieser netten kleinen *enoteca*, wo man sich zu warmen und kalten Gerichten von der Karte bzw. Brot, Käse und anderen Kleinigkeiten ein Gläschen der an der Bar offen ausgeschenkten Weine genehmigt.

**206 B4 Via del Leone 40r**
**055 22 41 92; www.enotecalebarrique.com**
**Di–So 12.30–14.30, 19.30–23.30 Uhr**

## Caffè Pitti €

Unter den Lokalen auf der Piazza vor dem gleichnamigen Palazzo empfiehlt sich dieses – wegen seines hübschen Kaffeehausinterieurs.

**207 D3 Piazza Pitti 9r 055 2 39 98 63; www.caffepitti.it tägl. 11–23 Uhr**

## Caffè Ricchi €–€€

Meist findet man an zentralen Orten eine beliebte Bar wie diese, ideal für kleine Mahlzeiten zu jeder Tageszeit, aber auch den Drink am frühen oder späten Abend. Auf der Terrasse an der verkehrsfreien Piazza kann man das Defilee der Flanierenden abnehmen.

**206 C3 Piazza Santo Spirito 9r 055 21 58 64; www.ristoranitericchi.com Bar: Sommer Mo–Sa 7–1 Uhr; Winter Mo–Sa 7–21 Uhr; Restaurant: tägl. 12–15, 18.30–23 Uhr**

## Casalinga €€

Altmodische Trattoria mit ordentlicher toskanischer Basisküche, freundlicher Bedienung und lebendiger Atmosphäre, wie man es bei einem seit Generationen von derselben Familie geführten Restaurant erwartet. Eine gute Alternative zur Osteria Santo Spirito.

**207 D3 Via del Michelozzi 9r, nahe Piazza di Santo Spirito 055 21 86 24; www.trattoriacasalinga.it Mo–Sa 12–14.30, 19–22 Uhr**

## Cuculia €€

Hier zaubert Olivier aus Venezuela für Vegetarier, Fischfans und Fleischesser multiethnische Interpretationen toskanischer Gerichte, die Roberta zwischen Bücherregalen und Blumenarrangements serviert. Sonntags gibt es zum Brunch einen Einheitsteller zum Einheitspreis.

**206 B2 Via dei Serragli 3r 055 2 77 62 05; www.cuculia.it Di–So 19–23 Uhr**

## Fuori Porta €–€€

»Vor dem Tor« bezieht sich in diesem Fall auf die Porta San Miniato, weshalb sich diese beliebte *enoteca* beim Besuch der nahe gelegenen Kirche San Miniato al Monte ideal für eine Pause eignet. Die Bar listet etwa 600 Weine, von denen man rund 40 glasweise ausschenkt, neben Whisky, Grappa und ausgefalleneren Getränken. Neben leckeren Snacks führt die Tageskarte eine Auswahl schmackhafter warmer Gerichte.

**208 C2 Via del Monte alle Croci 10r 055 2 34 24 83; www.fuoriporta.it tägl. 12.30–0.30 Uhr**

## Hemingway €

Das moderne Café nahe der Piazza del Carmine hebt sich mit seinen Spezialitäten von der Konkurrenz ab: Tee, Kaffee und Schokolade. Zahllose Tee- und über 20 Kaffeesorten munden zu sensationellen Kuchen- und Schokoladensorten, doch auch Klassiker werden angeboten.

**206 B4 Piazza Piattellina 9r 055 28 47 81 So–Do 17–1, Fr/Sa 17–2 Uhr**

## Lungarno 23 €€

Kein Ort für Vegetarier, denn hier stammt alles vom einheimischen Chianina-Rind: Carpaccio, Roastbeef, Steaks und vorzügliche Burger in allen Varianten.

**208 A3 Lungarno Torrigiani 23 055 2 34 59 57; www.lungarno23.it Mo–Fr 19–23, Sa/So 12.30–15.30 und 19–23 Uhr**

## Olio & Convivium €€

Klein und fein: Ob beim Mittagessen mit Geschäftsleuten oder abends im eher untypisch ruhigen Ambiente – hier kann man sich mit seinem Gegenüber unterhalten! Die kulinarischen Köstlichkeiten, Olivenöl und gute Weine können Sie auch nach Hause mitnehmen!

**207 D4 Via Santo Spirito 4; www.oliorestaurant.it 055 2 65 81 98; www.conviviumfirenze.it Mo–Sa 10–22.30 Uhr**

## Sant'Agostino €€

Ein Juwel im Straßengewirr rund um Santo Spirito, dessen aufmerksame Eigentümer mit einem zeitgemäßen Trattoriakonzept das Gebiet neu belebten. Toskanische Küche.

**206 C4 Via Sant'Agostino 23r 055 28 19 95 tägl. Sommer 12–23, Winter 12–15, 19–23 Uhr**

## Le Volpi e L'Uva €–€€

Die moderne, erstklassige *enoteca* versteckt sich an einem kleinen Platz nicht weit vom Ponte Vecchio. Neben einer hervorragenden Auswahl offener Weine, die regelmäßig wechselt, serviert man eine Palette exzellenter Vorspeisen und Snacks – wie *crostini* (Röstbrot) und *panini* (Sandwiches).

**207 E3 Piazza dei Rossi 1r, nahe Piazza di Santa Felicita 055 2 39 81 32 Mo–Sa 11–21 Uhr**

# Wohin zum ... Einkaufen?

## SCHMUCK

**Lapini** (Borgo San Frediano 50r, Tel. 055 21 32 76; www.paolo lapinifirenze.it; Mo–Fr 10–13, 15.30–19.30 Uhr) hebt sich durch die Verarbeitung edelster Materialien und aparte Entwürfe von der Konkurrenz ab.

## KUNST UND ANTIQUITÄTEN

Kunst und Antiquitäten findet man um die **Via Maggio,** die selbst etliche gut ausgestattete Galerien und Antiquitätengeschäfte vereint: **Raffaello Romanelli** (Borgo San Frediano 70, Tel. 055 2 39 60 47) ist zu nennen; Marmorreproduktionen bekannter Skulpturen, aber auch Objekte aus Bronze, Terrakotta und Alabaster kann man hier anschauen – oder gleich für den Hausgarten erwerben! **Guido Bartolozzi** (Nr. 18r, Tel. 055 21 54 87; www.guido bartolozzi.com) und **Paolo Paoletti** (Nr. 30r, Tel. 055 21 54 87) sind gute Adressen für Stilmöbel und Antiquitäten.

Bei **Castorina** (Via di Santo Spirito 13–15r, Tel. 055 21 28 85; www. castorina.net; Mo–Fr 9–13, 15–19, Sa 9–13 Uhr) ist man auf vergoldete Rahmen spezialisiert sowie Engel, dekorative Gipsabgüsse und andere Barockobjekte. In der Buchbinderei **Giulio Giannini & Figlio** (Piazza de' Pitti 37r, Tel. 055 21 26 21; www.giuliogiannini.it) bekommt man edles Zubehör fürs Büro und zum Schreiben (► 28).

## TEXTILIEN

Im **Antico Setificio Fiorentino** (Via Bartolini 4, Tel. 055 21 38 61; www.anticosetificiofiorentino.it; Mo–Fr 10–18 Uhr, nur nach Anmeldung) von 1786 werden noch auf riesigen Webstühlen Sammlerstücke aus Seide nach antiken Mustern kreiert.

## GLAS UND KRISTALL

In der Glas- und Kristallschleiferei **Moleria Locchi** (Via D. Burchiello 10, Tel. 055 2 29 83 71; www.loc chi.com; Mo–Fr 9–13, 15–18 Uhr) werden seit 200 Jahren Liebhaberstücke restauriert sowie Objekte in Handarbeit nach Kundenwunsch angefertigt und graviert.

# Wohin zum ... Ausgehen?

## BARS UND CLUBS

Das **Dolce Vita** (Piazza del Carmine, 6r, Tel. 055 28 45 95; www.dolce vitaflorence.com; Di–So 17–2 Uhr) ist eine der beliebtesten und stilvollsten Bars. Das **Volume** (Piazza Santo Spirito 5r, Tel. 055 2 38 14 60; www.volume.fi.it; tägl. 8.30–1 Uhr), Treffpunkt einer eher »alternativen« Clique, erwacht erst am Abend zum Leben. Schon vorher kann man bei Cappuccino oder Cocktail das Flair der Piazza genießen.

**Zoe** im äußersten Osten beim Ponte alle Grazie (Via dei Renai 13r, Tel. 055 24 31 11; tägl. 8–2 Uhr) erweist sich als locker-elegante Cocktailbar (in der später getanzt wird und man im Sommer draußen sitzt).

Im **Il Rifrullo** (Via San Niccolò 55r, Tel. 055 2 34 26 21, www.il rifrullo.com; Mo–Sa 7.30–1, So 8–1 Uhr) wird zum Frühstück Zeitung gelesen, zum Lunch diskutiert und nach dem Aperitif bis in die Puppen geflirtet.

# Ausflüge

# Ausflüge

**Ein Ausflug ins Grüne kann im Kontrast zur Reizüberflutung, Hektik und sommerlichen Hitze von Florenz erholsam sein. Auch die schöne ländliche Umgebung gehört ja zu seinen Attraktionen, und wem nach einer kleineren Stadt zumute ist, der unternimmt eine Tour nach Siena, San Gimignano, Lucca oder Pisa, die alle nicht weit entfernt liegen.**

## In Stadt …

Wenn in den Städten steinerne Bauten deren historische Sternstunden bezeugen, so trifft dies ganz sicher auch für die Toskana zu: Selbst eher unscheinbare Kommunen haben dort meist ein Goldenes Zeitalter erlebt, das seinen Ausdruck in schönen Palazzi, Kirchen und Plätzen fand – ein kulturelles Erbe, das mitunter sogar in entlegenen Dörfern spürbar ist.

In gewisser Weise ähneln sich derartige Orte: Meist findet sich ein zentraler Platz, gesäumt von größeren Profan-

Hügellandschaft nahe Monte Oliveto Maggiore

oder Sakralbauten – wie Rathaus oder Kirche, einer Loggia (früher Schutz vor der Witterung, heute vorwiegend Stätte für den Markt) und einem Campanile – in der Regel von einer gewissen Höhe, damit die Glocken weithin zu hören waren. Sie riefen das Volk zu Versammlungen auf den Platz, signalisierten die Sperrstunde und warnten mit heftigem Geläut vor Gefahr. »Hörigkeit« gegenüber den Glocken spiegelt noch der Ausdruck *campanilismo* für den Hang der Toskaner zur »Kirchturmpolitik« (die engstirnige Beschränkung auf die eigene Interessengruppe).

Der Hauptplatz der meisten toskanischen Städte dient auch als Kulisse für regionale Festlichkeiten und natürlich den abendlichen *struscio,* bei dem die Einheimischen adrett gekleidet die Schaufenster der Läden und einander gegenseitig bewundern. Sie folgen hierin dem in ganz Italien

gültigen Prinzip des *fare una bella figura:* gut aussehen und (dabei) gesehen werden.

Die Toskaner sind stolz auf ihr Erbe, ihr Land und ihre Vorfahren, die sich bis zu den Etruskern zurückverfolgen lassen – stets jedoch besorgt, ihre größeren Städte nicht zu Museen zu machen und gänzlich dem Tourismus anheimzugeben. Finanzen, Architektur und Restaurierung sind hier drei wichtige Dienstleistungszweige, im Bereich der Industrie dominieren Glas-, Marmorverarbeitung und Motorradbau, und auf landwirtschaftlichem Gebiet zählen toskanische Weine und Olivenöle zu den renommiertesten der Welt. Als arbeitsamen Bürgern einer ökonomisch eigenständigen Region ist ihnen die römische Regierungsbürokratie ein Gräuel, und nicht wenige sehnen sich zurück nach der Unabhängigkeit der Toskana vor der Einigung Italiens im Jahr 1870.

## ... und Land

Wenn man in der Toskana eine Städtetour unternimmt (ob nach Siena, San Gimignano, Lucca, Pisa oder in einen der kleinen Hügelorte), ist der Weg zugleich das Ziel – denn er führt durch bezaubernde Landschaften mit blumenübersäten Hügeln, zwischen denen sich einsame Bauernhöfe auf sonnenverbrannter Erde ducken. Malerische alte Villen mit bunt getünchten Fassaden ziehen vorbei, im Wechsel mit Olivenhainen, Weinbergen, Lavendel- oder Kornfeldern und Zypressenalleen. Sie bilden das magische ländliche Umfeld der stolzen Renaissance-Städte mit ihren Kunstschätzen und verbinden sich mit ihnen zu einem einmaligen Gleichklang.

# Siena

**Malerisch auf einem Hügel gelegen und weitgehend geprägt vom Mittelalter, ist Siena vielleicht die schönste Stadt der ganzen Toskana. Anders als in Florenz leuchten hier die Häuserwände nicht honigfarben, sondern vorwiegend in strahlendem Ziegelrot – gerade ihre Schönheit, bemerkte einmal ein hiesiger Ratsherr, sei zugleich die größte Hypothek für die Stadtregierung.**

Der Legende nach wurde Siena von Senius gegründet, Sohn des Remus (einer der beiden mythischen Gründungsväter Roms) – weshalb man hier allerorten auf Statuen der Wölfin trifft, die jenen und seinen Zwillingsbruder Romulus gesäugt haben soll.

Siena erlebte seine Blütezeit im Mittelalter, als es zu den reichsten Städten Europas gehörte. Wie Florenz erwarb es seinen Wohlstand mit Tuchhandel und rief, zum Neid der Konkurrenten am Arno, die ersten internationalen Bankinstitute ins Leben, die in der damaligen christlichen Welt die finanziellen Interessen des Papstes vertraten.

Auch die Künstler Sienas zählten damals zu den führenden Italiens, unter ihnen waren Andrea Pisano, Simone Martini, die Brüder Lorenzetti und Duccio di Buoninsegna, die hin-

**Die Piazza del Campo erfüllt abends eine beinahe magische Atmosphäre**

sichtlich Detailgenauigkeit und früher Experimente mit der Zentralperspektive in der Toskana zahlreiche Nachahmer fanden.

Nie wieder jedoch erholte sich die Stadt völlig von der verheerenden Pestepidemie des Jahres 1348, der drei Viertel der Einwohnerschaft zum Opfer fielen. Fortan stand Siena im Schatten des aufstrebenden Florenz, gegen das es heute noch, trotz seiner Eleganz, ein wenig provinziell wirkt. Doch es ist nach wie vor ein reicher Ort, womit keineswegs nur die Einnahmen aus Bankwesen und unvermindert anhaltendem Tourismus gemeint sind: In seinen alten Mauern und dem Gewirr enger Kopfsteinpflastergässchen samt dunklen Bogengängen, die ihm eine fast mittelalterliche Atmosphäre verleihen, birgt es bedeutende Kunstschätze, noble Geschäfte und fantastische Kellerrestaurants.

Wie in vielen Städten Italiens ist hier noch immer das System der *contrade* genannten mittelalterlichen Stadtbezirke lebendig – 40 von ihnen zählte Siena auf der Höhe seiner Macht, 17 sind es seit dem 17. Jahrhundert. Alle pflegen voller Stolz ihre eigenen Wappen und Traditionen, sozialen Einrichtungen und Kirchen, was sich unmissverständlich beim Wettbewerb des Palio (► 172), des Pferderennens, zeigt.

Tag und Nacht sind die Restaurants an der Piazza del Campo gut besucht

## Piazza del Campo

Wohin man sich auch im Labyrinth der mittelalterlichen Gassen verirrt – alle scheinen sie letztlich wieder zum großen Hauptplatz der Stadt zurückzuführen, der gewiss eines der architektonisch interessantesten Beispiele italienischer Stadtplanung ist. Fächerartig entfaltet er sich in neun Segmenten, voneinander getrennt durch Linien weißen Marmors. Wie im 13. Jahrhundert vorgeschrieben, säumen ihn einheitlich rosafarbene Palazzi, um die Würde des Paradestückes der Stadt zu betonen. Dominiert wird er vom majestätischen Palazzo Pubblico mit dem zweithöchsten Glockenturm Italiens. Wenn sich abends die Betriebsamkeit gelegt hat, herrscht auf dem muschelförmigen Platz eine Atmosphäre, die man selbst auf den angrenzenden Restauranttterrassen spürt.

## Palazzo Pubblico

Seit dem 13. Jahrhundert der Sitz der Stadtregierung, beherbergt das gotische Rathaus am unteren Ende des Campo heute mit dem **Museo Civico** (Stadtmuseum) unter anderem auch eine schöne Sammlung Sieneser Malerei und verfügt mit Ambrogio Lorenzettis allegorischem Freskenpaar *Die gute und schlechte Regierung* (1337–39) in der Sala della Pace über eines der bedeutendsten nicht religiösen Gemälde des mittelalterlichen Europa.

Der 102 m hohe Glockenturm wurde seinerzeit erbaut als Symbol des freien Stadtstaates, der die Feudalherrschaft ablöste. **Torre del Mangia** wird er nach seinem ersten Glöckner genannt, den man aufgrund seiner Faulheit als *Mangiaguadagni* (»Verdienstfresser«) verspottete. 505 Stufen führen nach oben – zu einem unvergesslichen Rundblick.

## Duomo (Santa Maria Assunta)

Hoch auf dem Hügel steht der von 1215 bis 1376 erbaute Dom Santa Maria Assunta in seinem markanten Streifengewand aus weißem und schwarzem Marmor. Das riesige Kirchenschiff zeugt noch von dem vermessenen Plan, hier das größte Gotteshaus der Christenheit zu errichten, bei dem der fertige Bau zum Querschiff einer neuen Kirche werden sollte. Die vereitelte jedoch die Pest, sodass auch das neue, 1339 begonnene südliche Seitenschiff unvollendet blieb. Dort befindet sich heute das **Museo dell'Opera del Duomo** mit Skulpturen von Giovanni Pisano, die einst die Fassade schmückten, und einer *Maestà* (Thronenden Madonna) von Duccio, einem Meilenstein in der Kunst. Vom ehemaligen Einfriedungswall des Domes hat man

Links: Siena liegt auf drei Hügeln zwischen den Flüssen Elsa und Arbia

### DER PALIO

Das Pferderennen des Palio (Abb. oben), erstmals bezeugt im Jahre 1283, wird zwischen den alten Stadtbezirken *(contrade)* ausgetragen und findet jährlich am 2. Juli und 16. August statt. Jedes Pferd wird vor Beginn vom Geistlichen seiner *contrada* und vom Bischof des Sieneser Doms gesegnet, dann entfaltet sich ein Spektakel mit großem Gepränge: Trommler, Trompeter, Fahnen- und Keulenschwinger in historischen Kostümen bewegen sich in einem Umzug zur Piazza del Campo. Mit Strohhalmen werden nun die Einzelrennen ausgelost, die jeweils schnell absolviert sind mit nur drei Runden um den Platz. Der Gewinner erhält ein Banner *(palio)* als Trophäe, und abends findet in der siegreichen *contrada* ein riesiges Bankett bei Kerzenlicht im Freien statt – wirklich eindrucksvoll!

Wer den Palio als Zaungast erleben möchte, braucht Standvermögen und muss sehr früh an Ort und Stelle sein. Wer dagegen sitzen möchte, muss sich vor der entsprechenden Tribüne eine Karte kaufen oder sich darum bemühen, direkt in einem der den Campo umgebenden Palazzi einen Fenster- oder gar Balkonplatz zu ergattern (gegen Bezahlung; diese Plätze sind leider meist Monate im Voraus ausverkauft).

einen wunderbaren Blick auf Siena und Umgebung. Die **Hauptfassade** der Kirche präsentiert sich als Schauwand in rosa und weißem Marmor mit einem Skulpturenzyklus von Giovanni Pisano (heute Kopien) und einer Vielfalt von Giebeln, Vorsprüngen, Säulchen, Figuren und Ornamentbändern. Sehenswert im Innern sind die achteckige **Kanzel** von Nicola Pisano mit Szenen aus dem Neuen Testament und der Marmorboden mit seinen mosaikartig eingelegten biblischen Szenen sowie Duccios gewaltiges Rundfenster in der Chorwand. Weiteres Highlight ist die **Libreria Piccolomini** im linken Seitenschiff mit der Büchersammlung von Enea Silvio Piccolomini (Papst Pius II.). Hier sind u. a. Fresken Pinturicchios beachtenswert.

---

**Touristeninformation**

**210 C3 Complesso Santa Maria della Scala, Piazza Duomo 1 057 7 28 05 51; www.enjoysiena.it Sommer tägl. 10.30–18.30, Winter Mo–Fr 10.30–16.30, Sa/So/feiertags 10.30–18.30 Uhr**

**Museo Civico und Torre del Mangia**

**202 C3 Piazza del Campo 1 0577 29 26 15 Museum: Nov.–Mitte März 10–18 Uhr; Mitte März–Okt. 10–19 Uhr; letzter Einlass 45 Min. vor Schließung;**

Turm: Mitte Okt.–Feb. 10–16, März–Mitte Okt. 10–19 Uhr; letzter Einlass 45 Min. vor Schließung 🖐 Museo Civico, Santa Maria della Scala und Turm 20 €, Museo Civico, Santa Maria della Scala 13 €

**Duomo, Baptisterium, Krypta, Museo dell'Opera del Duomo, Libreria Piccolomini**

210 A/B 2/3 ✉ Piazza Duomo ☎ 0577 28 30 48; www.operaduomo.siena.it
🕒 März–Okt. 10.30–19 Uhr (feiertags Dom 13.30–18 Uhr); Nov.– Feb. 10.30 bis 17.30 Uhr (feiertags Dom 13.30–17.30 Uhr); 26. Dez.–6. Jan. 10.30–18 Uhr (feiertags Dom 13.30–17.30 Uhr); März Dom So 13.30–17.30 Uhr; letzter Einlass 30 Min. vor Schließung 🖐 Dom, Libreria Piccolomini, Baptisterium, Krypta und Museum April–Okt. und Weihnachtsferien 20 €, sonst 15 €; Museum 7 €

## BAEDEKER TIPP

- Sienas Zentrum ist **Fußgängerzone**! Die Hauptsehenswürdigkeiten liegen jedoch recht nah beieinander. Den besten Eindruck von der **Topografie** der Stadt bekommt man von der **Torre del Mangia** oder dem alten Einfriedungswall des Doms. Das mittelalterliche Zentrum innerhalb der Stadtmauern wurde auf drei Hügelzügen erbaut, die sich zur Piazza del Campo absenken.
- Zu den **kulinarischen Spezialitäten** zählen das *panforte di Siena* (Fladen aus kandierten Früchten und Nüssen, gewürzt mit Zimt und Nelken) und *ricciarelli* (Kekse aus gemahlenen Mandeln, Orangenschalen und Honig).
- Die **Enoteca Italiana** (Fortezza Medicea, Piazza Libertà 1, Tel. 0577 22 88 11; www.enoteca-italiana.it) in den Munitionskellern der ehemaligen Stadtbefestigung vertreibt angeblich alles, was Italien an Weinen zu bieten hat. Von Mittag bis Mitternacht kann man sie auch gleich glasweise an der Bar probieren – *Salute!*

**Außerdem** Gemälde der Sieneser Schule finden Sie in der **Pinacoteca Nazionale** (Via San Pietro 29, Tel. 0577 28 61 43; www.pinacotecanazionale.siena.it; Mo 9–13, Di–Sa 8.15–19.15, So 9–13 Uhr; Eintritt: 4 Euro).

- Schöne **Fresken aus dem 15. Jahrhundert** können Sie sich im ehemaligen Hospiz von **Santa Maria della Scala** (Piazza del Duomo 1, Tel. 0577 53 45 71; www.santamariadellascala.com; Mo, Mi–Fr 10.30–16.30, Sa/So 10.30–18.30 Uhr; Eintritt: 9 Euro) anschauen.
- Dem Himmel ganz nah ist, wer über die steinernen Wendeltreppen in den Dachboden der **Kathedrale** hinaufsteigt. Von der **Porta del Cielo** (Tel. 0577286300, www.operaduomo.siena.it/portadelcielo.htm, nach Voranmeldung, 15 €) hat man auch einen wunderbaren Blick ins Dominnere.

**Anreise** 70 km liegen zwischen Florenz und Siena.

- Mit dem **Auto** ist man am schnellsten mit einer einstündigen Fahrt über die mautfreie Superstrada del Palio. Auf der Panoramastraße Chiantigiana SS222 braucht man natürlich länger, sieht aber auch viel von der wunderschönen Landschaft des Chianti: Weinberge, aber auch Olivenhaine und Wälder begleiten den Weg. Sienas Innenstadt ist für Autos gesperrt, doch stehen ausreichend gut ausgeschilderte **Parkplätze** zur Verfügung.
- Etwas mehr als eine Stunde benötigen auch die **Überlandbusse** vom Bahnhof Florenz SMN zur Piazza San Domenico in Siena (Tel. 0577 20 41 11, www.tiemmespa.it).
- Mit dem **Zug** gelangt man fast stündlich von Florenz nach Siena (Fahrtzeit rund 90 Minuten), manchmal mit Umsteigen in Empoli. Sienas **Bahnhof** liegt anderthalb Kilometer außerhalb, es verkehrt aber ein Bus zur Piazza Matteotti nahe dem Zentrum.

# San Gimignano

**Auf einer Hügelkuppe gelegen, umgeben von Olivenhainen, Weingärten und Zypressen, ist San Gimignano einer der malerischsten Orte der Toskana und zudem für seine Geschlechtertürme, die *belle torri,* berühmt. Für damalige Verhältnisse dem Rang von Wolkenkratzern gleichkommend, brachten sie dem Städtchen den Beinamen »Manhattan des Mittelalters« ein.**

Von den ehemals 72 Türmen aus der Blütezeit San Gimignanos haben sich 14 erhalten. Erbaut wurden sie im 12. und 13. Jahrhundert als Machtsymbole und Trutzburgen der hiesigen Adelsgeschlechter. Damals war die Einwohnerschaft doppelt so groß wie heute (ca. 8000 Einw.), und der Ort florierte als wichtige Station auf dem »Frankenweg«, der Via Francigena, der Pilger von Nordeuropa nach Rom führte. Mit der Pest von 1348 jedoch verebbte ihr Strom und der Niedergang der Stadt begann. Später wurden viele Türme abgerissen und die Steine zum Festungsbau verwendet.

Als der französische Dichter André Suarès auf seiner Kavalierstour durch Europa um 1900 San Gimignano besuchte, erschien es ihm als faszinierendste Stadt Italiens – obgleich sich, wie er festhielt, in der Augusthitze kaum ein Fremder dorthin verirre. Dies trifft heute bedauerlicherweise kaum noch zu, denn aufgrund der Nähe zu Florenz und Siena wird der malerische Ort täglich mit ganzen Busladungen von Touristen überschwemmt. Mit Sonnenuntergang aber hat man die schmucken Straßen wieder ganz für sich und kann sich in Ruhe der magischen, zeitlosen Atmosphäre unter den langen Schatten der Türme hingeben.

Blick von der Torre Grossa in San Gimignano

## Die großen Plätze

Auf dem Weg (am besten mit kleinen Eis-Pausen!) zwischen den beiden Hauptplätzen – Piazza del Duomo und Piazza della Cisterna – kommt man sich vor der gewaltigen Kulisse der umgebenden Gebäude wie auf einer Bühne vor. Die Palazzi des Mittelalters erhob die UNESCO schon 1960 zum Weltkulturerbe – was sich

**Die Stadtsilhouette mit ihren malerischen Türmen, die einst im Krieg gegen feindliche Nachbarn Schutz gewährten**

bei einer genauen Betrachtung rasch erklärt.Die **Piazza della Cisterna** ist seit acht Jahrhunderten Zentrum des öffentlichen Lebens und nach dem Brunnen in der Mitte benannt. Auf seiner steinernen Einfassung sind noch die Kerben sichtbar, die Ziehtaue für die Wassergefäße hinterließen. Die **Piazza del Duomo** wird vom **Palazzo del Podestà** (mit dem vermutlich ältesten Turm der Stadt aus dem Jahre 1239) und dem Rathaus **Palazzo del Popolo** beherrscht, in dessen Obergeschossen heute das Museo Civico untergebracht ist.

## Museo Civico

In der freskengeschmückten **Sala del Consiglio** überzeugte Dante im Jahre 1300 als Abgesandter der Guelfen (► 129) die Ratsherren zu einer Allianz mit Florenz – gegen Pisa, Siena, Arezzo und Volterra. Im Gegenzug verlor San Gimignano allerdings seine Eigenständigkeit und geriet zunehmend unter Florentiner Einfluss. Prunkstück des Sitzungssaals ist heute die *Maestà* von Lippo Memmi. In den anderen Räumen des Museums trifft man auf hochkarätige Werke von Filippino Lippi, Benozzo Gozzoli, Pinturicchio (Bernardino di Betto Vagio), Taddeo di Bartolo und Memmo di Filippuccio.

Vom Museum aus hat man auch Zugang zur **Torre Grossa** mit wunderschönem Blick über die Ziegeldächer.

## Ausflüge

### Collegiata (Santa Maria Assunta)

Die schlichte romanische Fassade der einstigen Kathedrale, fälschlich auch »Duomo« genannt, nimmt sich bescheiden gegen das prunkvolle Innere aus. Es ist dem Dom von Siena nachempfunden und mit vier **Freskenzyklen** geschmückt. Bartolo di Fredi schuf 26 *Szenen des Alten Testaments* (1367), Lippo und Federico Memmi *Szenen aus dem Leben Christi* (1333–41), und Taddeo di Bartolos *Jüngstes Gericht, Himmel und Hölle* besticht durch zeichnerische und erzählerische Details. Die angrenzende **Cappella di Santa Fina** ist ein wahres Meisterwerk der Renaissance und zeigt Fresken Domenico Ghirlandaios zu den *Wundern der hl. Fina*, die diese als Mädchen vom Krankenbett aus bewirkte.

**Blick über die Dachlandschaft der mittelalterlichen Stadt**

---

**Touristeninformation**
Piazza del Duomo 1 · 0577 94 00 08; www.sangimignano.com

**Museo Civico und Torre Grossa**
Piazza del Duomo 2 · 0577 28 63 00; www.sangimignanomusei.it
April–Okt. 9.30–18.30 Uhr, Nov.–Febr. 11–17, März 10–17 Uhr · 6 €

**Collegiata (Santa Maria Assunta)**
Piazza Luigi Pecori 1–2 · Tel. 0577 28 63 00; www.sangimignanomusei.it
April–Okt. Mo–Fr 10–19, Sa 10–17, So 12.30–19 Uhr, sonst Mo–Sa 10–16.30, So 12.30–16.30 Uhr, 2. Hälfte Jan. und Nov. geschl.
4 €

## BAEDEKER TIPP

- Die **Galleria Continua** versteckt sich in den Räumen eines 1950er-Jahre-Kinos: Sie ist zu einer der mittlerweile wichtigsten Galerien für moderne und zeitgenössische Kunst Italiens avanciert (Via del Castello 11, Tel. 0577 94 31 34; www.galleria continua.com; Mo–Sa 10–13 und 14–19 Uhr).
- Der **Garten der Rocca** (Burgruine) mit Feigen- und Olivenbäumen und fantastischer Aussicht ist ideal zum Postkartenschreiben und zur Nachmittagssiesta.
- Sehenswert ist **Benozzo Gozzolis Freskenzyklus** zum Leben des hl. Augustinus (1464) in der Kirche Sant'Agostino an der gleichnamigen Piazza (Nov.–März 7–12, 15–18 Uhr; April–Okt. 7–12, 15–19 Uhr).

**Anreise** Am besten erreicht man das 57 km südwestlich von Florenz gelegene San Gimignano mit dem **Auto.** Außerhalb der Stadtmauern gibt es ausreichend **Parkplätze.**

- **Öffentliche Verkehrsmittel:** Per Bahn oder Bus (SITA, Via Santa Caterina di Siena 15, Tel. 800 37 37 60 nur in Italien; www.sitabus.it) nach Poggibonsi, dann weiter mit dem Schienenbus (Tel. 0577 20 41 11; www.tiemmespa.it).

# Lucca

**Eine Stadt mit unverwechselbarem Charme: In ihrem Befestigungsring aus der Renaissance birgt sie ein Ensemble bestens erhaltener mittelalterlicher Straßen und Plätze mit bildschönen Kirchen, Palazzi und Parks. Der Schriftsteller Henry James empfand Lucca seinerzeit als »voll Leichtigkeit, Überfluss, Schönheit und Idealmaß« (*Italian Hours*, 1909; Reiseessays).**

Im Jahr 180 v. Chr. wurde Lucca römische Kolonie, was noch am Gitternetz der Straßen ablesbar ist. Jahrelang focht die Stadt gegen Pisa und Florenz, wovon eine Handvoll befestigter Paläste kündet (ehemals Sitz von Feudalherren). Zu ihnen gehören Wachttürme wie der **Torre Guinigi** der gleichnamigen Regentenfamilie – einer der letzten Türme Italiens, auf dessen Zinnen ein kleiner Hain von Steineichen wächst.

Die Herren von Lucca erwarben Wohlstand mit dem Handel von Olivenöl und Seide und verstanden es mit diplomatischem Geschick, sich den Status einer unabhängigen Republik zu erhalten (im Gegensatz zu anderen toskanischen Städten, die unter spanische oder französische Kuratel gerieten). Anders als in den Touristenhochburgen

**Blick auf Lucca von der Torre Guinigi**

Duomo San Martino mit seiner asymmetrischen Hauptfassade

Pisa oder Florenz macht man hier weniger Aufheben um das kulturelle Erbe und bleibt so von großen Besucherströmen verschont.

## Duomo (San Martino)

In Angleichung an den benachbarten **Glockenturm** erhielt der Dom eine asymmetrische **Marmorfassade.** Drei elegant ornamentierte Loggiengeschosse sind der eigentlichen Mauer über den mächtigen Portalen vorgelegt – ein hervorragendes Exempel pisanischer Romanik. Der Patronatsheilige Martin erscheint gleich mehrfach dargestellt, einschließlich der Szene seiner Mantelteilung für den Bettler.

Sehenswert im **Innern** sind der *Volto Santo,* ein hölzernes Kruzifix, das seit dem 13. Jahrhundert als Reliquie verehrt wird (da es angeblich zur Zeit der Kreuzigung von Nikodemus geschnitzt wurde und das wahre Antlitz Christi zeigt), und eine der schönsten italienischen Grabskulpturen, Jacopo della Quercias *Grab der Ilaria del Carretto* (1406–13). Die junge Frau war die Braut Paolo Guinigis, dessen Familie damals über Lucca herrschte.

## Piazza dell'Anfiteatro (Piazza del Mercato)

In römischer Zeit stand hier das **Amphitheater,** dessen perfektes Oval weiterhin den Grundriss des Platzes bestimmt; sogar seine Zugänge liegen exakt dort, wo einst Gladiatoren Einzug hielten. Heute ist die Piazza von mittelalterlichen Häusern in verblassten Ockertönen umgeben. Von den oberen Stockwerken spannen sich Leinen, an denen

Wäsche flattert. Hier findet im Dezember auch ein Weihnachtsmarkt statt.

### San Michele in Foro

Aufgrund ihrer überproportionierten Fassade – mit reich ornamentierten Blendarkaden, filigran ausgeführten Pfeilern und ebensolchen Säulen – könnte man die wohl schönste Kirche Luccas nach pisanischem Vorbild glatt mit dem Dom verwechseln. Ungewöhnlich sind die zweite Bogenstellung und der luftige zweigeschossige Blendgiebel, der über das Gebäude ragt. Es wird von einer riesigen Statue des hl. Michael im Kampf mit dem Drachen bekrönt, der wiederum von Trompete blasenden Engeln flankiert ist. Der Name der Kirche erklärt sich aus ihrem Standort, dem des einstigen römischen Forums.

Die **Piazza di San Michele** ist heute noch, wie vor 2000 Jahren, Zentrum des öffentlichen Lebens, nicht etwa die Piazza del Duomo.

---

**Touristeninformation**

**Vecchia Porta San Donato, Piazzale Verdi 0583 58 31 50; www.turismo.lucca.it tägl. April–Okt. 9–19 Uhr Nov.-März 9–17 Uhr**

**Duomo di San Martino**

**Piazza Antelminelli 0583 58 31 50, www.turismo.lucca.it Mitte März–Okt. Mo–Fr 9.30–18, Sa 9.30–18.45, So 9–10, 11.45–18 Uhr, Nov.–Mitte März Mo–Fr 9.30–17, Sa 9.30–18.45, So 11.30–17 Uhr**

**3 €, für Dom, Museum, Kirchen San Giovanni und Reparata 7 €**

**San Michele in Foro**

**Piazza di San Michele in Foro tägl. 8.30–12, 15–18 Uhr, während der Messen nur bedingt**

## BAEDEKER TIPP

- Ein schöner **Blick über Lucca** und bis zum Apennin (im Winter schneebedeckt) bietet sich von der 4 km langen **Stadtmauer**, heute ein Park mit viel Schatten. Man kann sie zu Fuß oder mit dem Fahrrad überqueren (Verleih im Ort).
- Das **Puccini-Museum** (Corte San Lorenzo 9, Tel. 0583 58 40 28; www.puccinimuseum.org; März–April Mi–Mo 10–18 Uhr, Mai–Sept. tägl 10–19, Nov.–Febr. Mi–Mo 10–13, 15–17 Uhr, Eintritt: 7 Euro) ist im Elternhaus des Komponisten Giacomo Puccini beheimatet.
- Bummeln Sie die **Via Fillungo** mit ihren schönen Läden und **Jugendstil-Fassaden** entlang – danach bietet sich ein Espresso im Caffè di Simo (Nr. 58) an.

**Anreise** Zweimal stündlich verkehren **Züge** von Florenz nach Lucca (Fahrtzeit 1,5 Stunden). Der **Bahnhof** in Lucca befindet sich im Süden außerhalb der Stadtmauern an der Piazza Ricasoli.

- Regelmäßig fahren **Überlandbusse** der Gruppe Vaibus (www.lucca.cttnord.it) von Florenz, Via Fiume nach Lucca, Piazzale Verdi. Fahrzeit ca.75 Minuten.
- Die Innenstadt Luccas ist für **Autos** gesperrt. Parkmöglichkeit: **Le Tagliate** im Westen, nahe Porta San Donato und Touristeninformation.

# Pisa

**Ähnlich wie die Gondeln von Venedig und das Kolosseum in Rom gehört der Schiefe Turm von Pisa zu den Wahrzeichen und unbestrittenen Touristenmagneten Italiens.**

Doch die Stadt ist mehr als das illustre Bauwerk – sie ist internationaler Airport (➤ 40) und Einfallstor zur Toskana. Zur Blütezeit im 11. bis 13. Jahrhundert beherrschte ihre Flotte das westliche Mittelmeer, bis um 1400 die Versandung der Hafenbucht die Bedeutung des Arno als Lebensader schmälerte. Doch trifft man auch im betriebsamen Pisa von heute auf eindrucksvolle Zeugnisse seines Ruhms: mittelalterliche Türme, Kaufmannspalazzi und architektonische Juwele pisanischer Protorenaissance.

Am besten macht man einen Streifzug durch schmale Kopfsteinpflastergässchen und die elegante Einkaufsstraße **Borgo Stretto** zum historischen Kern der Stadt, der **Piazza dei Cavalieri** – vielleicht verbunden mit einem Besuch des Marktes auf der **Piazza delle Vettovaglie:** Dann entdeckt man Pisa und die Pisaner jenseits des Schiefen Turms und eines Ansichtskartentourismus.

Dom und Schiefer Turm auf dem Campo dei Miracoli

### Campo dei Miracoli

Das »Feld der Wunder« (wie es einst der Dichter Gabriele d'Annunzio bezeichnete) trägt seinen Namen zu Recht, denn hier erlebt man auf grüner Wiese eines der ehrgeizigsten Architekturprogramme des gesamten Mittelalters. Vor der Stadtmauer erheben sich – in makellosem weißem Carrara-Marmor – Dom, Baptisterium, Camposanto und der besagte Schiefe Turm.

Zudem findet man dort zwei kleinere Museen: das **Museo delle Sinopie** mit Fragmenten und Rötelskizzen (sogenannten *Sinopien)* der ehemaligen Fresken des Camposanto und im Kapitelhaus des Domes das **Museo dell'Opera del Duomo,** das neben dem Domschatz Kunstwerke aus Dom und Baptisterium ausstellt.

Der **Schiefe Turm** *(Torre Pendente)* zieht jährlich Millionen Besucher an, die staunen, wie er es wohl schafft, der Schwerkraft zu trotzen – denn sein Schiefstand wirkt auf die meisten weit faszinierender als sein herrliches Marmorgewand oder seine sechs eleganten Säulenreihen.

Vor 800 Jahren bereits, kurz vor seiner Vollendung als frei stehender Glockenturm des Doms, begann er aufgrund

Rechts: Glocke im Schiefen Turm

des instabilen Schwemmbodens zu kippen. Laut behördlicher Auskunft neigt er sich pro Jahrzehnt weitere 7 mm. 2001 wurden umfangreiche Stabilisierungsmaßnahmen vollendet, die ein Korsett aus Stahlbändern, Druckstreben, Stahlstützen und Gegengewichten einschlossen. Das **Baptisterium** *(Battistero)*, größte Taufkirche der Christenheit, ist ein architektonisches Juwel. Den romanischen Unterbau krönt ein reich verzierter gotischer Oberbau mit Kuppel (im Inneren die berühmte Kanzel von Nicola Pisano). Von der Empore (Sportliche erklimmen die Kuppelspitze) kann man den ganzen Platz aus der Vogelperspektive bewundern.

Der Friedhof **Camposanto** ist im Stil eines Kreuzgangs angelegt. Sein Freskenschmuck fiel teilweise im Krieg den Bomben zum Opfer (im Inneren finden sich wiederverwendete antike Sarkophage).

Der 100 m lange **Dom Santa Maria Assunta,** 1063 begonnen, beanspruchte zwei Jahrhunderte für den Bau. Die reich gegliederte Fassade aus weißem Carrara-

**LICHTERFEST UND BRÜCKENSPIELE**
An Pisas große Vergangenheit als Seefahrerstadt erinnert jährlich am 16. Juni das Lichterfest **Luminara** und die **Regata di San Ranieri** tags darauf. Auf das 14. Jahrhundert geht der **Gioco del Ponte** am letzten Juniwochenende zurück: Im Widerstreit von Nord- und Südstadt versuchen zwei Mannschaften, einen tonnenschweren Wagen auf die jeweils andere Seite des Ponte di Mezzo zu ziehen.

Marmor mit vier Loggiengeschossen über Blendarkaden wurde wegweisend für die pisanische Protorenaissance, die sich über die ganze Toskana verbreitete.

**Museo dell'Opera del Duomo, Museo delle Sinopie, Battistero und Camposanto**
**Piazza dei Miracoli Nov.–Feb. 10–17, März 9–18 Uhr (ab 25. März 8–20 Uhr); April bis Sept. 8–20 Uhr (Camposanto Mitte Juni bis Aug. bis 22 Uhr); Okt. 9–19 Uhr je nach Anzahl: eine Sehenswürdigkeit 5 €; zwei Sehenswürdigkeiten 7 €, drei Sehenswürdigkeiten 8 €**

**Duomo (Santa Maria Assunta)**
**Nov.–Feb. 10–12.45 und 14–17 Uhr; März 10–18 Uhr (ab 25. März bis 20 Uhr); April bis Sept. 10–20 Uhr; Okt. 10–19 Uhr frei**

Häuser an der Piazza dei Cavalieri

**Torre Pendente**
**Dez./Jan. 10–17, Nov. und Feb. 9.40–17.40, März 9–18 Uhr (ab 25. März 8.30–20 Uhr); April–Sept. 8.30–20 Uhr (Mitte Juni–Aug. bis 22 Uhr); Okt. 9–19 Uhr Die Besichtigung des Schiefen Turmes findet ausschließlich in begleiteten Gruppen statt und dauert ca. 30 Min. Aus Sicherheitsgründen ist Kindern unter 8 Jahren der Zugang nicht gestattet. Minderjährige dürfen an der Besichtigung nur in Begleitung Erwachsener teilnehmen. 18 €**

## BAEDEKER TIPP

- Gute Stadtpläne bekommt man bei der **Touristeninformation** (Piazza Vittorio Emanuele II 16, Tel. 050 4 22 91; www.pisaunicaterra.it; tägl. 10–13, 14–16 Uhr) sowie am Flughafen.
- Die Stadt lässt sich prima per **Fahrrad** erkunden, ausleihbar etwa bei Eco Voyager, Via della Faggiola 41, Tel. 33 32 60 21 52; www.ecovoyager.it.
- Ein sympathisches, immer gut besuchtes Lokal mit exzellenter toskanischer Küche ist die **Osteria dei Cavalieri** (Via San Frediano 16, Tel. 050 58 08 58; www.osteriacavalieri.pisa.it; Sept.–Juli Mo–Fr 12.30–14, 19.45–22 Uhr, Sa mittags).

**Anreise** Von Florenz aus gelangt man am besten mit dem **Zug** nach Pisa – Verbindungen zwei- bis dreimal stündlich, Fahrtzeit rund eine Stunde.

# Spaziergänge & Touren

# 1 SAN MINIATO

*Spaziergang*

**LÄNGE:** 4,5 km **DAUER:** 2,5–3 Stunden (mit Besichtigung)
**START/ZIEL:** Ponte Vecchio ⊞ 199 E4
**TAGESZEIT:** Wegen Streckenlänge und Topografie möglichst nicht in der Mittagshitze losmarschieren. Denken Sie auch an Sonnenschutz und ausreichend Getränke.

**Wesentlich trägt die malerische Einbettung in das toskanische Umland zum Charme dieser Stadt bei. Der Spaziergang führt vom Ponte Vecchio aus Richtung Süden in das Hügelland gleich hinter Oltrarno – und bietet unvergessliche Ausblicke über Florenz selbst und seine ländliche Umgebung.**

## 1–2

Starten Sie am Südufer des Arno, den **Ponte Vecchio** (➤ 126) im Rücken, geradeaus Richtung Süden auf der Via de' Guicciardini, zur Linken der erhöhte **Corridoio Vasariano** (➤ 66) mit seinen auffälligen Rundfenstern, die man als *oculi* (»Augen«) bezeichnet. Biegen Sie links in die **Piazza di Santa Felicita,** deren gleichnamige Barockkirche (➤ 160) einen spätromanischen Bau ersetzte.

Der Brunnen auf dem quadratischen Platz vereint einen Bronze-Bacchus (16. Jh.) mit einem römischen Marmorsarkophag.

**Forte di Belvedere mit den unter den Medici zur Stadtbefestigung angefügten Mauern**

## 2–3

Verlässt man die Piazza Richtung »Costa di San Giorgio« (Beschilderung), windet sich stadtauswärts ein schmales Sträßchen steil hügelauf. In Haus Nr. 19 lebte einst Galilei. Nun weichen die kleinen Häuser repräsentativen Villen mit schönen Gärten, die sich beiderseits der Straße hinter abweisenden Steinmauern verstecken. Flacher wird es an der **Porta San Giorgio,** dem ältesten erhaltenen Stadttor (1260), das mit Fresken und einem Relief verziert ist.

Nach Passieren des Tors liegt rechter Hand die einst Festung **Forte di Belvedere** (➤ 161). Sie wurde 1590 von den Medici als Stadtbefestigung errichtet. Man erreichte sie nur durch eine Geheimtür in ihrem Palastgarten. Die Bastion eröffnet weite Ausblicke über Florenz und den **Giardino di Boboli** (➤ 160).

**KLEINE PAUSE**

**Bars** und **Cafés** findet man rund um die Porta San Miniato sowie gegen Ende des Spaziergangs in der Via di San Niccolò und Via de' Bardi.

### 3–4

Zurück an der Porta San Giorgio, wenden Sie sich nach links. Sie gehen die malerische **Via di Belvedere** entlang, die den Mauern der Stadtbefestigung des 13. Jahrhunderts folgt. Im weiten Panorama zur Rechten, das sich durch Olivengärten und üppig bewachsenen Hügelterrassen auszeichnet, setzen Zypressenbäume und dann und wann ein apricotfarbenes Landhaus Akzente. Folgen Sie der Straße hügelabwärts bis zum kleinen Stadttor **Porta San Miniato.**

### 4–5

Hinter dem Tor biegen Sie rechts in die **Via del Monte alle Croci** (zur Linken ein kleines Café mit Einkehrmöglichkeit) ein, die sich langsam hügelan bis zum Viale Galileo Galilei schlängelt.

(Alternativ kann man auch den direkteren, aber steileren »Kreuzweg« über 100 steile Steinstufen nehmen, der kurz hinter der Bar auf der linken Seite beginnt.)

Folgen Sie ihm bis zur Kirche **San Miniato** (➤ 156) mit ihrer prächtigen Marmorfassade und überwältigenden Panoramaterrasse. San Miniato stand den Herzen der Florentiner schon immer nahe: Bei der Stadtbelagerung von 1530 wurde der Campanile, mit Strohsäcken vor feindlichem Feuer geschützt, als kanonenbewehrter Wachturm gegen die Medici-Truppen genützt. Im 17. Jahrhundert fungierte das Kloster als Hospital für Pestopfer, später dann widmete es sich als Armenhospiz den Benachteiligten und Schwachen.

Auf dem **Friedhof** *(cimitero)* befindet sich neben prächtigen Grabmonumenten (darunter Familiengräber von der Größe eines Miniaturhauses) die letzte Ruhestätte des Schriftstellers Carlo Collodi, Schöpfer der legendären Figur *Pinocchio.*

**5–6**

Verlassen Sie San Miniato durch den Torbogen im Westen (neben dem Klosterladen) und folgen Sie dem Viale Galileo Galilei Richtung Stadt. Bald passieren Sie die hübsche Franziskanerkirche **San Salvatore al Monte,** die aus dem schlichten Sandstein *pietra forte* erbaut ist. Im Innern finden sich Altartafeln der Zwillingsbrüder, Ärzte und Märtyrer Cosmas und Damian, die Kranke unentgeltlich behandelten und zum Christentum bekehrten.

Weiter bergab geht es zum **Piazzale Michelangelo,** 1869 im Rahmen der Planungen Giuseppe Poggis (➤ 124) konzipiert, die auch den befestigten Bereich um die Kirche in eine mehrstufige Panoramaterrasse verwandelten. Diesen Platz schmücken Reproduktionen bekannter Michelangelo-Skulpturen (und er ist mit Souvenirständen gepflastert); meist ist er voller Besucher, die die grandiose Aussicht über die Stadt bis weit ins Hügelland genießen.

**Die Stadt zu Füßen: Piazzale Michelangelo**

**6–7**

Mehrere Treppen führen bergab. Sie verlassen den Piazzale Michelangelo auf derjenigen, die halb links angeordnet ist, und folgen dem gewundenen Fußpfad hügelabwärts Richtung Arno. Sie gehen durch ein Akazienwäldchen bis zum mächtigen Stadttor **Porta San Niccolò,** das aus dem 14. Jahrhundert stammt.

**7–8**

Biegen Sie anschließend links in die Via di San Niccolò ein, die von stattlichen Gebäuden wie den **Palazzi de' Mozzi** (13. Jh., Piazza de' Mozzi) gesäumt ist. Gegenüber steht das **Museo Bardini** (➤ 161).

Das ehemalige Wohnhaus des Händlers und Sammlers Stefano Bardini (gest. 1922) wurde fast ausschließlich mit Gebäudeteilen aus Mittelalter und Renaissance errichtet.

**8–1**

Wenden Sie sich von der Piazza de' Mozzi Richtung Arno und wandern Sie am Flussufer entlang zurück zum Ponte Vecchio.

# 2 FIESOLE

*Spaziergang*

**LÄNGE:** 3 km **DAUER:** ab 2 Stunden (mit Besichtigung)
**ANREISE:** 30-minütige Fahrt mit dem häufig verkehrenden Bus der Linie 7 ab Piazza San Marco zur Piazza Mino da Fiesole
**START:** Piazza Mino da Fiesole
**ZIEL:** Piazza di San Domenico

**Dieser Spaziergang in dem hübschen Ort nordöstlich über Florenz führt in das grüne hügelige Umland. Mit kühlenden Brisen und wundervoller Panoramasicht bietet er eine willkommene Abwechslung.**

### 1–2

Der seit der Bronzezeit bewohnte Ort war eine bedeutende Etruskersiedlung, wurde im 3. Jahrhundert v. Chr. von den Römern erobert, verlor jedoch nach der Gründung Florentias im 1. Jahrhundert v. Chr. an Bedeutung. Den Hauptplatz **Piazza Mino da Fiesole** dominiert der dem hl. Romulus, Bischof von Fiesole, geweihte **Duomo di San Romolo.** Im 11. Jahrhundert begonnen, erinnert sein spartanisches Inneres ein wenig an San Miniato (➤ 156), mit Holzdach, drei Kirchenschiffen und Säulen mit romanischen Kapitellen. Über einen steilen Weg, links vom Bischofspalast, gelangt man zum **Kloster San Francesco** (1330) (tägl. ab 7.30 Uhr). An diesem mit 345 m höchsten Punkt der Gegend hat man einen Blick über ganz Florenz und über das Arnotal.

### 2–3

Zurück Richtung Dom gehend, erreicht man über die erste Querstraße rechts, hinter der Kirche, die Via Dupré. An der Straßengabelung führt ein Torweg geradeaus in die **Zona Archeologica,** ein schön in die Landschaft eingefügtes archäologisches Freilichtareal, in dem auch Kinder viel Spaß haben können. Von den Relikten beeindrucken die Ruine eines Tempels, die Reste einer römischen Thermenanlage sowie das prächtig erhaltene römische Amphitheater mit 3000 Plätzen. Beim Sommerfestival **Estate Fiesolana** (www.estatefiesolana.it) wird es für Veranstaltungen genutzt. Das **Museo Archeologico** zeigt Funde, die vor Ort gemacht wurden.

### 3–4

Beim Verlassen des Areals links in die Via Portigiani, an der Touristen-

**Fiesole liegt malerisch inmitten einer grünen Landschaft**

information vorbei und geradeaus entlang der Via Marini kann man die typische Toskana-Landschaft bis weit in die Ferne bewundern.

**4–5**
An der Touristeninformation vorbei gehen Sie zurück zum Torweg und geradeaus. Dort lohnt ein Besuch des neoklassizistischen **Museo Bandini.**

**5–6**
Kehren Sie zum Hauptplatz zurück und nehmen Sie dort die Via Dupré rechter Hand Richtung Süden bis zur Via Fra' Giovanni Angelico. Die erste Seitenstraße rechts, die Via Vecchia Fiesolana, führt in einer Rechtskurve hinter der Kirche San Girolamo steil abwärts. Nach einem kurzen Straßenstück zwischen hohen Mauern erreicht man linker Hand die **Villa Medici,** ein Herrenhaus mit dunkelgrünen Fensterläden. Es wurde als eines der ersten von zahlreichen Landhäusern der Familie errichtet. Architekt war Michelozzo.

**6–7**
Folgen Sie der Straße links hinab hinter die Villa und halten Sie sich an der Gabelung links der Via Bandini. An der Kreuzung Via Sant'Ansano geht es neben der braunrosa Kirche nach rechts; folgen Sie der gepflasterten Straße, die sich neben Landhäusern und Gärten steil abwärts windet, bis Sie unten eine Kreuzung erreichen. Hier halten Sie sich links, gehen an weiteren

Villen vorbei, und folgen Sie dann der Hauptstraße.

**7–8**
Biegen Sie nach rechts von der Hauptstraße ab, bis Sie nach kurzem Weg die **Badia Fiesolana** (Mo–Fr 9–18 Uhr) erreichen, eine Kirche aus dem 15. Jahrhundert mit

### KLEINE PAUSE
Restaurants, Cafés und Bars gibt es reichlich. Im **Perseus Fiesolano** (Piazza Mino da Fiesole 9, Tel. 055 5 91 43; tägl.) bekommt man gute toskanische Küche und eine sehr gute *bistecca alla fiorentina.*

### Öffnungszeiten
**Touristeninformation**
✉ Via Portigiani 3–5 ☎ 055 6 13 23; www.fiesoleforyou.it ⌚ tägl. April–Sept. 10–18.30, März, Okt. 10–17.30, Nov.–Febr.10–13.30 Uhr

**Duomo**
✉ Piazza della Cattedrale 1 ⌚ www.diocesifiesole.it; Mo–So 8–12 Uhr; nachmittags unterschiedliche Öffnungszeiten

**Zona Archeologica**
✉ Via Portigiani 1 ☎ 055 5 96 12 93; www.museidifiesole.it ⌚ März, Okt. 10–18, April–Sept. 9–19, Nov.–Dez. Mi–Mo 10–14, Jan., Febr. Mi–Mo 10–15, Uhr 7 Euro, Kombiticket mit Bandini 12 Euro

**Museo Bandini**
✉ Via Duprè 1 ☎ 055 5 96 12 93; www.museidifiesole.it ⌚ März, Okt. 10–18, April–Sept. 9–19 Uhr, Nov.–Dez. Mi–Mo 10–14, Jan., Febr. Fr–So 10–14 Uhr 5 Euro, Kombiticket mit Zona Archeologica 12 Euro

grün-weißer Marmorfassade. Das Dekor innen besteht aus grauem Sandstein *(pietra serena)*. Der ehemalige Sitz des Bischofs von Fiesole, zweifellos das wichtigste Sakralgebäude im Umkreis von Florenz, bietet schöne Ausblicke über die Landschaft. Der Name leitet sich ab von *badia,* Abtei. Einst gehörte der Bau dem Benediktinerorden.

### 8–9

Auf dem Weg zurück zur Hauptstraße stößt man auf die Kirche **San Domenico** (geöffnet im Sommer ab 7.30, im Winter ab 8.30 Uhr) aus dem 15. Jahrhundert, Turm und Vorhalle wurden 200 Jahre später angefügt. Im Inneren birgt sie Werke von Fra Angelico, der hier als Prior wirkte.

Hier beginnt auch der Ort **San Domenico,** in dem Sie Café oder Pizzeria aufsuchen können. Gegenüber der Kirche ist die Haltestelle der Buslinie 7 (regelmäßige Verbindungen ins Zentrum von Florenz).

**Fassadendetail der Badia Fiesolana in Fiesole**

# 3 ÖSTLICH DES DOMS

*Spaziergang*

**Länge:** 2 km **DAUER:** 1,5 Stunden (ohne Besichtigung)
**START/ZIEL:** Piazza del Duomo 196 A2
**TAGESZEIT?** Möglichst am Vormittag, wenn die Märkte belebt sind

**Der Rundgang führt aus dem hektischen Stadtzentrum hinaus in das stimmungsvolle Arbeiterviertel – wohin sich nur selten Touristen verirren. Hier folgen kleine Geschäfte, farbige Märkte und geschäftige Gassen dem Rhythmus des Florentiner Alltagslebens.**

**Piazza della Santissima Annunziata – Brunelleschis Vorhalle am Findelhaus**

### 1–2

An der nördlichen Seitenapsis des Doms, links neben dem **Museo dell'Opera del Duomo** (➤ 110), verlässt man den Domplatz auf der geschäftigen **Via dei Servi.** Sie verläuft in nordöstlicher Richtung stadtauswärts und diente früher als Prozessionsweg zwischen Duomo und Kirche Santissima Annunziata (➤ 114). Die erste Kreuzung (mit der Via de' Pucci) dominiert der gewaltige **Palazzo Pucci** zur Linken, einst Familiensitz des bekannten Modedesigners Marchese Emilio Pucci (➤ 19). Lohnend: der eine oder andere Blick zurück auf die imposante Domkuppel.

Nach einer weiteren Kreuzung ist die **Piazza della Santissima Annunziata** erreicht, ein ausnehmend harmonisches, von eleganten Loggien gesäumtes Ensemble (➤ 114). Rechts das Findelhaus **Spedale degli Innocenti** (➤ 115) mit Vorhalle von Brunelleschi, der als einer der Ersten ein traditionelles Gebäude toskanischer Romanik mit antiken Proportionsregeln verband. Nur der brandende Verkehr auf der Nordseite des Platzes verhindert, dass man sich hier in einen Hof der Renaissance versetzt fühlt.

### 2–3

Folgen Sie dem fließenden Verkehr durch den Torweg neben dem Findelhaus in die Via della Colonna. Dort erkennen Sie linker Hand das in einem malerischen Park gelegene **Museo Archeologico** (➤ 114).

### 3–4

Biegen Sie an der zweiten Kreuzung rechts in den **Borgo Pinti,** vorbei an Kirche und heute als Schule genutztem ehemaligen Kloster Santa Maria Maddalena dei Pazzi (Nr. 58), und werfen Sie einen Blick in den hübschen Garten gegenüber (Nr. 55).

An der nächsten Kreuzung geht es links in die Via de' Pilastri, geradeaus sehen Sie die schlichte Kirche **Sant'Ambrogio,** in die sich kaum Touristen verirren. Im Inneren birgt sie Grabplatten bedeutender Renaissancekünstler, von Andrea del Verrocchio etwa und Mino da Fiesole (sowie dessen meisterhaften Altartabernakel).

**4–5**

Über die Piazza di Sant'Ambrogio, die Via de' Macci in südlicher Richtung und dann die erste Straße links erreichen Sie den **Mercato di**

**Dante-Denkmal auf der Piazza Santa Croce**

**Sant'Ambrogio** (➤ 87), ein recht bescheidenes Pendant zum Mercato Centrale in seiner repräsentablen Markthalle (➤ 119) – im Angebot sind nicht nur Kleidung, sondern auch Obst, Gemüse, Pasta, Käse, Fleisch, Oliven, *antipasti* und Weine der Region.

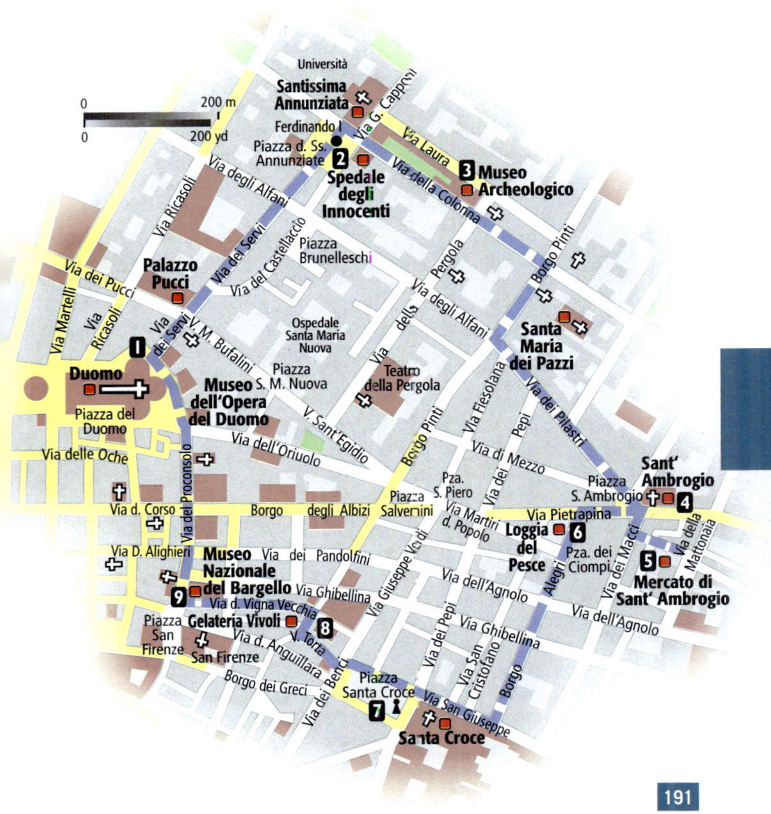

### 5–6

Es geht zurück zur Piazza di Sant'Ambrogio und links in die Via Pietrapiana, dann zur **Piazza dei Ciompi** (➤87) mit dem beliebten kleinen »Flohmarkt« **Mercato delle Pulci** und allerlei Buden voll von Nützlichem und Tand. Die von Vasari für die Fischhändler des Mercato Vecchio entworfene »Fischhalle« **Loggia del Pesce** wurde 1890 hierherversetzt.

### 6–7

Den Campanile schon im Blick, gelangen Sie südlich der Piazza dei Ciompi über den Borgo Allegri (am Ende der Straße rechts) und die Via di San Giuseppe auf die großzügige **Piazza Santa Croce** mit der spektakulären gleichnamigen Kirche (➤56) und pittoresker historischer Häuserzeile. Während der Blütezeit der Medici Ort feierlicher Zeremonien, Turniere, ja sogar Hinrichtungen, ist sie heute Schauplatz des **Calcio Storico** (➤35), eines historischen Fußballturniers, das seit 1530 jeden Sommer stattfindet.

Im tief gelegenen **Bezirk Santa Croce,** einem alten Handwerkerquartier, drängten sich jahrhundertelang Werkstätten von Möbeltischlern, Webern und Färbern.

Die Flutkatastrophe von 1966 (➤36) hatte diesen Stadtteil am schwersten getroffen, wovon an der Ecke Via Giuseppe Verdi eine kleine Plakette kündet, die den damaligen Höchststand der Arnofluten anzeigt (6 m). Obgleich damals viele kleine Geschäfte in den Ruin getrieben wurden, gibt es in der Umgebung noch immer zahlreiche Werkstätten und Lädchen, in denen besonders die Einheimischen einkaufen.

**KLEINE PAUSE**

Decken Sie sich am **Mercato di Sant'Ambrogio** fürs Picknick ein. Alternative: eine kleine Mahlzeit im **Caffè Cibrèo** (➤84), Ecke Via de' Macci.

### 7–8

Verlassen Sie die Piazza auf der Via Torta, die in westlicher Richtung ins Zentrum zurückführt. Mit ihrer Fortsetzung Via Bentaccordi und der Piazza de' Peruzzi bildet sie einen Bogen, der die Umrisse des ehemaligen römischen Amphitheaters nachzeichnet. Von der Via Torta aus rechts um die Ecke (Via Isola delle Stinche 7r) lockt die beliebte Eisdiele **Gelateria Vivoli** (➤79).

### 8–9

Von der Via Isola delle Stinche führt die Via della Vigna Vecchia links zum trutzigen **Palazzo del Bargello**, dem ältesten öffentlichen Gebäude, heute Hort einer der hochrangigsten Sammlungen Italiens zu Skulptur und Kunsthandwerk der Renaissance (➤72).

### 9–1

Hinter dem Bargello biegen Sie rechts ab in die Via del Proconsolo, die direkt zum Domplatz führt. Am **Borgo degli Albizi** (3. Kreuzung rechts), einer der ältesten Straßen der Stadt, reihen sich imposante Renaissance-Palazzi. Weiter die Via del Proconsolo entlang geht es dann zurück zur Piazza del Duomo.

**Vitaminreiches Angebot auf dem populären Mercato di Sant'Ambrogio**

# Praktisches

# Praktisches

## REISEVORBEREITUNGEN

### WICHTIGE PAPIERE

● Erforderlich
○ Empfohlen
▲ Nicht erforderlich

| | Deutschland | Österreich | Schweiz |
|---|---|---|---|
| Pass/Personalausweis | ● | ● | ● |
| Visum | ▲ | ▲ | ▲ |
| Weiter- und Rückflugticket | ▲ | ▲ | ▲ |
| Impfungen (Tetanus und Polio) | ▲ | ▲ | ▲ |
| Krankenversicherung (➤ 198 | ○ | ○ | ○ |
| Reiseversicherung) | ○ | ○ | ○ |
| Führerschein (national) | ● | ● | ● |
| Grüne Versicherungskarte | ● | ● | ● |
| Fahrzeugschein | ● | ● | ● |

### REISEZEIT

Hauptsaison / Nebensaison

| | JAN | FEB | MÄRZ | APRIL | MAI | JUNI | JULI | AUG | SEPT | OKT | NOV | DEZ |
|---|---|---|---|---|---|---|---|---|---|---|---|---|
| Saison | Nebensaison | Nebensaison | Nebensaison | Hauptsaison | Hauptsaison | Hauptsaison | Hauptsaison | Hauptsaison | Hauptsaison | Nebensaison | Nebensaison | Nebensaison |
| Temperatur | 7°C | 8°C | 12°C | 14°C | 18°C | 25°C | 28°C | 32°C | 23°C | 18°C | 13°C | 9°C |
| Wetter | Bedeckt | Bedeckt | Bedeckt | Bedeckt | Sonnig | Sonnig | Sonnig | Sonnig | Wechselhaft | Regnerisch | Regnerisch | Regnerisch |

Sonnig / Bedeckt / Wechselhaft / Regnerisch

Die Tabelle zeigt die monatlichen Durchschnittstemperaturen. Beliebteste Reisezeit für Florenz und die Toskana sind Mai, Juni und September mit langen, warmen und sonnigen Tagen. Dann ist natürlich auch am meisten los, weshalb man sich vielerorts auf Schlangestehen gefasst machen muss. Juli, der trockenste und heißeste Monat, und August sind weniger empfehlenswert wegen der Hitze.
Auf dem Land sind Frühjahr und Herbst (wo es allerdings am häufigsten regnet) am schönsten wegen der Farben. Beachten sollte man bei der Reiseplanung auch die Florentiner Modemessen im Juni und Januar sowie die Weinlese im Oktober und in jedem Fall seine Unterkunft sehr zeitig buchen.

## INFORMATION VORAB

### Websites

- **Touristeninformation:** www.firenzeturismo.it
- **ENIT:** www.enit.it
- **Allgemeine Informationen:** www.fionline.it www.informacitta.net
- **Kunst und Museen:** www.firenzemusei.it www.museifiorentini.it

## ANREISE

**Mit dem Flugzeug:** Für die Anreise sind die Flughäfen Florenz (Aeroporto Amerigo Vespucci), Pisa (Aeroporto Galileo Galilei, 80 km westlich) und Bologna (Aeroporto Guglielmo Marconi, 100 km nördlich) empfehlenswert. Der Airportshuttle *Vola in Bus!* bringt Sie zwischen 6 und 23.30 Uhr in 30 Minuten vom Florentiner Flughafen zum Hauptbahnhof Santa Maria Novella (einfache Fahrt 6 Euro, hin und zurück 10 Euro, www.ataf.net).
Florenz ist vom Flughafen Pisa gut erreichbar mit regelmäßig verkehrenden Direktzügen (1 Std./7,80 Euro) oder mit dem Bus Terravision (je nach Verkehr ca. 1 Std. /4,99 Euro, www.terravision.eu), Bologna vom Hauptbahnhof mit regelmäßig verkehrenden Schnellzügen (30 Min./15-24 Euro) oder mit dem Bus Appenninoshuttle (je nach Verkehr ca. 1,5 Std./20 Euro, www.appenninoshuttle.it).
Alle drei Flughäfen werden von den meisten europäischen Fluggesellschaften angeflogen, Lowcostflüge fliegen Florenz mit Germanwings, Pisa mit Ryanair und Easyjet und Bologna mit Easyjet und Germanwings an.

**Mit dem Zug:** Der zentral gelegene Hauptbahnhof von Florenz, Santa Maria Novella, liegt an der Hochgeschwindigkeitsstrecke Bologna–Rom und ist von Deutschland und Österreich aus über die Strecke Brenner–Innsbruck–Verona, von der Schweiz aus über Basel–Mailand gut erreichbar. Einige Züge halten in dem Durchgangsbahnhof Campo di Marte, von dem wiederum regelmäßig Pendelzüge zum Hauptbahnhof verkehren.

## ZEIT

Zwischen Florenz und deutschen Städten gibt es keine Zeitverschiebung. Im März wird die Uhr um eine Stunde auf Sommerzeit vorgestellt, im Oktober wird sie auf Winterzeit zurückgestellt.

## GELD

**Währung:** Italien gehört zur Eurozone.
Für die Schweiz gilt: 1 CHF entspricht ca. 0,92 €; 1 € entspricht ca. 1,09 CHF.
**Kreditkarten:** Hotels, Restaurants und Geschäft akzeptieren im Allgemeinen die gängigen Kreditkarten *(carta di credito)*.
**Quittungen:** Laut Gesetz muss der Kunde alle Rechnungen und Zahlungsbelege, auch den Bon für ein Glas Wasser an der Bar, mit sich führen.
**Sperrnummern:** Unterschiedliche elektronische Berechtigungen wie Bank- und Kreditkarten, Online-Banking-Zugänge, Handykarten und die elektronische Identitätsfunktion des neuen Personalausweises kann man bei Verlust unter folgenden Notfallnummern unverzüglich sperren lassen: Deutschland: Tel. 0049 116116; Österreich: Tel. 0043 1 204 88 00. Die Schweiz hat keine einheitliche Notfallnummer. Die wichtigsten sind: Tel. 0041 44 6 59 69 00 (Swisscard); 0041 3 48 88 86 01 (UBS Card Center); 0041 5 89 58 83 83 (VISECA); 0041 4 48 28 32 81 (Postfinance).

**In Deutschland**
Italienische Zentrale für Tourismus (ENIT)
Barckhausstraße 10
60325 Frankfurt/Main
☎ 069/23 74 34
www.enit.de

**In Österreich**
Italienische Zentrale für Tourismus (ENIT)
Mariahilferstraße 1b
1060 Wien
☎ 01/5 05 16 39
www.enit.at

**Schweiz**
Urlauber aus der Schweiz werden von der Italienischen Zentrale für Tourismus (ENIT) in Deutschland betreut.

# Praktisches

## DAS WICHTIGSTE VOR ORT

### FEIERTAGE

| | |
|---|---|
| 1. Januar | Neujahr – *Capodanno* |
| 6. Januar | Dreikönigstag – *Epifania* |
| März/April | Ostern/Ostermontag – *Pasqua/Pasquetta* |
| 25. April | Tag d. Befreiung – *Festa della Liberazione* |
| 1. Mai | Tag d. Arbeit – *Festa del Lavoro* |
| 2. Juni | Tag d. Republik – *Festa della Repubblica* |
| 24. Juni | Johannistag – *San Giovanni (Stadtpatron)* |
| 15. Aug. | Mariä Himmelfahrt – *Ferragosto* |
| 1. Nov. | Allerheiligen – *Tutti Santi* |
| 8. Dez. | Mariä Empfängnis – *Immacolata Concez.* |
| 25. Dez. | Weihnachten – *Natale* |
| 26. Dez. | *Santo Stefano* |

### ELEKTRIZITÄT

In Italien herrscht 220 Volt Wechselstrom, die Steckdosen unterscheiden sich jedoch häufig von den in deutschsprachigen Ländern üblichen. Packen Sie einen Adapter ein (im Haushaltsgeschäft erhältlich).

### ÖFFNUNGSZEITEN

Geschäfte
Büros
Museen/Denkmäler
Postämter
Apotheken
Banken

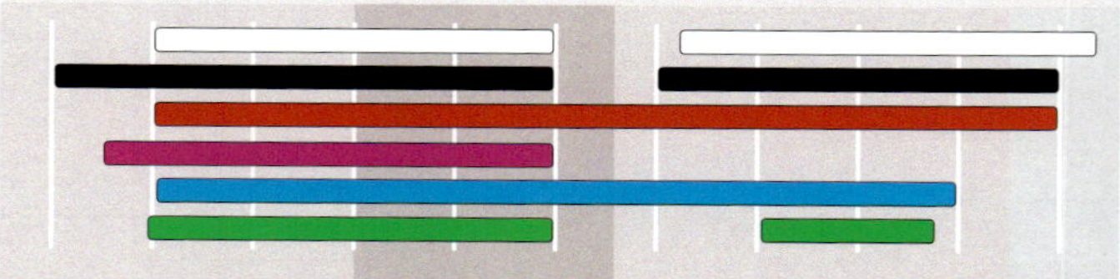


tagsüber mittags abends

**Geschäfte:** Manche schließen im Winter Montagmorgen, im Sommer Samstagnachmittag. Im Sommer schwanken die Öffnungszeiten (oft mittags und abends geöffnet). Die Woche um **Mariä Himmelfahrt** (*Ferragosto*, 15.8.) schließen einige Geschäfte und Märkte.

**Museen:** Saisonbedingt wechseln die Öffnungszeiten (siehe bei den jeweiligen Sehenswürdigkeiten), montags sind die meisten Museen geschlossen. Beachten sollte man immer, dass der letzte Einlass meist 30 bis 45 Min. vor Schließung erfolgt.

### TRINKGELD

Sie müssen nicht überall Trinkgeld geben, und es werden keine hohen Summen erwartet. In Restaurants und Trattorien sind ca. 10% der Rechnung passend, bei Führungen, Taxifahrern, dem Zimmerservice und öffentlichen Toiletten etc. nach Ermessen.

### ZEITUNTERSCHIED

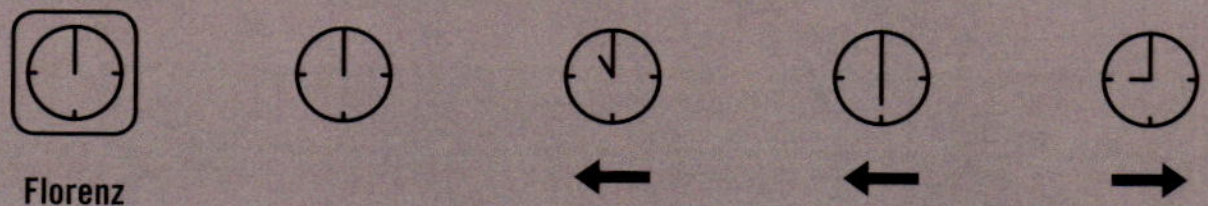

**Florenz 12 Uhr** | **MEZ (Berlin) 12 Uhr** | **London (GMT) 11 Uhr** | **New York (EST) 6 Uhr** | **Sydney (AEST) 21 Uhr**

## IN KONTAKT BLEIBEN

**Post** Hauptpostämter (*ufficio postale*) liegen in der Via Pietrapiana 53 und Via Pellicceria 3. Briefmarken *(francobolli)* gibt es in Postämtern und Tabacchi-Läden. Finger weg vom gelben Zusteller globalpostservice! Er kostet das Doppelte und die Post kommt nicht immer an.

**Telefonieren** Apparate mit orangerotem TI-Emblem (Telecom Italia) finden Sie auch in Bars, Tabacchi-Läden und Restaurants. Sie funktionieren mit Münzen oder Karten *(scheda telefonica)*. Bei den Karten (erhältlich in Postämtern, Läden und Bars) muss man vor Gebrauch die markierte Ecke abtrennen. Günstig ist es Mo–Sa zwischen 22 und 8 Uhr und So. Die 0 der Ortsvorwahl muss mitgewählt werden.

**Internationale Vorwahlen:**
**Deutschland 00 49**
**Österreich 00 43**
**Schweiz 00 41**

**Mobiltelefon *(Cellulare/Telefonino)*** Das D-Netz funktioniert fast überall. Nach Hause telefonieren ist jedoch nicht billig. Am besten kaufen Sie sich eine Prepaidkarte (Provider u.a.: www.tim.it, www.vodafone.it, www.wind.it und H3G).

**WLAN und Internet** Vor allem alle besseren Hotels verfügen über Breitbandanschlüsse auf dem Zimmer oder in der Lobby.
In Florenz sind mittlerweile mehr als 500 kostenlose Hotspots aktiviert worden.
Internetzugang gratis gibt es außerdem am Flughafen und in den Internet Train Cybercafés (mehrere Filialen in der Stadt).

## SICHERHEIT

Kleinkriminalität wie Taschendiebstahl ist an der Tagesordnung. Hierfür und für Verlustanzeigen wenden Sie sich an die **Carabinieri** oder die **Staatspolizei** *polizia*. Vorbeugend empfehlen sich auch in Florenz die üblichen Vorsichtsmaßnahmen:

- Nicht mehr Bargeld und Wertsachen als notwendig mit sich führen. Und: Diebe haben es bei Touristen, die Wertsachen im Rucksack auf dem Rücken tragen, oft leicht, sich klammheimlich zu bereichern.
- In öffentlichen Verkehrsmitteln und an belebten Plätzen sollte man die Taschen vor sich halten.
- Vorsicht gilt bei dem Kauf bei fliegenden Händlern: Der Erwerb gefälschter Markenware wird in Italien verfolgt und mit Geldbußen bis zu 10 000 Euro bestraft.

**Polizei:**
**☎ 112 von jedem Telefon**

**☎ NOTRUF / POLIZEI 112**
**FEUERWEHR 115**
**KRANKENWAGEN 118**

# Praktisches

## GESUNDHEIT

**Krankenversicherung:** EU-Staatsangehörige erhalten kostenlose oder kostenreduzierte medizinische Hilfe bei Vorlage der Europäischen Krankenversicherungskarte (EHIC). Unverzichtbar ist eine private Reisekrankenversicherung.

**Ärzte:** Erkundigen Sie sich im Hotel nach deutsch- oder englischsprachigen Ärzten. **Zahnärzte:** EU-Bürger erhalten Behandlung zu ermäßigten Tarifen, Ihre Reiseversicherung sollte jedoch Kosten für Zahnbehandlungen einschließen.

**Wetter:** Vorsicht im Sommer vor zu viel Sonne, zu wenig Flüssigkeitszufuhr und Moskitos! Trinken Sie stets ausreichend und schützen Sie sich mit Hut und Sonnencreme (vor allem in Juli und August, der heißesten Zeit). Falls Sie bei offenen Fenstern schlafen, empfiehlt sich auch ein Anti-Mückenmittel.

**Medikamente:** Medikamente erhalten Sie auf Rezept und im freien Verkauf. Apotheken sind mit einem grünen Neon-Kreuz gekennzeichnet. 24 Stunden ist die Farmacia N° 13 im Hauptbahnhof Santa Maria Novella geöffnet, die Farmacia Molteni in Via Calzaiuoli 72 und die Farmacia all'insegna del Moro direkt am Domplatz, Piazza San Giovanni 20r.

**Trinkwasser:** Leitungs- und Brunnenwasser können Sie bedenkenlos trinken, sofern es nicht ausdrücklich als Acqua non potabile (»kein Trinkwasser«) gekennzeichnet ist.

## ERMÄSSIGUNGEN

Die **Firenze-Card** gewährt den einmaligen Eintritt in 72 Museen, Villen, Kirchen und Gärten, ohne Schlange stehen zu müssen, sowie die Nutzung der öffentlichen Verkehrsmittel. Ab Erstentwertung hat man 72 Std. Zeit, um sich in die Kunst zu stürzen. 72 Euro, erhältlich u. a. bei www.firenzecard.it.

## EINRICHTUNGEN FÜR BEHINDERTE

Auf Behinderte ist man in Florenz und der Toskana kaum eingestellt. Zunehmend verfügen Museen über Aufzüge, Rampen und entsprechende WCs, und der Gesetzgeber verpflichtet Restaurants, Bars und Hotels zu behindertengerechten Einrichtungen. Auf dem Bahnhof Santa Maria Novella existiert ein Lift (den man aber 24 Std. im Voraus reservieren muss). Infos bei der Touristeninformation in der Via Cavour 1r.

## KINDER

Kinder erhalten vielerorts eine Ermäßigung. Besondere Kinderattraktionen sind durch oben stehendes Symbol gekennzeichnet.

## TOILETTEN

Bars, Restaurants, Kaufhäuser und Sehenswürdigkeiten haben meist frei zugängliche Toiletten. Eine öffentliche finden Sie auf der Piazza San Giovanni 7.

## RAUCHEN

Rauchen ist in Italien in allen öffentlichen Gebäuden, Bars, Cafés und Restaurants untersagt.

## DIPLOMATISCHE VERTRETUNGEN

**Deutschland**
**Corso Tintori 3**
**055 2 34 35 43**

**Österreich**
**Lungarno Vespucci 58**
**055 2 65 42 22**

**Schweiz**
**Piazzale Galileo 5**
**055 22 24 34**

## IMMER ZU GEBRAUCHEN

Ja/Nein **sì/no**
Bitte **per favore**
Danke **grazie**
Keine Ursache/bitte **di niente/prego**
Entschuldigung **mi dispiace/scusi**
Auf Wiedersehen **arrivederci**
Guten Morgen **buongiorno**
Gute Nacht **buona notte**
Wie geht es Ihnen? **Come sta?**
Wie viel kostet das? **Quanto costa?**
Ich hätte gern ... **Vorrei ...**
Offen **aperto**
Geschlossen **chiuso**
Heute **oggi**
Morgen **domani**
Montag **lunedì**
Dienstag **martedì**
Mittwoch **mercoledì**
Donnerstag **giovedì**
Freitag **venerdì**
Samstag **sabato**
Sonntag **domenica**

## NACH DEM WEG FRAGEN

Ich habe mich verlaufen **Mi sono perso/a**
Wo ist ...? **Dove si trova ...?**
der Bahnhof **la stazione**
ein Telefon **il telefono**
die Bank **la banca**
die Toilette **il gabinetto**
Biegen Sie links ab **volti a sinistra**
Biegen Sie rechts ab **volti a destra**
Gehen Sie geradeaus **vada dritto**
An der Ecke **all'angolo**
die Straße **la strada**
der Wohnblock **il edificio**
die Ampel **il semaforo**
die Kreuzung **l'incrocio**
die Seitenstraße **la strada laterale**
der Wegweise nach ... **e indicazione per ...**

## IM NOTFALL

Hilfe! **Aiuto!**
Könnten Sie mir bitte helfen?
**Mi potrebbe aiutare?**
Sprechen Sie Englisch / Deutsch?
**Parla inglese / tedesco?**
Ich verstehe nicht **Non capisco**
Rufen Sie mir bitte schnell einen Arzt **Mi chiami presto un medico, per favore**

## IM RESTAURANT

Ich möchte einen Tisch reservieren
**Vorrei prenotare una tavola**
Einen Tisch für zwei Personen, bitte
**Una tavola per due persone, per favore**
Bringen Sie uns bitte die Speisekarte?
**Ci porta il menù, per favore?**
Was ist das? **Cosa è questo?**
Eine Flasche / ein Glas ...
**una bottiglia di/un bicchiere di ...**
Die Rechnung, bitte
**Il conto, per favore**

## ÜBERNACHTEN

Haben Sie ein Einzelzimmer / Doppelzimmer?
**Ha una camera singola / doppia?**
mit / ohne Badewanne / Toilette / Dusche
**Con/senza vasca/gabinetto/doccia**
Ist das Frühstück im Preis enthalten?
**E'inclusa la prima colazione?**
Ist das Mittagessen im Preis enthalten?
**E'inclusa il pranzo?**
Gibt es einen Zimmerservice?
**C'è il servizio in camera?**
Kann man das Zimmer sehen?
**E' possibile vedere la camera?**
Ich nehme dieses **Prendo questa**
Danke für Ihre Gastfreundschaft
**Grazie per l'ospitalità**

## ZAHLEN

| | | | | | | | |
|---|---|---|---|---|---|---|---|
| 0 | **zero** | 12 | **dodici** | 30 | **trenta** | 200 | **duecento** |
| 1 | **uno** | 13 | **tredici** | 40 | **quaranta** | 300 | **trecento** |
| 2 | **due** | 14 | **quattordici** | 50 | **cinquanta** | 400 | **quattrocento** |
| 3 | **tre** | 15 | **quindici** | 60 | **sessanta** | 500 | **cinquecento** |
| 4 | **quattro** | 16 | **sedici** | 70 | **settanta** | 600 | **seicento** |
| 5 | **cinque** | 17 | **diciassette** | 80 | **ottanta** | 700 | **settecento** |
| 6 | **sei** | 18 | **diciotto** | 90 | **novanta** | 800 | **ottocento** |
| 7 | **sette** | 19 | **diciannove** | 100 | **cento** | 900 | **novecento** |
| 8 | **otto** | 20 | **venti** | | | 1000 | **mille** |
| 9 | **nove** | | | 101 | **cento uno** | 2000 | **duemila** |
| 10 | **dieci** | 21 | **ventuno** | 110 | **centodieci** | | |
| 11 | **undici** | 22 | **ventidue** | 120 | **centoventi** | 10 000 | **diecimila** |

## SPEISEKARTE

acciughe **Sardellen**
acqua **Wasser**
affettati **versch. Aufschnitt**
affumicato **geräuchert**
aglio **Knoblauch**
agnello **Lamm**
anatra **Ente**
antipasti **Vorspeisen**
arista **Schweinebraten**
arrosto **Braten**
asparago **Spargel**
birra **Bier**
bistecca **Steak**
bollito **Suppenfleisch**
braciola **Schnitzel, Steak**
brasato **geschmort, Schmorbraten**
brodo **Brühe**
bruschetta **geröstetes Knoblauchbrot (oft mit Tomaten)**
budino **Pudding**
burro **Butter**
cacciagione **Wildbret**
cacciatora, alla **nach Jägerart**
caffè corretto / macchiato **Kaffee mit Likör / Milch**
caffè freddo **Eiskaffee**
caffè latte **Milchkaffee**
caffè lungo **schwacher Kaffee**
caffè ristretto **starker Kaffee**
calamari **Tintenfisch**
capperi **Kapern**
carciofo **Artischocke**
carne **Fleisch**
carota **Möhre, Karotte**
carpa **Karpfen**
casalingo **hausgemacht**
cassata **sizilianische Eisbombe** **mit Fruchtstückchen**
cavolfiore **Blumenkohl**
cavolo **Kohl**
ceci **Kichererbsen**
cervello **Hirn**
cervo **Hirsch**
cetriolino **Essiggurke**
cetriolo **Gurke**
cicoria **Chicorée**
cinghiale **Wildschwein**
cioccolata **Schokolade**
cipolla **Zwiebel**
coda di bue **Ochsenschwanz**
coniglio **Kaninchen**
contorni **Beilagen, Gemüse**
coperto **Gedeck**
coscia **Keule, Schenkel**
cotoletta **Kotelett, Schnitzel**
cozze **Miesmuscheln**
crema **Sahne, Creme, Cremesuppe**
crostini **geröstete Weißbrotscheiben**
crudo **roh**
digestivo **Digestif**
dolci **Kuchen, Süßspeisen**
erbe aromatiche **Kräuter, Gewürzkräuter**
fagioli **Bohnen**
fagiolini **kleine grüne Bohnen**
faraona **Perlhuhn**
farcito **gefüllt**
fegato **Leber**
finocchio **Fenchel**
formaggio **Käse**
forno, al **überbacken, gebacken**
frittata **Omelett**
fritto **frittiert, gebacken**
frizzante **kohlensäurehaltig**
frullato **geschlagen, gequirlt**
frutti di mare **Meeresfrüchte**
frutta **Obst**
funghi **Pilze**
gamberetti **Shrimps, Garnelen**
gelato **Eiscreme, Speiseeis**
ghiaccio **Eis (gefrorenes Wasser)**
gnocchi **Kartoffel-, Teigklößchen**
granchio **Krebs**
gran(o)turco **Mais**
griglia, alla **gegrillt**
imbottito **gefüllt**
insalata **Salat**
IVA **Mehrwertsteuer**
latte **Milch**
lepre **Hase**
lumache **Schnecken**
manzo **Rindfleisch**
merluzzo **Kabeljau**
miele **Honig**
minestra **Suppe**
molluschi **Weichtiere**
olio **Öl**
oliva **Olive**
ostrica **Auster**
pancetta **Bauchspeck**
pane **Brot**
panna **Sahne, Rahm**
parmigiano **Parmesan**
passata **Püree, Mus**
pastasciutta **Nudelgerichte**
pasta sfoglia **Blätterteig**
patate fritte **Pommes frites, Röstkartoffeln**
patatine fritte **Pommes frites**
pecora **Schaf**
pecorino **Schafskäse**
peperoncino **Chilischote**
peperone **Paprikaschote**
pesce **Fisch**
piccione **Taube**
piselli **Erbsen**
pollame **Geflügel**
pollo **Hähnchen, Huhn**
polpetta **Frikadelle**
ragù **Fleischsauce, Ragout**
ripieno **gefüllt, Füllung**
riso **Reis**
salsa **Sauce**
salsiccia **Wurst**
saltimbocca **Kalbsschnitzel mit Schinken und Salbei**
secco **trocken**
secondo piatto **Hauptgericht**
senape **Senf**
servizio compreso **Bedienung im Preis enthalten**
sogliola **Seezunge**
spuntini **Snacks**
succo di frutta **Fruchtsaft**
sugo **Sauce**
tonno **Thunfisch**
uovo affogato / in camicia **pochiertes Ei**
uovo alla coque **weich gekochtes Ei**
uovo al tegame / fritto **Spiegelei**
uovo alla sodo **hart gekochtes Ei**
uova strapazzate **Rührei**
verdura **Gemüse**
vino bianco **Weißwein**
vino rosso **Rotwein**
vino rosato **Roséwein**
vitello **Kalbfleisch**
zucchero **Zucker**
zucchini **Zucchini**
zuppa **Suppe**

# Cityatlas

Kapiteleinteilung: siehe vordere Umschlaginnenseite

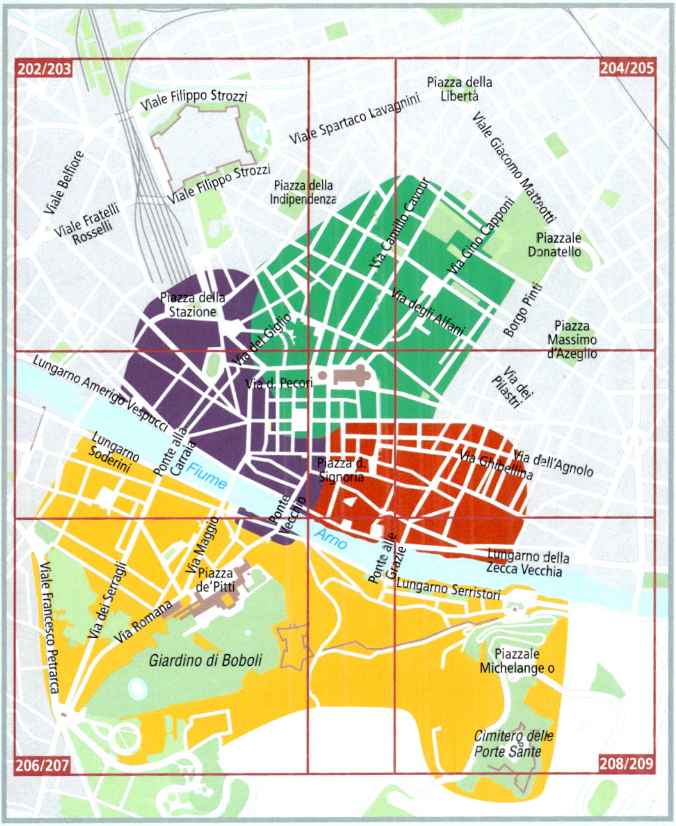


## Legende

- Information
- Museum
- Theater, Oper
- Kirche, Kapelle
- Polizei
- Krankenhaus
- Post
- Denkmal, Monument
- Parkplatz
- Fußgängerzone
- Bemerkenswertes Gebäude
- TOP 10
- Nicht verpassen!
- Nach Lust ud Laune

**1 : 9.000**

0 250 500 m

0 250 500 yd

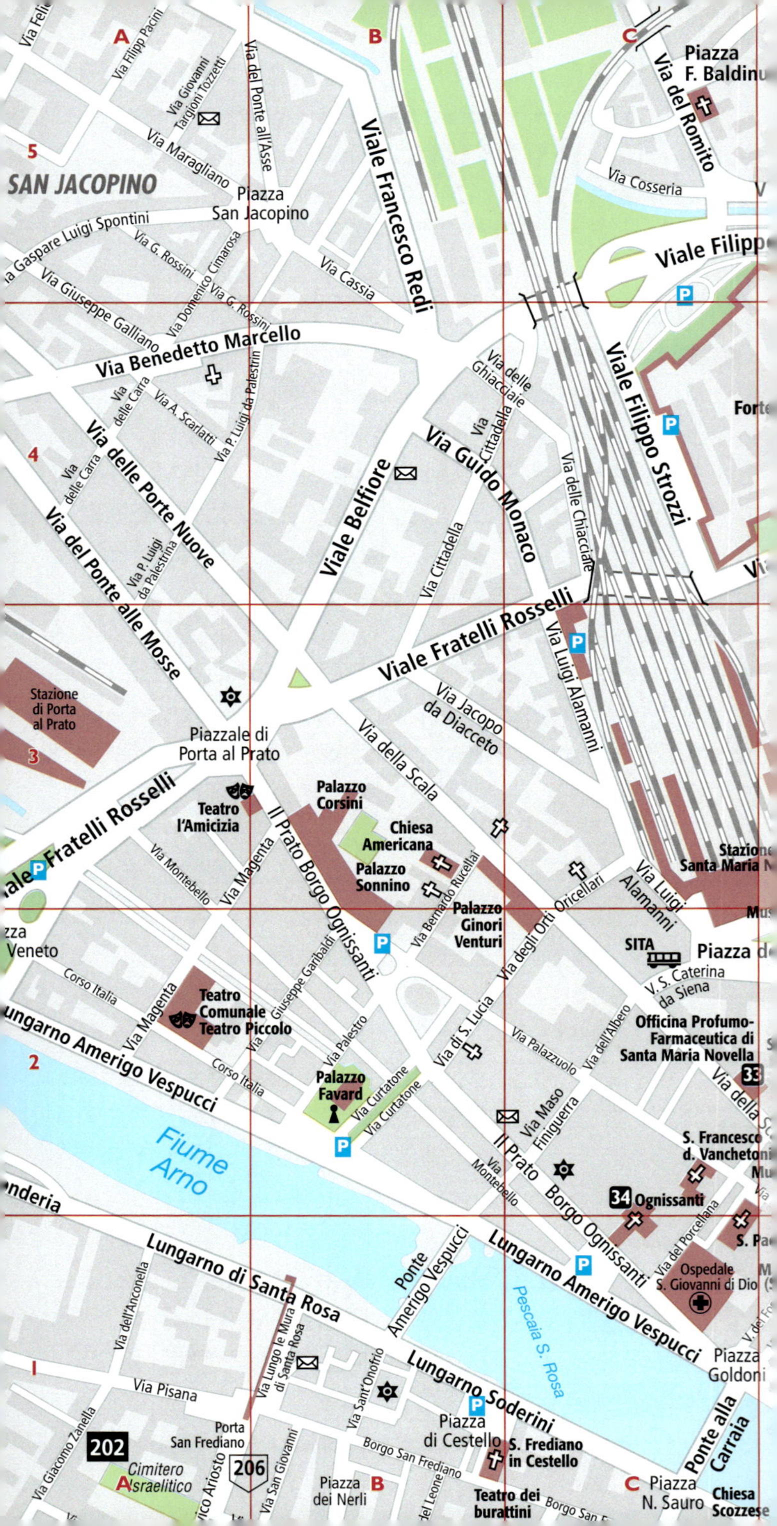

A
B
C
5
4
3
2
1
SAN JACOPINO
Via Filipp Pacini
Via Giovanni Targioni Tozzetti
Via Maragliano
Via del Ponte all'Asse
Piazza San Jacopino
Via Gaspare Luigi Spontini
Via G. Rossini
Via Domenico Cimarosa
Via Giuseppe Galliano
Via Cassia
Viale Francesco Redi
Piazza F. Baldinu
Via del Romito
Via Cosseria
Viale Filipp
Via Benedetto Marcello
Via delle Carra
Via A. Scarlatti
Via P. Luigi da Palestrina
Via delle Porte Nuove
Via del Ponte alle Mosse
Via delle Ghiacciaie
Via Cittadella
Via Guido Monaco
Viale Belfiore
Via delle Chiacchiere
Viale Filippo Strozzi
Forte
Viale Fratelli Rosselli
Via Luigi Alamanni
Stazione di Porta al Prato
Piazzale di Porta al Prato
Via Jacopo da Diacceto
Via della Scala
Teatro l'Amicizia
Il Prato
Borgo Ognissanti
Palazzo Corsini
Chiesa Americana
Palazzo Sonnino
Via Bernardo Rucellai
Palazzo Ginori Venturi
Via degli Orti Oricellari
Stazione Santa Maria N
Via Montebello
Via Magenta
Veneto
Corso Italia
Teatro Comunale
Teatro Piccolo
Via Giuseppe Garibaldi
Via Palestro
SITA
Piazza d
V. S. Caterina da Siena
Officina Profumo-Farmaceutica di Santa Maria Novella
33
Via della Sc
Lungarno Amerigo Vespucci
Palazzo Favard
Via Curtatone
Via di S. Lucia
Via Palazzuolo
Via dell'Albero
Via Maso Finiguerra
Fiume Arno
S. Francesco d. Vanchetoni
34
Ognissanti
Via del Porcellana
S. Pa
Ospedale S. Giovanni di Dio
Lungarno di Santa Rosa
Ponte Amerigo Vespucci
Pescaia S. Rosa
Piazza Goldoni
Via dell'Anconella
Via Lungo le Mura di Santa Rosa
Via Sant'Onofrio
Lungarno Soderini
Via Pisana
Porta San Frediano
Piazza di Cestello
S. Frediano in Cestello
Ponte alla Carraia
Via Giacomo Zanella
202
206
Cimitero Israelitico
Via Ariosto
Via San Giovanni
Piazza dei Nerli
Borgo San Frediano
Via del Leone
Teatro dei burattini
Piazza N. Sauro
Chiesa Scozzese

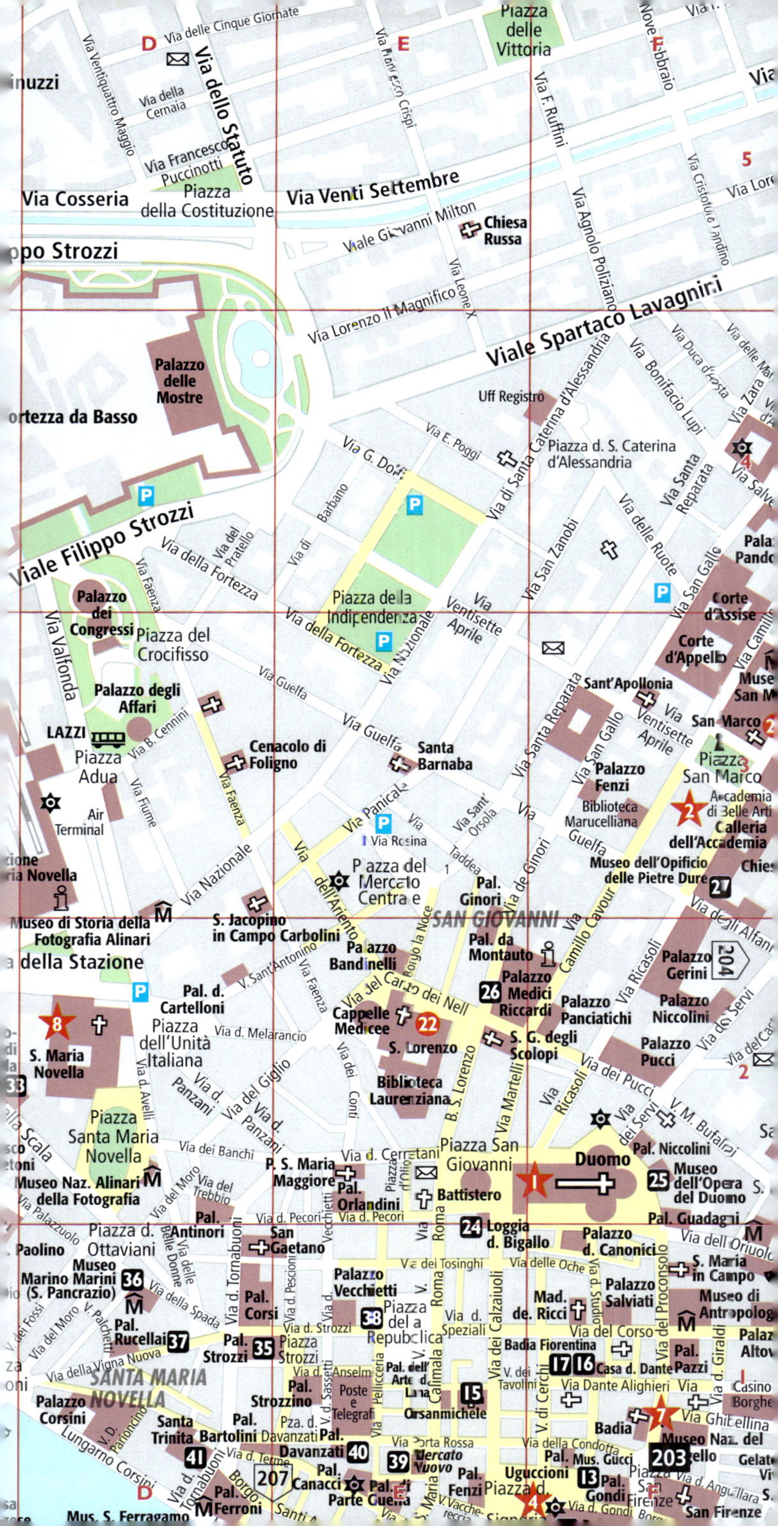
D
E
F
5
2
Piazza delle Vittoria
Via delle Cinque Giornate
Via dello Statuto
Via Ventiquattro Maggio
Via della Cernaia
Via Francesco Puccinotti
Piazza della Costituzione
Via Cosseria
Via Venti Settembre
Via F. Ruffini
Nove Febbraio
Via Cristoforo Landino
Via Agnolo Poliziano
Chiesa Russa
Via Giovanni Milton
Via Leone X
Via Lorenzo il Magnifico
Viale Spartaco Lavagnini
Palazzo delle Mostre
Fortezza da Basso
Uff Registro
Via E. Poggi
Via G. Dori
Via di Santa Caterina d'Alessandria
Piazza d. S. Caterina d'Alessandria
Via Bonifacio Lupi
Via Duca d'Aosta
Via Zara
Via Santa Reparata
Via delle Ruote
Via San Zanobi
Via San Gallo
Viale Filippo Strozzi
Via della Fortezza
Via del Pratello
Via di Barbano
Via Faenza
Palazzo dei Congressi
Via Valfonda
Piazza del Crocifisso
Piazza della Indipendenza
Via Ventisette Aprile
Via Nazionale
Corte d'Assise
Corte d'Appello
Palazzo degli Affari
Via Guelfa
Sant'Apollonia
San Marco
Piazza San Marco
LAZZI
Piazza Adua
Via B. Cennini
Cenacolo di Foligno
Santa Barnaba
Palazzo Fenzi
Via Fiume
Air Terminal
Via Panicale
Via Rosina
Via Sant' Orsola
Biblioteca Marucelliana
Accademia di Belle Arti
Galleria dell'Accademia
Piazza del Mercato Centrale
Via Taddea
Via de Ginori
Museo dell'Opificio delle Pietre Dure
27
Pal. Ginori
SAN GIOVANNI
Via Camillo Cavour
Via degli Alfani
Museo di Storia della Fotografia Alinari
S. Jacopino in Campo Carbolini
Via dell'Ariento
Palazzo Bandinelli
Borgo la Noce
Pal. da Montauto
Palazzo Gerini
204
Via Ricasoli
Piazza della Stazione
V. Sant'Antonino
Pal. d. Cartelloni
Via del Canto dei Nelli
26
Palazzo Medici Riccardi
Palazzo Panciatichi
Palazzo Niccolini
8
S. Maria Novella
Piazza dell'Unità Italiana
Via d. Melarancio
Cappelle Medicee
22
S. Lorenzo
S. G. degli Scolopi
Via dei Servi
Palazzo Pucci
Via dei Pucci
33
Via d. Avelli
Via d. Panzani
Via del Giglio
Via dei Conti
Biblioteca Laurenziana
B. S. Lorenzo
Via Martelli
Via M. Bufalini
Piazza Santa Maria Novella
Via della Scala
Via dei Banchi
P. S. Maria Maggiore
Via d. Cerretani
Piazza dell'Olio
Piazza San Giovanni
Pal. Niccolini
Duomo
1
25
Museo dell'Opera del Duomo
Museo Naz. Alinari della Fotografia
Via del Moro
Via del Trebbio
Pal. Orlandini
Battistero
Via Vecchietti
Via d. Pecori
24
Loggia d. Bigallo
Pal. Guadagni
Via dell'Oriuolo
Via Palazzuolo
Piazza d. Ottaviani
Pal. Antinori
San Gaetano
Via delle Belle Donne
Via d. Tornabuoni
Via d. Pescioni
Via Roma
Via dei Tosinghi
Via delle Oche
Palazzo d. Canonici
S. Maria in Campo
Paolino
Museo Marino Marini (S. Pancrazio)
36
Via della Spada
Pal. Corsi
Palazzo Vecchietti
38
Piazza della Repubblica
Via d. Strozzi
Via dei Calzaiuoli
Mad. de. Ricci
Via d. Studio
Palazzo Salviati
Via del Proconsolo
Museo di Antropologia
Via dei Fossi
Via del Moro
V. Palchetti
Pal. Rucellai
37
Pal. Strozzi
35
Piazza Strozzi
Via d. Speziali
Via del Corso
Badia Fiorentina
Pal. Pazzi
Palazzo Altoviti
Via della Vigna Nuova
SANTA MARIA NOVELLA
Via d. Anselmi
Pal. dell'Arte d. Lana
17
16
Casa d. Dante
V. dei Tavolini
Via Dante Alighieri
Via Giraldi
Casino Borghese
Palazzo Corsini
Pal. Strozzino
Via d. Sassetti
Poste e Telegrafi
Via Pellicceria
Via Calimala
15
Orsanmichele
V. di Cerchi
Badia
7
Via Ghibellina
Santa Trinita
Pal. Bartolini
Pza. d. Davanzati
Pal. Davanzati
40
Via Porta Rossa
Mercato Nuovo
Via della Condotta
Pal. Mus. Gucci
203
Museo Naz. del Bargello
Lungarno Corsini
V. D. Parioncino
41
Via d. Terme
207
Pal. Canacci
39
Pal. di Parte Guelfa
Pal. Fenzi
Uguccioni
Piazza d. Signoria
13
Pal. Gondi
Piazza San Firenze
San Firenze
Via d. Gondi
Via d. Anguillara
Mus. S. Ferragamo
Pal. Ferroni
Borgo Santi Apostoli
Porta Santa Maria
V. Vacchereccia

A
B
C
5
4
3
2
1
Piazza delle Vittoria
Via Nove Febbraio
Via Venti Settembre
Viale Giovanni Milton
Via F. Ruffini
Via Cristoforo Landino
Via Lorenzo il Magnifico
Via Agnolo Poliziano
Via del Ponte Rosso
Via Mafalda di Savoia
Palazzo delle Esposizioni
32 Museo Stibbert
Parterre
Via Madonna della Tosse
Via Giovanni Pascoli
Viale Don Giovanni Minzoni
Via Masaccio
Teatro le Laudi
Piazza della Libertà
Porta San Gallo
Via Pier Capponi
Via Leonardo da Vinci
Via Antonio Giacomini
Via Fra' Bartolommeo
Viale Spartaco Lavagnini
Registro
Via Santa Caterina d'Alessandria
Piazza d. S. Caterina d'Alessandria
Via Bonifacio Lupi
Via Duca d'Aosta
Via delle Mantellate
Via San Gallo
Via Camillo Cavour
Via Alfonso Lamarmora
Viale Giacomo Matteotti
Via Francesco Valori
Piazza Savonarola
Via Zara
Via Duca d'Aosta
Via Sant'Anna
Via Venezia
Via Santa Reparata
Via Salvestrina
Via delle Ruote
Via San Zanobi
Palazzo Pandolfini
Via Pier Antonio Micheli
Via Luigi Salvatore Cherubini
Piazza I. Del Lungo
Via G. Benevieni
Via Venezia
Via Gino Capponi
Corte d'Assise
Corte d'Appello
Museo di San Marco
Via G. La Pira
Museo Botanico
28 Giardino dei Semplici
Sant'Apollonia
Via Ventisette Aprile
San Marco
23
Museo di Geologia/ Museo di Mineralogia
Palazzo Capponi
Giardino della Gherardesca
Via Santa Reparata
Via San Gallo
Piazza San Marco
Università
203
Palazzo Fenzi
Biblioteca Marucelliana
Accademia di Belle Arti
Galleria dell'Accademia
S. S. Annunziata
29
Borgo Pinti
Via Guelfa
Via de Ginori
Museo dell'Opificio delle Pietre Dure
27
Chiesa
Piazza d. Santissima Annunziata
31
Spedale degli Innocenti
30 Museo Archeologico Nazionale
Via Giuseppe Giusti
Palazzo Paneiatichi Ximenes
Via Camillo Cavour
Via degli Alfani
Via della Colonna
Via Laura
Palazzo Medici Riccardi
Palazzo Panciatichi
Via Ricasoli
Palazzo Gerini
Palazzo Niccolini
Via dei Servi
Via del Castellaccio
Piazza Brunelleschi
Via della Pergola
S. G. degli Scolopi
Palazzo Pucci
Via dei Pucci
Via Martelli
Via Ricasoli
Via dei Servi
V. M. Bufalini
Ospedale Santa Maria Nuova
Via degli Alfani
V. Nuova dei Caccini
Via della Colonna
S. Maria dei Pazzi
Via Luigi Carlo Farini
Duomo
Pal. Niccolini
25 Museo dell'Opera del Duomo
Piazza S. M. Nuova
Via della Pergola
Teatro della Pergola
Via Fiesolana
Via dei Pilastri
Sinagoga / Museo ebraico
Pal. Guadagni
S. Tommaso d'Aquino
Bigallo
Palazzo d. Canonici
Via dell'Oriuolo
S. Maria in Campo
Teatro Stabile
V. Sant'Egidio
Borgo Pinti
Via di Mezzo
Via dei Pepi
Via di Mezzo
Via delle Oche
Via d. Studio
Via del Proconsolo
Palazzo Salviati
Museo di Antropologia
Palazzo Albizi
Piazza Salvemini
Piazza S. Ambrogio
Mad. de. Ricci
Via del Corso
Palazzo Altoviti
Borgo degli Albizi
Pza. S. Piero
Pza. dei Ciompi
Via Pietrapiana
Badia Fiorentina
17 16
Casa d. Dante
Pal. Pazzi
Via d. Giraldi
Palazzo Alessandri
V.S. Pier Maggiore
Via Martiri d. Popolo
Via dei Macci
Piazza Ghiberti
V. di Cerchi
Via Dante Alighieri
Casino Borghese
Via dei Pandolfini
Via d. Seggiole
Pal. Quaratesi
Via Giuseppe Verdi
Via d. Rosa
Via Alegri
Via Ghibellina
7
Badia
Via della Condotta
Pal. Uguccioni
204
Museo Naz. del Bargello
Gelateria Vivoli
18
Via d. Stinche
Teatro Verdi
208
Via dell'Agnolo
19 Casa Buonarroti
Mercato di S. Ambrogio
13 Pal. Gondi
Piazza San Firenze
Via d. Anguillara
S. Simone
Via Ghibellina
San Firenze
Via d. Gondi
Pal.

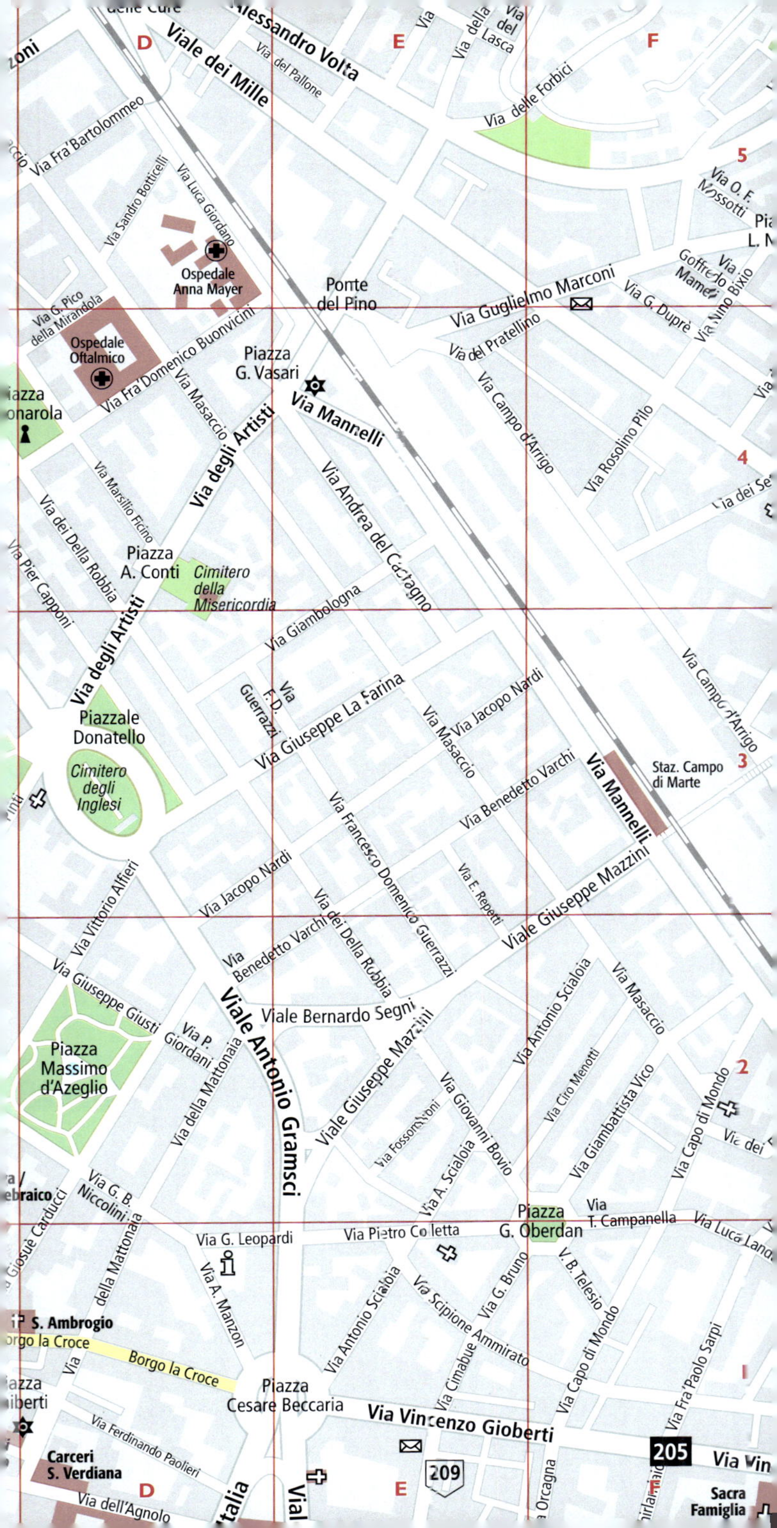
D
E
F
Viale dei Mille
Via del Pallone
Alessandro Volta
Via della Lasca
Via del
Via delle Forbici
Via Fra' Bartolommeo
Via Sandro Botticelli
Via Luca Giordano
Ospedale Anna Mayer
Ponte del Pino
Via Guglielmo Marconi
Via G. Duprè
Via Nino Bixio
Via Goffredo Mameli
Via O. F. Mossotti
5
Via G. Pico della Mirandola
Ospedale Oftalmico
Via Fra Domenico Buonvicini
Piazza G. Vasari
Via Mannelli
Via del Pratellino
Via Campo d'Arrigo
Via Rosolino Pilo
Via Masaccio
Via degli Artisti
Via Marsilio Ficino
Via dei Della Robbia
Via Pier Capponi
Via Andrea del Castagno
4
Via dei Se
Piazza A. Conti
Cimitero della Misericordia
Via Giambologna
Via F. D. Guerrazzi
Via Giuseppe La Farina
Via Jacopo Nardi
Via Campo d'Arrigo
Piazzale Donatello
Cimitero degli Inglesi
Staz. Campo di Marte
3
Via Benedetto Varchi
Via Francesco Domenico Guerrazzi
Via E. Repetti
Viale Giuseppe Mazzini
Via Vittorio Alfieri
Via Jacopo Nardi
Via Benedetto Varchi
Via dei Della Robbia
Via Giuseppe Giusti
Piazza Massimo d'Azeglio
Via P. Giordani
Via della Mattonaia
Viale Antonio Gramsci
Viale Bernardo Segni
Viale Giuseppe Mazzini
Via Fossombroni
Via Giovanni Bovio
Via A. Scialoia
Via Antonio Scialoia
Via Ciro Menotti
Via Giambattista Vico
Via Masaccio
Via Capo di Mondo
2
Via dei
Via G. B. Niccolini
Via Giosuè Carducci
Piazza G. Oberdan
Via T. Campanella
Via Luca Landucci
Via G. Leopardi
Via Pietro Colletta
Via A. Manzoni
Via della Mattonaia
Via Antonio Scialoia
Via Scipione Ammirato
Via G. Bruno
V. B. Telesio
Via Cimabue
Via Capo di Mondo
Via Fra' Paolo Sarpi
1
S. Ambrogio
Borgo la Croce
Piazza Cesare Beccaria
Via Vincenzo Gioberti
Via Ferdinando Paolieri
Carceri S. Verdiana
Via dell'Agnolo
209
Via Orcagna
Sacra Famiglia
Via Vin

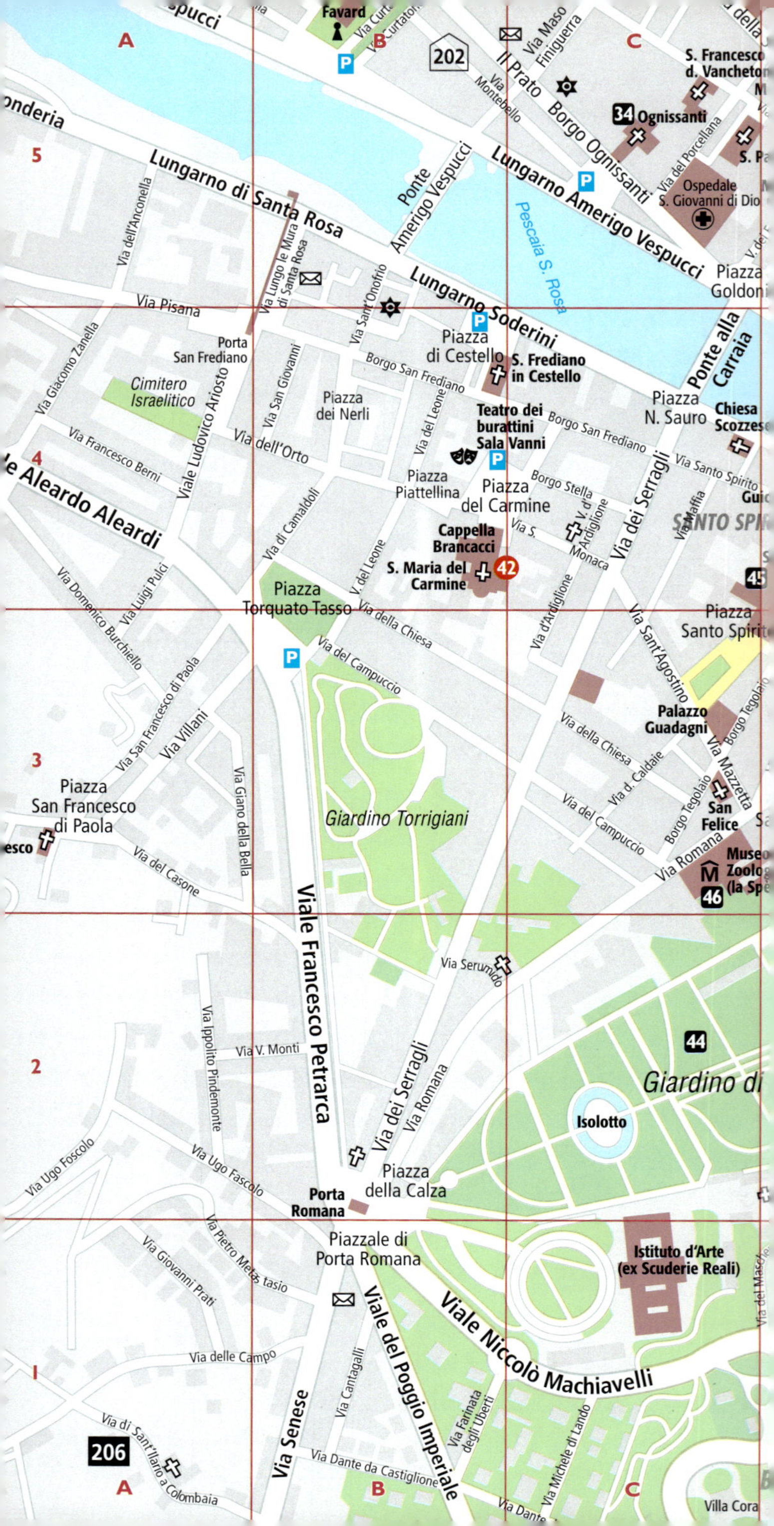

A
B
C
5
4
3
2
1
Favard
202
Via Maso Finiguerra
Il Prato
Via Montebello
Borgo Ognissanti
S. Francesco d. Vanchetoni
34 Ognissanti
Via del Porcellana
S. P
Ospedale S. Giovanni di Dio
Lungarno di Santa Rosa
Via dell'Anconella
Via Lungo le Mura di Santa Rosa
Ponte Amerigo Vespucci
Lungarno Amerigo Vespucci
Pescaia S. Rosa
Piazza Goldoni
Via Pisana
Via Sant'Onofrio
Lungarno Soderini
Porta San Frediano
Piazza di Cestello
S. Frediano in Cestello
Via Giacomo Zanella
Cimitero Israelitico
Via San Giovanni
Borgo San Frediano
Piazza dei Nerli
Via del Leone
Ponte alla Carraia
Piazza N. Sauro
Chiesa Scozzese
Teatro dei burattini Sala Vanni
Viale Ludovico Ariosto
Via Francesco Berni
Via dell'Orto
Via dei Serragli
Via Santo Spirito
Piazza Piattellina
Piazza del Carmine
Borgo Stella
Viale Aleardo Aleardi
Via di Camaldoli
Cappella Brancacci
Via S. Monaca
V. d'Ardiglione
Via Maffia
SANTO SPIRITO
S. Maria del Carmine
42
45
Via Domenico Burchiello
Via Luigi Pulci
Piazza Torquato Tasso
V. del Leone
Via della Chiesa
Via d'Ardiglione
Via Sant'Agostino
Piazza Santo Spirito
Via del Campuccio
Palazzo Guadagni
Borgo Tegolaio
Via San Francesco di Paola
Via Villani
Via Giano della Bella
Via della Chiesa
Via d. Caldaie
Via Mazzetta
Piazza San Francesco di Paola
Giardino Torrigiani
San Felice
Borgo Tegolaio
Via del Campuccio
Via Romana
Museo Zoolog. (la Spe
46
Via del Casone
Viale Francesco Petrarca
Via Serumido
44
Via Ippolito Pindemonte
Via V. Monti
Via dei Serragli
Via Romana
Giardino di
Isolotto
Via Ugo Foscolo
Via Ugo Foscolo
Piazza della Calza
Porta Romana
Piazzale di Porta Romana
Istituto d'Arte (ex Scuderie Reali)
Via Pietro Metastasio
Via Giovanni Prati
Viale del Poggio Imperiale
Viale Niccolò Machiavelli
Via del Mascherino
Via delle Campora
Via Cantagalli
Via Farinata degli Uberti
Via Senese
Via Michele di Lando
Via di Sant'Ilario a Colombaia
Via Dante da Castiglione
Via Dante
Villa Cora

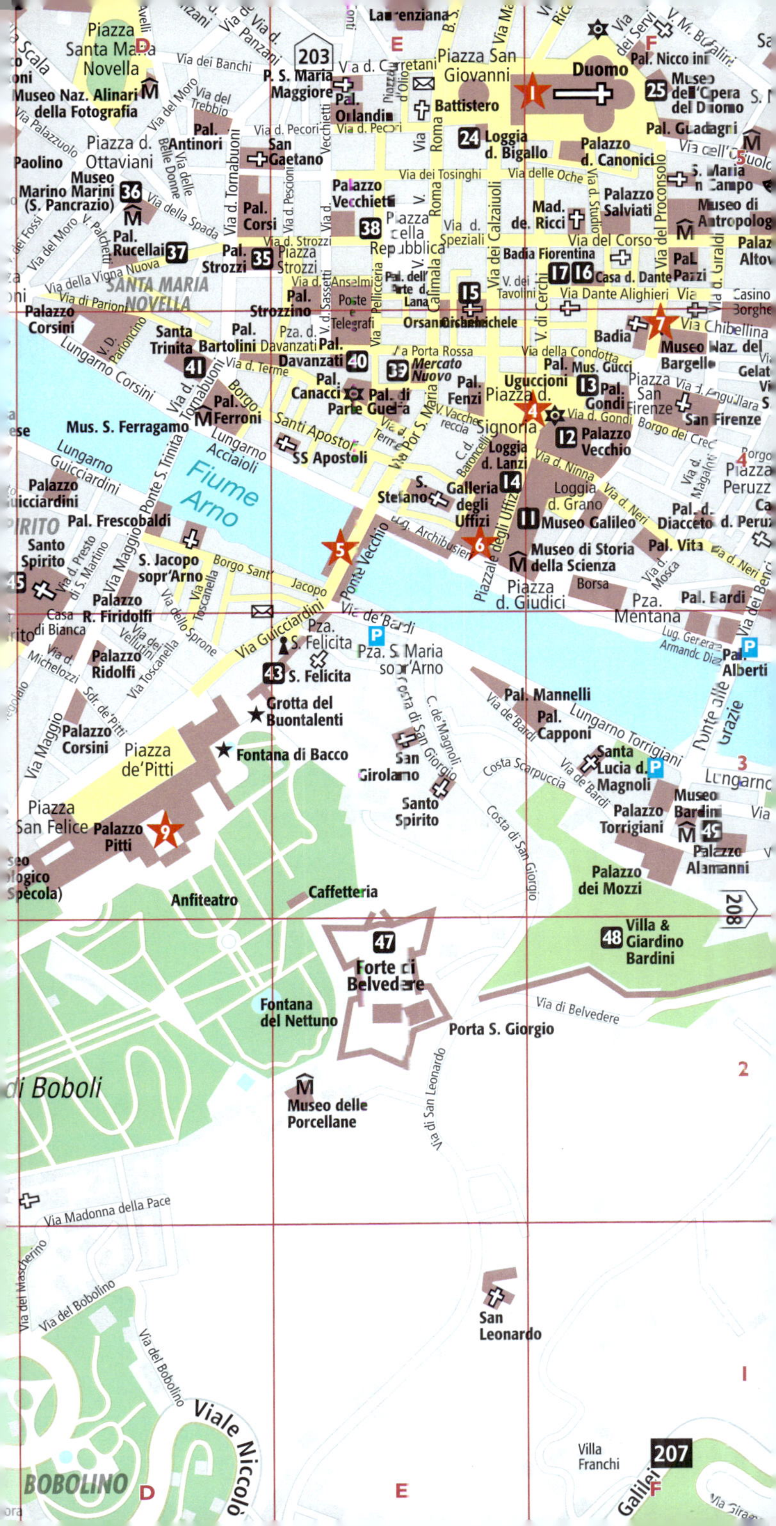

Piazza Santa Maria Novella
Via Scala
Museo Naz. Alinari della Fotografia
Via dei Banchi
203
P. S. Maria Maggiore
Pal. Orlandini
Via d. Cerretani
Piazza San Giovanni
Battistero
Duomo
Via dei Servi
Pal. Nicco ini
Museo dell'Opera del Duomo
25
Pal. Guadagni
Via del Moro
Via del Trebbio
Pal. Antinori
Via d. Pecori
San Gaetano
24
Loggia d. Bigallo
Palazzo d. Canonici
Piazza d. Ottaviani
Via Palazzuolo
Paolino
Museo Marino Marini (S. Pancrazio)
36
Via d. Tornabuoni
Via dei Tosinghi
Via delle Oche
S. Maria n Campo
Palazzo Vecchietti
Palazzo Salviati
Museo di Antropologia
Via della Spada
Pal. Corsi
38
Piazza della Repubblica
Via d. Speziali
Mad. de. Ricci
Via del Corso
Via del Proconsolo
Pal. Rucellai
37
Pal. Strozzi
35
Piazza Strozzi
Via d. Strozzi
Badia Fiorentina
17
16
Casa d. Dante
Pal. Pazzi
Via della Vigna Nuova
SANTA MARIA NOVELLA
Via di Parione
Pal. Strozzino
Poste e Telegrafi
Pal. dell'Arte d. Lana
15
V. dei Tavolini
Via Dante Alighieri
Palazzo Corsini
Orsanmichele
Badia
7
Via Ghibellina
Museo Naz. del Bargello
Santa Trinita
Pal. Bartolini
Pza. d. Davanzati
Pal. Davanzati
40
Via Porta Rossa
39
Mercato Nuovo
Via della Condotta
Pal. Mus. Gucci
Lungarno Corsini
41
Via d. Terme
Pal. Canacci
Pal. di Parte Guelfa
Pal. Fenzi
Uguccioni
Piazza d. Signoria
13
Pal. Gondi
Piazza San Firenze
San Firenze
Borgo dei Greci
Pal. Ferroni
Mus. S. Ferragamo
Santi Apostoli
SS Apostoli
4
12
Palazzo Vecchio
Lungarno Acciaioli
Loggia d. Lanzi
Via d. Ninna
Piazza Peruzzi
Fiume Arno
Lungarno Guicciardini
Palazzo Guicciardini
S. Stefano
Galleria degli Uffizi
14
Loggia d. Grano
Via d. Neri
Pal. d. Diacceto
Pal. Frescobaldi
11
Museo Galileo
Santo Spirito
Ponte Vecchio
5
6
Piazzale degli Uffizi
Museo di Storia della Scienza
Pal. Vita
S. Jacopo sopr'Arno
Borgo Sant' Jacopo
Borsa
Piazza d. Giudici
Pza. Mentana
Pal. Bardi
45
Palazzo R. Firidolfi
Casa di Bianca
Via de' Bardi
Via Maggio
Via Guicciardini
Pza. S. Felicita
Pza. S. Maria sopr'Arno
Lug. Generale Armando Diaz
Pal. Alberti
Palazzo Ridolfi
43
S. Felicita
Grotta del Buontalenti
Costa di San Giorgio
Pal. Mannelli
Pal. Capponi
Lungarno Torrigiani
Ponte alle Grazie
Palazzo Corsini
Piazza de' Pitti
Fontana di Bacco
San Girolamo
Santa Lucia d. Magnoli
Costa Scarpuccia
3
Piazza San Felice
Palazzo Pitti
9
Santo Spirito
Palazzo Torrigiani
Museo Bardini
49
Palazzo Alamanni
Palazzo dei Mozzi
Anfiteatro
Caffetteria
208
47
Forte di Belvedere
48
Villa & Giardino Bardini
Fontana del Nettuno
Via di Belvedere
Porta S. Giorgio
2
di Boboli
Museo delle Porcellane
Via di San Leonardo
Via Madonna della Pace
Via del Mascherino
Via del Bobolino
San Leonardo
1
Viale Niccolò
Villa Franchi
207
BOBOLINO
D
E
F

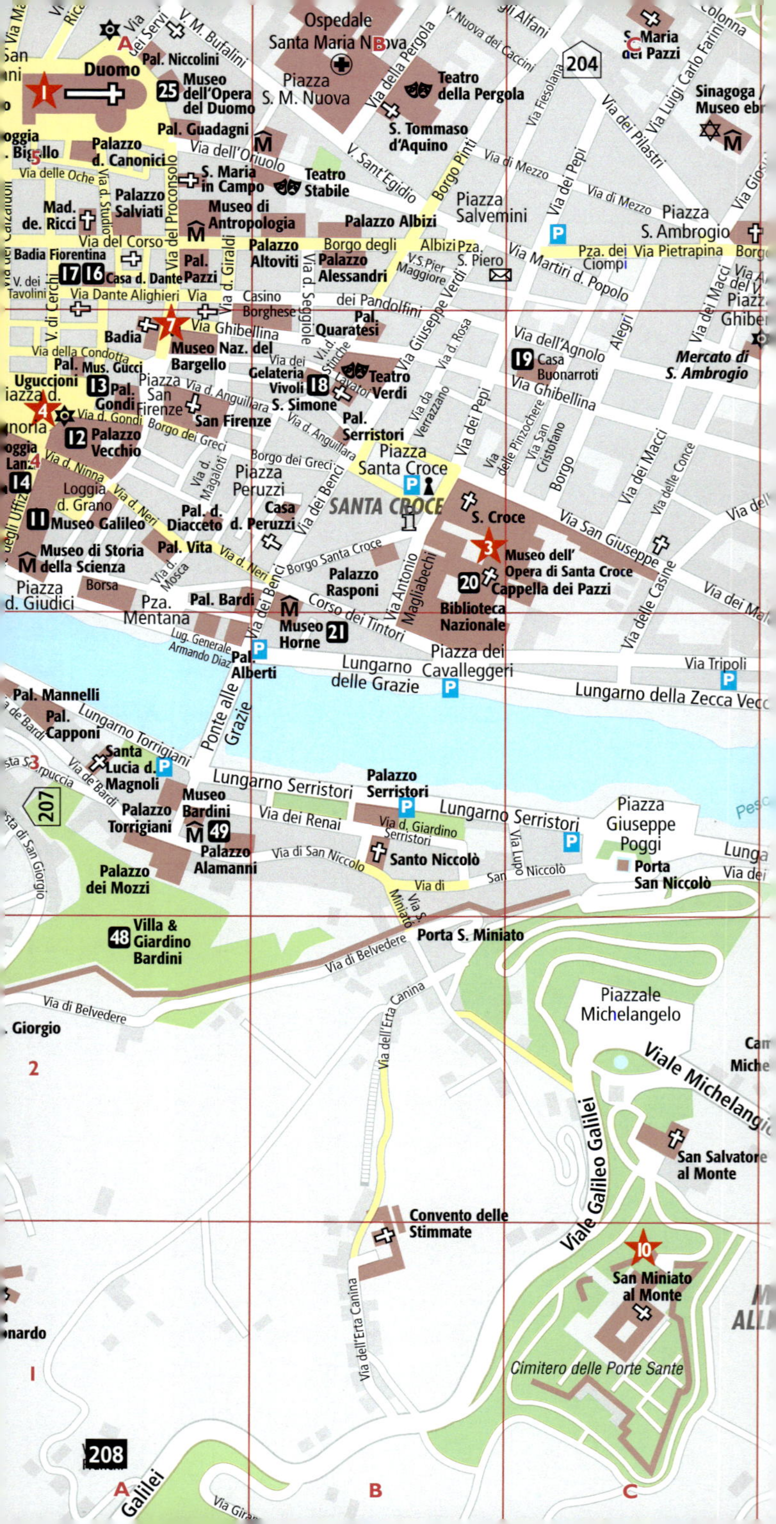

A
B
C
204
207
208
Ospedale Santa Maria Nuova
Piazza S. M. Nuova
Via della Pergola
Teatro della Pergola
S. Tommaso d'Aquino
V. Nuova dei Caccini
Via degli Alfani
S. Maria dei Pazzi
Via Luigi Carlo Farini
Via Colonna
Sinagoga / Museo ebr
Via dei Pilastri
Via Fiesolana
Via dei Servi
V. M. Bufalini
Pal. Niccolini
Duomo
Museo dell'Opera del Duomo
Pal. Guadagni
Loggia d. Bigallo
Palazzo d. Canonici
Via dell'Oriuolo
Via delle Oche
S. Maria in Campo
Teatro Stabile
V. Sant'Egidio
Borgo Pinti
Via di Mezzo
Via dei Pepi
Piazza Salvemini
Piazza S. Ambrogio
Palazzo Salviati
Via del Proconsolo
Mad. de. Ricci
Museo di Antropologia
Palazzo Albizi
Via del Corso
Badia Fiorentina
Pal. Pazzi
Palazzo Altoviti
Borgo degli Albizi
Palazzo Alessandri
V.S.Pier Maggiore
Pza. S. Piero
Via Martiri d. Popolo
Pza. dei Ciompi
Via Pietrapina
Casa d. Dante
V. dei Tavolini
Via Dante Alighieri
Via Giraldi
V. di Cerchi
Casino Borghese
Via d. Seggiole
dei Pandolfini
Pal. Quaratesi
Via Giuseppe Verdi
Via d. Rosa
Via dell'Agnolo
Via Alegri
Casa Buonarroti
Via Ghibellina
Mercato di S. Ambrogio
Piazza Ghiberti
Via dei Macci
Badia
Museo Naz. del Bargello
Via della Condotta
Pal. Uguccioni
Mus. Gucci
Pal. Gondi
Piazza San Firenze
San Firenze
Via d. Gondi
Via dei Lavatoi
Gelateria Vivoli
V.i d. Stinche
S. Simone
Teatro Verdi
Via da Verrazzano
Via delle Pinzochere
Via San Cristofano
Borgo
Via d. Anguillara
Borgo dei Greci
Piazza della Signoria
Palazzo Vecchio
Loggia Lanzi
Pal. Serristori
Piazza Santa Croce
SANTA CROCE
S. Croce
Via San Giuseppe
Via delle Conce
Via d. Ninna
Loggia d. Grano
Via d. Magalotti
Piazza Peruzzi
Casa d. Peruzzi
Via dei Benci
Museo Galileo
Pal. d. Diacceto
Via d. Neri
Degli Uffizi
Museo di Storia della Scienza
Pal. Vita
Borgo Santa Croce
Palazzo Rasponi
Via Antonio Magliabechi
Museo dell' Opera di Santa Croce
Cappella dei Pazzi
Via delle Casine
Via dei Malcontenti
Piazza d. Giudici
Borsa
Via d. Mosca
Pza. Mentana
Pal. Bardi
Museo Horne
Corso dei Tintori
Biblioteca Nazionale
Lug. Generale Armando Diaz
Pal. Alberti
Lungarno delle Grazie
Piazza dei Cavalleggeri
Via Tripoli
Lungarno della Zecca Vecchia
Pal. Mannelli
Via de' Bardi
Pal. Capponi
Lungarno Torrigiani
Ponte alle Grazie
Santa Lucia d. Magnoli
Costa Scarpuccia
Lungarno Serristori
Palazzo Serristori
Museo Bardini
Palazzo Torrigiani
Via dei Renai
Via d. Giardino Serristori
Via Lupo
Piazza Giuseppe Poggi
Costa di San Giorgio
Palazzo Alamanni
Via di San Niccolò
Santo Niccolò
Porta San Niccolò
Palazzo dei Mozzi
Via di San Miniato
Villa & Giardino Bardini
Porta S. Miniato
Via di Belvedere
Via dell'Erta Canina
Piazzale Michelangelo
Viale Michelangiolo
S. Giorgio
Viale Galileo Galilei
San Salvatore al Monte
Convento delle Stimmate
San Miniato al Monte
Cimitero delle Porte Sante
Galilei
Via Giramontino

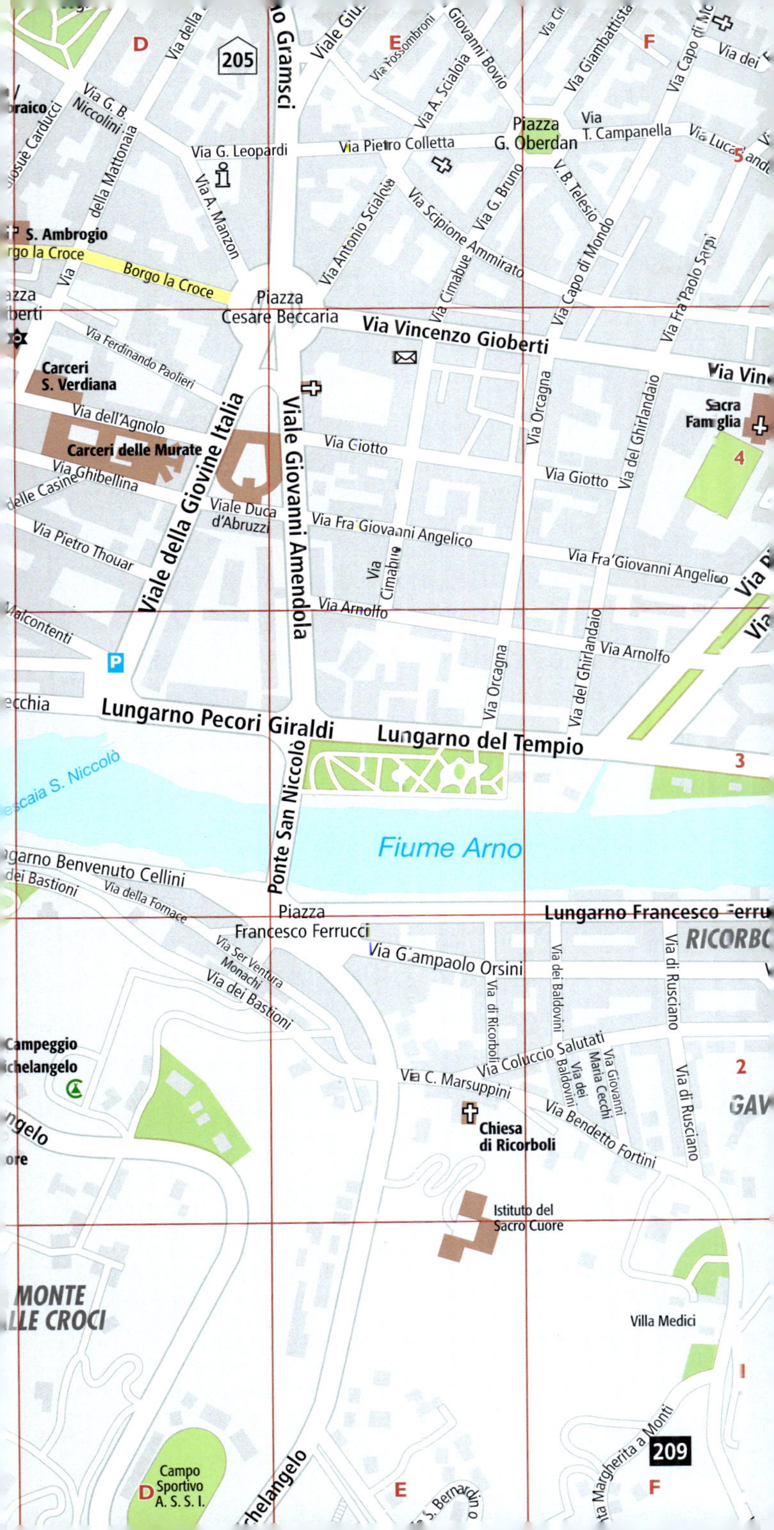

D
E
F
205
Viale Gramsci
Via della
Via Fossombroni
Giovanni Bovio
Via Giambattista
Via Capo di Mondo
Via dei
Via G. B. Niccolini
Giosuè Carducci
Via della Mattonaia
Via G. Leopardi
Via Pietro Colletta
Via A. Scialoia
Piazza G. Oberdan
Via T. Campanella
Via Luca Landucci
5
Via A. Manzoni
Via Antonio Scialoia
Via Scipione Ammirato
Via G. Bruno
V. B. Telesio
S. Ambrogio
Borgo la Croce
Via Cimabue
Via Capo di Mondo
Via Fra Paolo Sarpi
Piazza Cesare Beccaria
Via Vincenzo Gioberti
Via Ferdinando Paolieri
Carceri S. Verdiana
Via dell'Agnolo
Viale della Giovine Italia
Viale Giovanni Amendola
Via Orcagna
Via del Ghirlandaio
Sacra Famiglia
4
Carceri delle Murate
Via Giotto
Via Ghibellina
delle Casine
Viale Duca d'Abruzzi
Via Fra Giovanni Angelico
Via Pietro Thouar
Via Fra' Giovanni Angelico
Via Cimabue
Via Arnolfo
Malcontenti
P
Lungarno Pecori Giraldi
Lungarno del Tempio
3
Pescaia S. Niccolò
Ponte San Niccolò
Fiume Arno
Lungarno Benvenuto Cellini
Via dei Bastioni
Via della Fornace
Piazza Francesco Ferrucci
Lungarno Francesco Ferrucci
RICORBOLI
Via Ser Ventura Monachi
Via Giampaolo Orsini
Via dei Bastioni
Via di Ricorboli
Via dei Baldovini
Via di Rusciano
Campeggio Michelangelo
Via Coluccio Salutati
Via dei Baldovini
Via Maria Cecchi
Via Giovanni
Via C. Marsuppini
2
Chiesa di Ricorboli
Via Bendetto Fortini
Via di Rusciano
GAVINANA
Istituto del Sacro Cuore
MONTE ALLE CROCI
Villa Medici
1
Campo Sportivo A. S. S. I.
Viale Michelangelo
Via S. Bernardino
Via Margherita a Monti
209

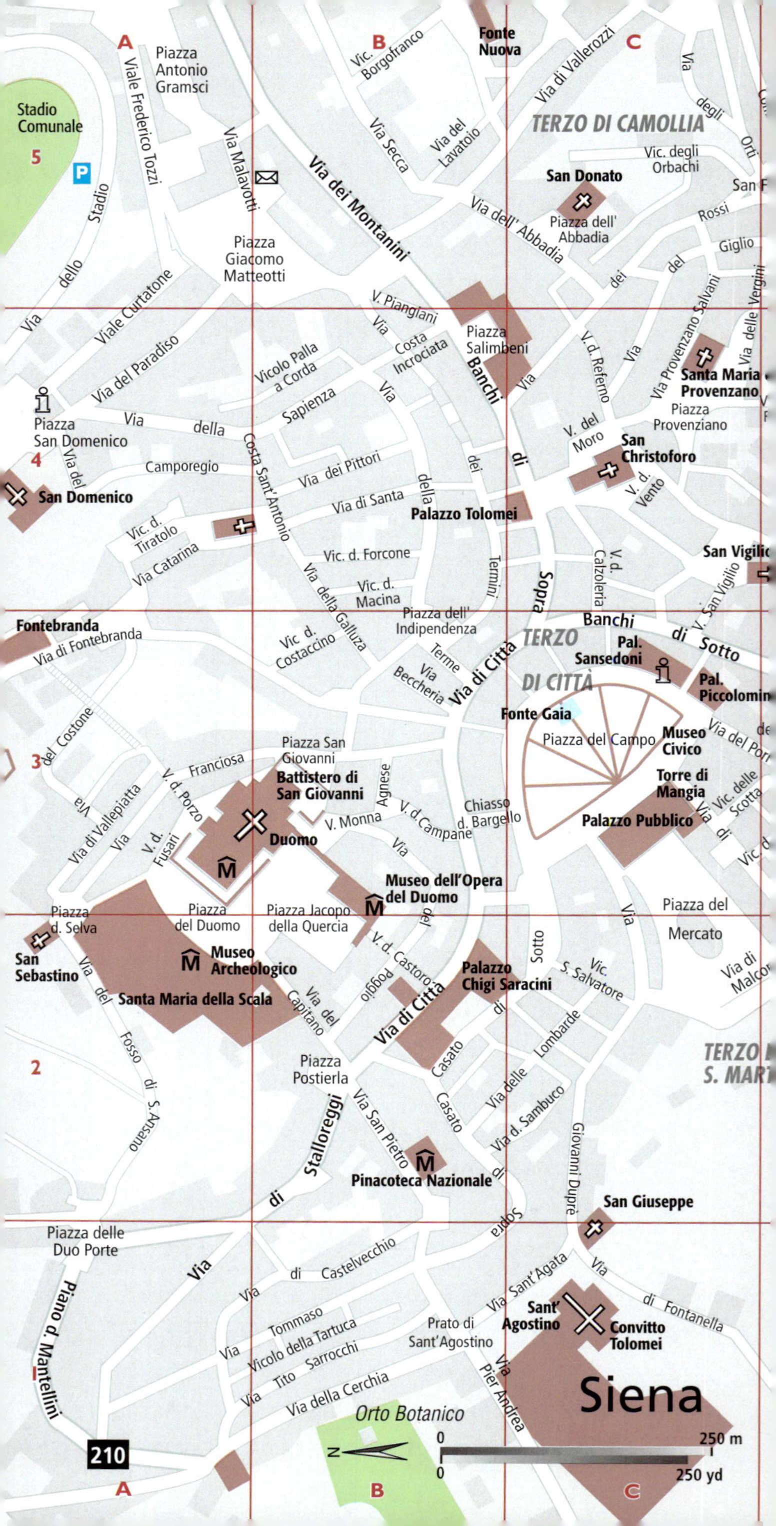
A
B
C
Stadio Comunale
5
Piazza Antonio Gramsci
Viale Frederico Tozzi
Via Malavotti
Fonte Nuova
Vic. Borgofranco
Via di Vallerozzi
Via degli Orti
TERZO DI CAMOLLIA
Via Secca
Via del Lavatoio
Vic. degli Orbachi
San Donato
Via dei Montanini
Via dell' Abbadia
Piazza dell' Abbadia
Rossi
Giglio
Via dello Stadio
Piazza Giacomo Matteotti
Viale Curtatone
V. Pianigiani
Via Costa Incrociata
Piazza Salimbeni
Banchi di Sopra
V. d. Refetto
Via Provenzano Salvani
Via delle Vergini
Santa Maria Provenzano
Piazza Provenziano
Via del Paradiso
Vicolo Palla a Corda
Sapienza
Piazza San Domenico
Via della Camporegio
4
Via del
San Domenico
Costa Sant'Antonio
Via dei Pittori
Via di Santa
Via della
Via dei Termini
V. del Moro
San Christoforo
V. d. Vento
Palazzo Tolomei
Vic. d. Tiratolo
Via Catarina
Vic. d. Forcone
Vic. d. Macina
V. d. Calzoleria
San Vigilio
V. San Vigilio
Fontebranda
Via di Fontebranda
Vic d. Costaccino
Via della Galluza
Piazza dell' Indipendenza
Via Terme
Via Beccheria
Via di Città
TERZO DI CITTÀ
Banchi di Sotto
Pal. Sansedoni
Pal. Piccolomini
Fonte Gaia
Piazza del Campo
Museo Civico
Via del Porrione
Torre di Mangia
Palazzo Pubblico
Vic. delle Scotta
Via di
3
Via del Costone
Franciosa
V. d. Porzo
Piazza San Giovanni
Battistero di San Giovanni
Agnese
V. d. Campane
Chiasso d. Bargello
Via di Vallepiatta
Via
V. d. Fusari
Duomo
V. Monna
Via
Museo dell'Opera del Duomo
Piazza del Mercato
Piazza d. Selva
Piazza del Duomo
Piazza Jacopo della Quercia
Via del Poggio
V. d. Castoro
Sotto
Vic. S. Salvatore
Via di Malcontenti
San Sebastino
Museo Archeologico
Santa Maria della Scala
Via del Capitano
Via di Città
Palazzo Chigi Saracini
Via di Casato
Lombarde
TERZO DI S. MARTINO
2
Via del Fosso di S. Ansano
Piazza Postierla
Via di Stalloreggi
Via San Pietro
Casato
Via delle
Via d. Sambuco
Casato di Sopra
Giovanni Duprè
Pinacoteca Nazionale
San Giuseppe
Piazza delle Duo Porte
Via di Castelvecchio
Via Tommaso
Via Sant'Agata
Via di Fontanella
Piano d. Mantellini
Via Vicolo della Tartuca
Via Tito Sarrocchi
Prato di Sant'Agostino
Sant' Agostino
Convitto Tolomei
Via Pier Andrea
Via della Cerchia
Orto Botanico
Siena
N
0
250 m
0
250 yd

**Florenz**

# Straßenregister

# Register

# Notizen

# Abbildungsnachweis

**AA:** 10, 11 (unten), 33 (oben rechts und Mitte), 64/65, 197 (Mitte)
**AA/B Smith:** 156 (unten)
**AA/C Sawyer:** 11 (oben), 13, 14, 14/15, 25 (unten), 58/59, 60, 76, 77, 78, 79, 114, 122 (unten), 156 (oben), 157, 159, 180/181, 191, 192
**AA/J Edmanson:** 197
**AA/K Paterson:** 26/27, 132, 176, 189
**AA/R Ireland:** 151
**AA/S McBride:** 8, 17, 24/25, 25 (oben links und oben rechts), 31, 34, 38, 52, 53, 55, 57, 58, 66/67, 70, 73, 74, 75, 80, 91 (oben und unten), 92 (oben und unten), 98, 99, 100, 101 (oben und unten), 102, 103, 104, 108, 109, 111, 112, 124, 126/127, 130/131, 133, 137, 148, 149, 150, 152/153, 153, 154, 154/155, 174, 186, 197 (unten)
**AA/T Harris:** 29, 33 (oben links), 71 (unten), 81, 105, 106, 107, 115, 125, 128, 129 (Mitte und unten), 134, 177, 181, 182, 190
**AA/W Voysey:** 15, 28/29
**Avenue Images/age fotostock/Ulysses:** 172
**dpa/Arco Images/Lenz:** 110
**dpa/Fine Art Images:** 71 (oben)
**DuMont Bildarchiv/Anzenberger-Fink, Anzenberger:** 4, 8, 19, 61, 94/95, 122 (oben), 146/147, 166/167, 168/169, 170, 171, 175, 178, 186, 187
**DuMont Bildarchiv/Widmann:** 54, 69
**laif/Alberto Conti:** 21
**laif/Alessio Mamo/Redux:** 63 (unten)
**laif/René Mattes/hemis.fr:** 12, 63 (oben)
**laif/Qin Jiangying/Imagechina:** 20
**mauritius images/Alamy:** 7, 25 (unten rechts), 30/31, 36, 37, 56, 97 (oben), 113
**mauritius images/Robert Harding:** 97 (unten)
**mauritius/SuperStock:** 22, 72
**mauritius/United Archives:** 18, 23

**Titelbild:** Getty Images/Giorgio Magini (Michelangelos *David* auf der Piazza della Signoria)

2. Aufl. 2017

**Text:** Teresa Fisher, Tim Jepson, Caterina Romig Ciccarelli
**Übersetzung:** Joachim Nagel
**Aktualisierung:** Christiane Büld Campetti
**Redaktion:** Petra Sparrer, Köln
**Projektleitung:** Dieter Luippold
**Programmleitung:** Birgit Borowski
**Chefredaktion:** Rainer Eisenschmid

**Kartografie:** © MAIRDUMONT GmbH & Co. KG, Ostfildern
**3D-Illustrationen:** jangled nerves, Stuttgart





Printed in China

Trotz aller Sorgfalt von Autoren und Redaktion sind Fehler und Änderungen nach Drucklegung leider nicht auszuschließen. Dafür kann der Verlag keine Haftung übernehmen. Berichtigungen, Kritik und Verbesserungsvorschläge sind uns jederzeit willkommen, bitte informieren Sie uns unter:

Verlag Karl Baedeker / Redaktion
Postfach 3162
D-73751 Ostfildern
Tel. 0711 4502 262
smart@baedeker.com
www.baedeker.com

FSC
www.fsc.org
MIX
Papier aus verantwortungsvollen Quellen
FSC® C124385

# 10 GRÜNDE WIEDERZUKOMMEN

1. Immer wieder ist man dem **Zauber dieser einmaligen Stadt** von Neuem verfallen.
2. Die Fahrt über die **Panoramastraße hinauf nach Fiesole** möchte man jeden Tag machen.
3. Das Begehen der **Domkuppel** im Innern an den Fresken vorbei ist atemberaubend.
4. Die **Uffizien** werden neuerdings so oft umgestaltet, dass man immer wieder Neues entdeckt!
5. Alle Museen im **Palazzo Pitti** kann man unmöglich in einem einzigen Besuch schaffen.
6. Auf nur einem Quadratkilometer Stadtfläche trifft man hier **Menschen** aus allen Winkeln der Welt.
7. Hemmungslos unter den mehr als 40 Eissorten in der **Gelateria Vivoli** auszuwählen.
8. Sich in den Lokalen im **Szeneviertel S. Croce** eine ganze Nacht um die Ohren zu schlagen.
9. Bei »Artigianato e Palazzo« im Garten des Palazzo Corsini die **Kunsthandwerker** arbeiten zu sehen.
10. Unvergesslich: Die Sonne von einer **Brücke** aus hinter dem Arno untergehen zu sehen.